THE
GEOPOLITICAL
RELATIONSHIP
OF
THE
**RYUKYU
ISLANDS**

琉球群岛
的地缘关系

袁家冬　刘绍峰 ·····················〉著

社会科学文献出版社
SOCIAL SCIENCES ACADEMIC PRESS (CHINA)

前　言

改革开放以后，中国社会经济的发展取得了令人瞩目的成绩，中国逐渐从一个具有区域影响力的大国发展成为一个具有全球影响力的大国。中国的和平崛起必然带来东亚地区地缘政治格局乃至世界政治格局的变化。随着中国的崛起，东亚地区地缘政治格局发生了一些显著的变化。这些变化反映在中日钓鱼岛问题上的矛盾日益明显化，美国重返亚太战略的实施，在南海问题上个别国家肆无忌惮地挑战中国的利益，共同应对日本社会的右倾化使得中韩关系进一步走近，共同应对美国掣肘的中俄全面战略伙伴关系的建立等方面。不难看出，在东亚地区的地缘政治博弈中，中国常常处在被动应对的不利地位。如何突破这一窘境是学术界应当重点研究的问题。2013 年，有中国学者提出的"琉球问题再议"主张，不失为一个值得研究的观点。

琉球群岛与我国有着特殊的地缘关系。历史上，明清王朝与琉球群岛上存在的琉球王国之间建立的宗藩关系持续了 500 多年。近代，琉球群岛被日本强行吞并。第二次世界大战结束后，琉球群岛被置于联合国的托管制度下，由美国实行军事占领。冷战时期，美国将琉球群岛"归还"给日本。琉球群岛具有重要地缘战略意义。历史上，琉球群岛的"分岛改约"涉及我国的切身利益，今天，琉球群岛不但是围堵中国的"第一岛链"的重要组成部分，更是日本在钓鱼岛和东海制造争端的地理依据。因此，加强以区域研究为特色的地理学关于琉球群岛的基础研究符合我国的国家利益，正确认识琉球群岛地缘战略意义的重要性，对于我国国民经济和社会发展过程中必然面对的开发利用海洋资源、维护钓鱼岛主权和东海海洋权益具有重要的理论和现实意义。

本书在国家自然科学基金的资助项目"琉球群岛地缘关系时空

演变的特征与机理研究"结题报告的基础上成稿。笔者以琉球群岛为研究对象，从琉球群岛的自然地理环境、地域构成及空间特征、历史与地域文化的传承及其演变过程的分析入手，科学划定琉球群岛的地理单元；解释琉球群岛地理单元的特殊性及其与中国大陆和日本列岛的相似性与差异性问题；通过各重要时期琉球群岛地缘关系要素相互作用的研究，揭示琉球群岛地缘关系格局的时空演变的特征与机理。在此基础上，对于与琉球群岛地缘关系密切相关的琉球群岛的法律地位问题、我国钓鱼岛主权问题、东海大陆架划界和油气田开发问题等涉及我国领土主权和海洋权益的问题进行深入探讨。

地理学界关于琉球群岛地缘关系问题的研究尚不多见。作为一项基础研究，笔者做出了多方面的努力，力求对琉球群岛的地缘关系问题作出最好的诠释，也期待为中国的地理学研究尽一份绵薄之力。但是，受学识和时间所限，本书难免会有疏漏和缺憾之处。希望广大读者和相关领域的专家不吝赐教，批评指正。笔者深信，所有的批评都会有助于该领域科学研究的进步。

目　录

001　第一章　绪　论

003　第一节　研究背景与研究意义
004　第二节　国内外相关研究综述
013　第三节　研究内容与研究方法

017　第二章　琉球群岛的地缘关系要素及其影响机理

019　第一节　地缘政治要素
023　第二节　地缘经济要素
032　第三节　地缘文化要素
038　第四节　琉球群岛地缘关系诸要素的影响机理
043　第五节　结论与讨论

045　第三章　琉球群岛的地理环境与空间特征

047　第一节　琉球群岛的自然地理环境
054　第二节　琉球群岛的社会经济发展
063　第三节　琉球群岛的地域构成
068　第四节　琉球群岛相关称谓的地理意义与政治属性
075　第五节　结论与讨论

077　第四章　琉球群岛人类起源的研究综述

079　第一节　问题的提出
079　第二节　考古学的发现
083　第三节　群体遗传学的解析
087　第四节　文化人类学的视角
090　第五节　结论与讨论

091　第五章　琉球语的方言分类与地理分布

093　第一节　琉球语相关概念辨析
096　第二节　琉球语与日语的亲缘关系
106　第三节　琉球语下级方言的地理分布
114　第四节　结论与讨论

117　第六章　琉球王国的诞生与中琉宗藩关系的建立

119　第一节　琉球群岛的早期国家
122　第二节　琉球王国的统一
125　第三节　古代中国与琉球王国宗藩关系的建立
129　第四节　结论与讨论

131　第七章　日本萨摩藩入侵琉球与东亚地缘政治格局变迁

134　第一节　萨摩藩入侵琉球的借口与真实动机

139　　第二节　萨摩藩入侵琉球始末

142　　第三节　萨摩藩入侵琉球与东亚各国的反应

147　　第四节　萨摩藩入侵琉球对东亚地缘政治格局的影响

153　　第五节　结论与讨论

155　第八章　近代日本对琉球群岛的强行吞并

157　　第一节　"牡丹社事件"与近代日本侵台

164　　第二节　"琉球处分"与琉球王国的灭亡

167　　第三节　中日关于琉球问题的交涉

170　　第四节　结论与讨论

173　第九章　美国对琉球的军事占领与"冲绳归还"日本

175　　第一节　美国对琉球群岛的早期军管

185　　第二节　联合国对琉球群岛的托管

188　　第三节　日本恢复对琉球群岛的统治

193　　第四节　结论与讨论

195　第十章　东亚地缘政治变化与琉球群岛的法律地位

197　　第一节　琉球群岛地缘关系格局变化趋势

204　　第二节　中、日、美三国对琉球群岛法律地位的态度

214　　第三节　多种力量博弈下的琉球群岛未来法律地位走向

220　　第四节　结论与讨论

223　　第十一章　琉球群岛地缘关系中的钓鱼岛主权问题

225　　第一节　钓鱼岛问题的由来
234　　第二节　中日两国关于钓鱼岛主权问题的争端
242　　第三节　琉球问题与钓鱼岛主权的关联
245　　第四节　结论与讨论

**247　　第十二章　琉球群岛地缘关系中的东海海洋
　　　　　　　　权益问题**

249　　第一节　东海问题的由来
255　　第二节　关于专属经济区与大陆架的国际公约
259　　第三节　中日两国政府关于东海问题的磋商
264　　第四节　中日东海划界问题前景展望
266　　第五节　结论与讨论

269　　第十三章　研究启示与未来展望

271　　第一节　研究启示
274　　第二节　未来展望

276　　后　记

第 一 章

绪 论

第一节　研究背景与研究意义

一　研究背景

　　琉球群岛是分布在中国台湾岛东北至日本九州岛西南的弧状群岛。琉球群岛与我国有着特殊的地缘关系。历史上，明清王朝与琉球群岛上存在的琉球王国之间建立的宗藩关系持续了五百多年，中琉之间封贡制度下的朝贡贸易、文化交流和人员往来十分频繁。近代，琉球群岛被日本强行吞并。第二次世界大战结束后，琉球群岛被置于联合国的托管制度下，由美国实行军事占领。冷战时期，美国又将琉球群岛的施政权"归还"给日本。琉球群岛的地缘战略意义重要，琉球问题涉及我国钓鱼岛主权和东海海洋权益。历史上琉球群岛的"分岛改约"涉及我国的切身利益，今天琉球群岛不但是围堵中国的"第一岛链"的重要组成部分，更是日本在钓鱼岛和东海制造争端的地理依据。

　　但是，长期以来，我国对琉球群岛的地缘战略意义认识不足，学术界特别是以区域研究为特色的地理学界对琉球群岛的关注程度不够，基础研究的积累严重缺失，导致我国关于琉球群岛的地域概念模糊混乱。今天，学术界仍有许多人简单地认为"琉球群岛"就是"冲绳群岛"，或将从未归属过琉球群岛的大隅诸岛理解为琉球群岛的一部分，也有许多人一直沿用清代册封使徐葆光《中山传信录》中"琉球属岛三十六"的笼统认识来理解琉球群岛的地域构成。

　　近年来，随着中日两国在钓鱼岛主权和东海海洋权益方面的争端日趋加剧，有中国学者提出了"琉球问题再议的主张"①。因此，加强以区域研究为特色的地理学关于琉球群岛的基础研究符合我国的

---

　　① 张海鹏、李国强:《论〈马关条约〉与钓鱼岛问题》,《人民日报》2013 年 5 月 8 日，第 9 版。

国家利益，正确认识琉球群岛地缘战略意义的重要性，对于我国国民经济和社会发展过程中必然面对的开发利用海洋资源、维护钓鱼岛主权和东海海洋权益具有重要的理论和现实意义。

二　研究意义

（一）学术价值

加强关于琉球群岛地缘关系时空演变的特征与机理研究，在学术上构筑我国地理学关于地缘关系的形成机理及其时空演变特征问题研究的基本框架，弥补我国地理学界对于琉球群岛基础研究的缺失，充实我国地理学关于外国区域地理研究的成果积累。

（二）应用价值

将地理学研究与国家利益的现实需求密切结合，充分认识琉球群岛的地缘战略意义，为维护我国钓鱼岛主权和东海海洋权益以及今后涉及琉球群岛及相关问题的对外交涉提供必要的科学理论支持。

第二节　国内外相关研究综述

一　国外相关研究

国外关于琉球群岛的研究主要以日本和美国学者为主，日文和英文文献的研究成果积累相当丰富。在地理学研究方面，日本学者出于自己国家利益的考虑，理所当然地把琉球群岛当作日本"西南群岛"的一部分或"冲绳"来研究[①]。在地理区划上严格地将琉球群

---

① 宮崎道生：『新井白石の史学と地理学』，東京：吉川弘文館，1988。

岛的重要组成部分吐噶喇列岛和奄美诸岛作为"萨南诸岛"的一部分，与琉球群岛的其他部分加以区别[①]。在历史学研究方面，关于琉球通史以及琉球与日本、中国关系的研究成果颇丰。少数日本学者虽然能够比较客观地对待明清时期中琉之间的宗藩关系[②]，但多数人更加强调琉球群岛与日本的历史渊源，极力为日本非法吞并琉球群岛进行辩解[③]。在国际关系和国际法学研究方面，日本学者对于涉及琉球群岛的法律地位和未来走势等问题，或主张其占有的合法性，或采取回避的态度。也有旅日学者对琉球独立的可能性也进行了探讨[④]。

一些美国学者通过对琉球的历史、地理、文化特征的研究，对美日关系中的琉球问题进行了深入探讨[⑤]，也有美国学者通过对美国外交档案的解读研究美国在琉球战后处理问题上的变化，并提出琉球问题上的美国外交政策[⑥]。

二　国内相关研究

中国有关琉球群岛最早的文献记载见于公元 636–656 年编撰的《隋书》卷八十一列传第四十六中的"流求国"[⑦]。《隋书》中的"流求国"应该是现今琉球群岛和台湾两地的泛称。以"琉球"称呼现在的琉球群岛，始于明朝初期。此后，对琉球群岛和台湾的区别才有了比较清楚的认识，开始称琉球群岛为"大琉求"，称台湾为"小琉求"[⑧]。在明朝嘉靖年之后的历代册封使出使琉球的记录中都留下了关于琉球

---

① 沢本嘉郎：『日本地理風俗大系』，東京：誠文堂新光社，1970。

② 東恩納寛惇：『琉球の歴史』，東京：至文堂，1957。

③ 高良倉吉：『琉球王国の構造』，東京：吉川弘文館，1987。

④ 林泉忠：「沖縄住民のアイデンティティ調査」，『政策科学国際関係論集』2009 年第 9 巻，第 105–147 頁。

⑤ Eldridge D. Robert. *The Origins of the Bilateral Okinawa Problem: Okinawa in Postwar U.S.–Japan Relations, 1945–1952*, NY: Garland Publishers Inc, 2001; Nicholas Evan Sarantakes. *Keystone: The American Occupation of Okinawa and U.S.–Japanese Relations*, College Station: Texas A&M University Press, 2000.

⑥ Gregory Henderson.*Public diplomacy and political change: four case studies: Okinawa, Peru, Czechoslovakia, Guinea*, CA: Praeger Publishers Inc, 1973；罗伯特·达莱克著：《罗斯福与美国对外政策》，陈启迪等译，北京：商务印书馆，1984。

⑦ 魏徵等：《隋书》卷八十一（列传第四十六），北京：中华书局，1973。

⑧ 史明：《台湾人四百年史》，台北：鸿儒堂书局，2005。

王国的地理、民俗、文化等方面的记载[①]。而清朝雍正年间（1725年）用汉语编撰的琉球王国官修史书《中山世谱》从琉球王国的角度记叙了本国历史[②]。这些古代文献为后人提供了珍贵的历史资料。

甲午战败后，清政府与日本签订了丧权辱国的《马关条约》，向日本割地赔款。失去了台湾、澎湖列岛和辽东半岛的清政府，在琉球问题上丧失了发言权。之后100多年来，琉球群岛逐渐被国人所遗忘。20世纪70年代以后，随着中日两国在钓鱼岛主权、东海划界和东海油气田开发等问题上的矛盾日趋明显化，国内学者开始关注琉球问题。历史学、国际关系和国际法学等相关学科纷纷开展琉球问题的研究，发表了许多很有价值的研究成果。但是，以区域研究为特色的地理学对于琉球群岛研究未能给予足够的关注，有关琉球群岛的自然地理学和人文地理学的基础研究所见不多，早期为数不多的关于琉球群岛的区域地理学研究大都局限在对日文相关文献的翻译、编译水平。一些年轻学者更是人云亦云地将琉球群岛作为日本的"冲绳"或"西南群岛"来简单地误解。近年来，一些学者从地理学的角度关于琉球群岛地缘关系的研究引起了学术界的关注[③]。

在历史学研究领域，国内学者针对琉球王国的历史、中琉文化交流、中琉宗藩关系的建立与发展、中琉朝贡贸易、日本吞并琉球与中琉宗藩关系的终结、中日关于琉球归属问题的交涉等问题进行了深入的研究。

在琉球通史研究方面，米庆余的《琉球历史研究》对琉球王国兴衰的历史过程进行了详尽的论述，同时对琉球王国兴衰过程中，中、日、琉三国数百年的关系演变进行了深刻分析[④]。

---

① 陈侃：《使琉球录》，国立北平图书馆嘉靖刻本影印本，嘉靖十三年（1534年）。
② 蔡铎、蔡温、郑秉哲著《中山世谱》，袁家冬校注，北京：中国文史出版社，2016。
③ 刘绍峰、袁家冬：《琉球群岛相关称谓的地理意义与政治属性》，《地理科学》2012年第32卷第4期，第393–400页；刘绍峰、袁家冬：《琉球群岛地域构成的历史地理学考证》，《东北亚论坛》2013年第2期，第25–34页；袁家冬：《日本萨摩藩人侵琉球与东亚地缘政治格局变迁》，《中国社会科学》2013年第8期，第188–203页；袁家冬、刘绍峰：《关于琉球群岛人类起源的研究综述》，《地理科学》2014年第34卷第8期，第914–920页。
④ 米庆余：《琉球历史研究》，天津：天津人民出版社，1998。

在中琉文化交流研究方面，谢必震对于中国文化在琉球群岛的传播进行了深入研究[①]；倪霞探讨了儒学的传播及其对琉球文化产生的影响[②]；董明等考证了明清时期汉语在琉球群岛的传播[③]；黄裔等通过对琉球汉诗的研究，考证了中琉之间文化交流的渊源[④]；赖正维关于明清时期福建沿海地区与琉球造船航海技术交流的考述，为中琉之间的科学技术交流提供了佐证[⑤]；崔军锋指出，中国文化的传播对于琉球群岛教育事业的发展起到了积极的促进作用[⑥]；郑辉认为，琉球来华留学生对于琉球群岛文教事业的发展作出了重要贡献[⑦]；李金明考证了明清时期琉球册封使在琉球群岛传播中国文化中所发挥的重要作用[⑧]；此外，武尚清等通过琉球民俗文化的研究指出，在琉球文化的深层依然保留着华夏文化深深的烙印，体现了中国与琉球群岛在文化上的相似性[⑨]。

在中琉宗藩关系的建立与发展研究方面，米庆余、李金明、吴元丰等对于明初中琉之间建立的宗藩关系中的"册封""朝贡"制度进行了详细考证[⑩]；庞培法等对于中琉宗藩关系建立后，明清时期中琉友好关系的发展以及对两国社会进步和经济发展所产生的影响进行了深入探讨[⑪]；丁春梅、朱淑媛、秦国经等对清代册封琉球体制中琉球国王表奏文书的种类和公文格式、清政府对于表奏文书的处理

① 谢必震：《从清朝档案看中国文化在琉球的传播》，《历史档案》1994年第5期，第80–83页。
② 倪霞：《明清时期儒学在琉球的传播及影响》，《东南学术》2010年第3期，第167–172页。
③ 董明：《明清两代汉语在琉球的传播》，《世界汉语教学》1996年第4期，第109–111页。
④ 黄裔：《琉球汉诗——中国诗歌移植的硕果》，《福建师范大学学报》（哲学社会科学版）1995年第3期，第45–51页。
⑤ 赖正维：《明清时期福建沿海地区与琉球造船航海技术交流考述》，《长沙电力学院学报》2003年第18卷第4期，第79–83页。
⑥ 崔军锋：《儒学与明清琉球教育事业的发展》，《福建师范大学学报》（哲学社会科学版）2005年第3期，第135–140页。
⑦ 郑辉：《明清琉球来华留学生对琉球文教事业的贡献》，《东疆学刊》2007年第24卷第3期，第40–44页。
⑧ 李金明：《明清琉球册封使与中国文化传播》，《历史档案》2005年第3期，第56–61页。
⑨ 武尚清：《琉球民族与华夏文化》，《世界民族》1995年第2期，第64–76页。
⑩ 米庆余：《明代中琉之间的册封关系》，《日本学刊》1997年第4期，第120–130页；李金明：《明朝中琉封贡关系论析》，《福建论坛》（社会科学版）2008年第1期，第46–51页；吴元丰：《南明时期中琉关系探实》，《中国边疆史地研究》2002年第12卷第2期，第81–88页。
⑪ 庞培法、刘金国：《古代中国与琉球王国友好关系的确立与中断》，《山东师范大学学报》（社会科学版）1995年第5期，第47–50页。

方式以及册封使的遴选等细节进行了深入细致的研究①。

在中琉朝贡贸易研究方面，谢必震、赖正维等通过对明清时期中琉之间册封贸易、朝贡贸易和民间贸易往来的研究，指出中琉贸易的发展不但促进了琉球王国航海造船技术的发展和琉球社会的进步，同时对于促进我国福建沿海地区手工业的发展和商品市场繁荣都起到了十分重要的历史作用②；刘信君通过中朝与中琉朝贡制度中朝贡礼仪、朝贡时间、朝贡规模、贡期贡道等方面的比较研究，对中琉朝贡贸易的特点进行深入探讨③；此外，戈斌、俞玉储等对清代琉球国朝贡活动的整个过程进行了深入研究，阐述了中琉之间频繁的朝贡贸易往来对于促进中琉相互理解和友好交往的重要意义④。

在关于日本吞并琉球与中琉宗藩关系终结的研究方面，国内学者大多数关注的是1872年以后日本对琉球群岛的吞并过程，而忽略了1609年开始的日本萨摩藩对琉球群岛的蚕食。米庆余等认为，琉球漂流民被台湾当地人杀害的"牡丹社事件"以及日本入侵台湾是日本明治政府为了吞并琉球群岛制造的借口⑤；赵东明、贺玎等认为，清政府对于琉球群岛的宗藩观念落后，对日本吞并琉球的野心和在亚洲扩张的认识不足，在处理日本侵台事件上出现重大外交失误，最终导致了中琉宗藩关系的终结⑥。殷敦新、黄俊华、王瑛等则认为，琉球宗主权的丧失与中国内部传统外交观念的转变，特别是

---

① 丁春梅：《清代册封琉球体制初探》，《福建师范大学学报》（社会科学版）2008年第5期，第107-112页；朱淑媛：《清代琉球国的谢恩与表奏文书》，《清史研究》1998年第4期，第94-101页；秦国经：《清代中琉关系文书研究》，《历史档案》1994年第4期，第79-91页。
② 谢必震：《中国与琉球》，厦门：厦门大学出版社，1996，第216-243页；赖正维：《清康乾嘉时期的中琉贸易》，《中国社会经济史研究》2005年第3期，第55-63页。
③ 刘信君：《中朝与中琉朝贡制度比较研究》，《东北师范大学学报》（社会科学版）2010年第5期，第68-74页。
④ 戈斌：《清代琉球国朝贡活动概述》，《历史档案》1993年第2期，第90-98页；俞玉储：《清代中国和琉球贸易初论（上）》，《历史档案》1993年第3期，第86-92页；俞玉储：《清代中国和琉球贸易初论（下）》《历史档案》1993年第4期，第90-100页。
⑤ 米庆余：《琉球漂民事件与日军入侵台湾（1871-1874）》，《历史研究》1999年第1期，第21-36页。
⑥ 赵东明：《略论清政府在1874年日本侵台事件中对琉球主权处理的失误》，《锦州师范学院学报》（哲学社会科学版）2002年第4期，第29-31页；贺玎：《琉球事件中中国社会关于宗藩体制的舆论——以〈申报〉为主要考察对象》，《清史研究》2004年第3期，第67-76页。

李鸿章本人对传统宗藩政治的扬弃，宗主国主动放权有着不容忽视的关系[①]；李良玉、何慈毅等认为，日本吞并琉球与日本明治政府推行对外扩张的"大陆政策"有着密切的关系，是日本为发动侵略战争、企图称霸世界迈出的第一步[②]。

在中日关于琉球归属问题交涉研究方面，戚其章详尽叙述了自1872年日本单方面废除琉球国设立琉球藩后，清政府与日本明治政府间关于琉球主权及前途地位问题交涉的历史过程细节，指出："无论从历史还是从法理看，琉球的主权及前途地位问题皆属未曾了结之案，一直成为近代以来中日间长期迁延未决的一大悬案。"[③]戴东阳对中日琉球交涉过程中何如璋在"琉球立王存祀"和"分岛方案"等方面发挥的历史作用进行了历史文献考证[④]；马钰从中日琉球交涉过程的历史考察入手，对琉球群岛的丧失及对日交涉失败的主客观原因进行了分析[⑤]；左世元对清政府在对日交涉中对待同样保持宗藩关系的琉球和朝鲜所采取的轻视琉球、重视朝鲜的不同态度及其原因进行了历史学考证和分析[⑥]。

在国际关系和国际法学研究领域，国内学者针对琉球问题与中日关系、琉球群岛的法律地位及其与钓鱼岛主权和东海划界问题的关系、琉球群岛的地缘政治关系等问题开展了广泛研究。在琉球问题与中日关系研究方面，柳岳武认为明代以前的琉球就同中国有着密切的关系，明初中琉宗藩关系的建立使得早已存在的中琉关系得到进一步加强，明末朝廷对琉球采取保守的宗藩政策，导致了琉球与日本联

[①] 殷敦新：《从琉球群岛的丧失看清政府的外交策略》，《镇江师专学报》1994年第3期，第19-22页；黄俊华：《李鸿章的国际法意识与琉球宗主权的丧失》，《郑州航空工业管理学院学报》（社会科学版）2005年第24卷第3期，第12-14页；王瑛：《李鸿章与琉球宗主权的丧失》，《云梦学刊》2006年第27卷第1期，第59-61页。

[②] 李良玉：《侵台战争与吞并琉球——近代日本"大陆政策"的初步形成》，《阜阳师范学院学报》（社会科学版）1994年第4期，第97-103页；何慈毅：《吞并琉球王国——明治日本蚕食亚洲的第一步》，《解放军外国语学院学报》2007年第30卷第6期，第113-118页。

[③] 戚其章：《日本吞并琉球与中日关于琉案的交涉》，《济南教育学院学报》2000年第5期，第1-8页。

[④] 戴东阳：《何如璋与早期中日琉球交涉》，《清史研究》2009年第3期，第63-76页。

[⑤] 马钰：《日本吞并琉球与清政府对日交涉》，《文史精华》2002年第8期，第20-23页。

[⑥] 左世元：《清政府对日交涉关于宗藩态度差别的原因探析——以琉球、朝鲜为中心》，《江汉大学学报》（社会科学版）2007年第26卷第3期，第22-27页。

系加强，日本势力开始进入并隐形控制琉球群岛[①]；李晓杰在其研究中对琉球王国与中国的交往、琉球王国与日本的关系、日本强占琉球的因由以及中日就琉球归属的交涉等方面作了较为详细的梳理与探讨[②]；赖正维通过中琉册封、朝贡体系从建立到衰亡的历史过程的研究，对明清时期的中琉关系进行了深入考证和分析[③]；何慈毅通过对琉球与日本两国交往的文书格式、内容的分析，探讨了琉球与日本在不同历史时期的关系及其变化[④]；此外，林希等对琉球问题发生前后中、日、琉关系的变化进行了比较深入透彻的研究[⑤]。

在琉球群岛的法律地位及钓鱼岛主权和东海划界问题研究方面，米庆余通过翔实的史料分析，对历史上琉球王国的疆界范围进行了考证，证明了钓鱼岛并非琉球王国先岛群岛的附属岛屿，自古以来就是中国的固有领土[⑥]；张毅认为，琉球群岛的法律地位问题直接关系到钓鱼岛主权归属及东海划界等中日争端的解决，并影响到东北亚整体安全保障体系的未来走向[⑦]；方堃、刘江永等也从琉球群岛的法律地位分析入手，对钓鱼岛争端和中日关系进行了较为深入的探讨[⑧]；王海滨、汪晖、王建朗等对第二次世界大战结束前盟国在关于日本战后处理问题时涉及琉球地位问题的交涉过程中，国民党政府和蒋介石本人对待琉球问题的态度以及美国对于战后亚太地区的战略和霸权谋划等进行了详细的考证和分析[⑨]。

---

① 柳岳武：《明朝时期中、日、琉球关系研究》，《安徽史学》2006 年第 4 期，第 25–34 页。
② 李晓杰：《沧桑琉球：琉球国、中国、日本》，《太平洋学报》2010 年第 18 卷第 10 期，第 56–64 页。
③ 赖正维：《康熙时期的中琉关系》，北京：海洋出版社，2004。
④ 何慈毅：《明清时期琉球日本关系史》，南京：江苏古籍出版社，2002。
⑤ 林希：《"球案"发生前欧美列强眼中的中日琉关系》，《文化殿堂》2009 年第 12 期，第 72–73 页。
⑥ 米庆余：《钓鱼岛及其附属岛屿归属考——从明代陈侃〈使琉球录〉谈起》，《历史研究》2002 年第 3 期，第 182–189 页。
⑦ 张毅：《琉球群岛法律地位的国际法分析——兼论东海划界问题的新思维》，《北京科技大学学报》（社会科学版）2010 年第 3 期，第 70–74 页。
⑧ 方堃：《琉球、钓鱼岛与中日关系》，《中国边疆史地研究》2002 年第 12 卷第 1 期，第 90–92 页；刘江永：《从岛名看钓鱼岛主权归属》，《人民日报》（海外版）2012 年 2 月 1 日，第 1 版。
⑨ 王海滨：《中国国民政府与琉球问题》，《中国边疆史地研究》2007 年第 17 卷第 3 期，第 139–147 页；汪晖：《冷战的预兆：蒋介石与开罗会议中的琉球问题——〈琉球：战争记忆、社会运动与历史解释〉补正》，《开放时代》2009 年第 5 期，第 24–32 页；王建朗：《从蒋介石日记看抗战后期的中英美关系》，《民国档案》2008 年第 4 期，第 107–115 页。

虽然中国政府从未承认《旧金山和约》的合法性[①]，但是，中国政府对于琉球群岛的法律地位一直没有明确表态。学术界普遍认为，1972年，根据《美日关于琉球群岛和大东诸岛的协定》，美国将琉球群岛"归还"给日本的做法并未得到中国政府的承认。所以，《旧金山和约》与《美日关于琉球群岛和大东诸岛的协定》均不能构成国际法上的有效证据来支持日本对琉球群岛拥有主权的主张。与此形成鲜明对比的是，中国政府对钓鱼岛主权和东海划界问题有着鲜明的表态。张良福对中国政府在钓鱼岛主权和东海划界问题上的基本立场和政策进行了总结[②]。

在琉球群岛的地缘政治关系研究方面，范春昕通过对晚清时期中国地缘政治局势的分析，探讨了中日间关于琉球地位问题的交涉过程，指出在日本咄咄逼人的攻势下，清政府只能被动地应对并作出了无奈的选择。导致清政府在对日琉球交涉中失败的原因在于海陆疆危机同时爆发的地缘政治背景以及对海防的忽视和对琉球战略地位的误判[③]；王海滨对美国在琉球问题上的作用进行了详尽的分析，指出美国出于自身地缘战略利益的考虑，在第二次世界大战后处理琉球问题时，先是刻意抹杀琉球与中国传统的历史关系，后来出于遏制共产主义的冷战战略思维开始扶持日本，在琉球群岛的战后安排上为日本保留了"剩余主权"，最终人为地将多边关系中的"琉球问题"变成美日双边关系中的"冲绳问题"，为今天的中日关系埋下了隐患[④]；修斌等对琉球群岛各个历史时期的"萨摩入侵""琉球处分""琉球处置""美军占领"和"归还日本"等因外部力量介入引发的琉球群岛人民反抗外来侵略、争取民族独立的运动进行详尽的

[①] 中华人民共和国外交部：《周恩来外长关于美英对日和约草案及旧金山会议的声明》，《人民日报》1951年8月15日，第1版。中华人民共和国外交部：《关于美国及其仆从国家签订旧金山对日和约的声明》，《人民日报》1951年9月19日，第1版。

[②] 张良福：《中国政府对钓鱼岛主权争端和东海划界问题的基本立场和政策》，《太平洋学报》2005年第13卷第8期，第61–70页。

[③] 范春昕：《地缘政治视野下的琉球交涉》，《三明学院学报》2006年第23卷第3期，第304–307页。

[④] 王海滨：《琉球名称的演变与冲绳问题的产生》，《日本学刊》2006年第2期，第29–41页。

分析，指出几百年来由于政治上缺乏独立自主，经济上对外依赖，文化上主体意识模糊，使得琉球人民的民族意识神经极为敏感，琉球人民一直在"同化于日本""融入全球"和"独立自主"这三种力量之中寻求张力平衡。"琉球复国"和"琉球独立"的思想长久以来一直影响着琉球的历史发展，使得琉球群岛的未来走向具有不确定性 [①]。

三　综合评述

纵观国内相关学科关于琉球群岛的研究，在研究成果的积累上历史学居多，国际关系研究、国际法学次之，而地理学的研究成果积累十分有限。各相关学科之间缺少必要的合作交流。地理学关于琉球群岛基础研究的缺失，使得历史学、国际关系、国际法学等人文社会学科的一些研究对于"琉球群岛""西南群岛""萨南诸岛""冲绳"等地域空间概念的认识模糊不清；多数研究注重某一历史事件的过程叙述，但忽略了必要的地域社会、经济系统的背景分析和地缘关系时空演变的特征与机理的考证；研究方法主要以历史文献研究法和定性分析为主，缺少地理要素的空间分析和地理信息等现代技术方法的应用；表现手段通常以文字描述为主，缺少地图、数据等表现手段的应用等，使得许多研究结论的论证稍显苍白单薄。

基于上述背景，本书按照地理学关于地缘关系格局时空演变的特征及形成机理研究的基本框架，以琉球群岛为研究对象，从琉球群岛的自然地理环境、地域构成及空间特征、历史与地域文化的传承及其演变过程的分析入手，科学划定琉球群岛的地理单元；解释琉球群岛地理单元的特殊性及其与中国大陆和日本列岛的相似性与差异性问题；通过各重要时期琉球群岛地缘关系要素相互作用的研究，揭示琉球群岛地缘关系格局的时空演变特征与机理。在此基础上，对与琉球群岛地缘关系密切相关的琉球群岛的法律地位问题、

① 修斌、常飞：《琉球复国运动的历史回顾》，《中国海洋大学学报》（社会科学版）2010 年第 4 期，第 19–26 页。

我国钓鱼岛主权、东海大陆架划界和油气田开发等涉及我国领土主权和海洋权益的问题进行深入探讨。

第三节　研究内容与研究方法

一　研究目标与内容

（一）研究目标

构建我国地理学关于地缘关系问题研究的基本框架，丰富与充实地理学相关领域研究成果的积累。通过对琉球群岛地理环境与地缘关系相互影响、相互作用的研究，全面揭示琉球群岛地缘关系格局时空演变的特征与机理，重新认识琉球群岛地缘战略地位的重要性，探讨地缘关系背景下琉球群岛的法律地位及其未来走向，提出与琉球群岛地缘关系密切相关的涉及我国钓鱼岛主权及东海海洋权益问题的科学的对外政策措施。

（二）研究内容

（1）琉球群岛地缘关系要素及其影响机理研究。其中包括：中国的地缘影响力、日本的实际控制、美国的军事存在、琉球的民意张力等地缘政治关系要素的分析；区域经济一体化背景下中、日、美经济发展与衰退、战略资源与市场的争夺、科技与信息的竞争等地缘经济关系要素的分析；中华文明、日本文化、西方文化等地缘文化关系要素的分析，以及表现在地缘政治对抗与互信、地缘经济竞争与合作、地缘文化传播与交流方面的琉球群岛地缘关系要素的影响机理分析等。

（2）琉球群岛的地理环境与空间特征研究。其中包括：琉球群岛的自然地理环境分析与自然条件评价，琉球群岛的行政区划、产业类型与产业结构、人口构成与迁移、城市化进程，琉球群岛地域构成的历史地理学考证，琉球群岛相关称谓的地理意义与政治属性辨析，琉球群岛人类起源的研究综述，琉球群岛诸方言的分类与分布等。

（3）琉球群岛地缘关系格局演变的历史过程研究。其中包括：琉球王国的形成与中琉宗藩关系的建立，萨摩藩入侵琉球与东亚地缘政治格局变迁，近代日本对琉球群岛的强行吞并，美国对琉球群岛的军事占领与"冲绳归还协定"等。

（4）琉球群岛地缘关系格局变化与琉球群岛未来法律地位问题研究。其中包括与中国的崛起、美国亚太地区战略的调整、日本民族主义的消长、琉球人的"民意张力"等关系密切的琉球群岛地缘关系格局变化趋势分析，中、日、美三国对琉球群岛法律地位的态度研判，各地缘主体力量博弈下的琉球群岛未来法律地位走向分析等。

（5）琉球群岛地缘关系格局变化与我国钓鱼岛主权问题研究。其中包括：钓鱼岛问题产生的地缘关系背景分析，中日两国关于钓鱼岛主权问题的争端与交涉，琉球问题与钓鱼岛主权的关联等。

（6）琉球群岛地缘关系格局变化与我国东海海洋权益问题研究。其中包括：东海划界问题产生的历史背景与地缘关系要素分析，中日两国政府关于东海划界问题的磋商，联合国海洋法公约与中日东海划界问题，中日东海划界问题前景展望等。

二 研究方法

以地理学传统的研究方法为基础，充分运用地图方法、遥感与地理信息技术，并借鉴历史学的历史文献研究法。在地理现象的描述上，主要采用地理考察、定性分析等地理学传统的研究方法；在差异性和相似性分析以及地理特征的抽象概括方面，将地理比较方法与地图方法、遥感与地理信息等现代技术手段结合运用；在地理过程的分析和趋势分析方面采用数学方法、系统方法等研究方法；

在机理研究方面主要运用综合分析法；在历史地理学研究方面运用历史文献研究法，系统收集、阅读、分析、整理国内外的历史地理资料和文献。将归纳演绎、类比推理、抽象概括、思辨想象、分析综合等研究方法应用于琉球群岛的地缘关系问题研究中。

地理科学研究在国际关系领域中应用并非本书首创。但是，将琉球群岛的地理学研究与维护钓鱼岛主权和东海海洋权益的国家现实需求相结合，在我国地理学界尚无先例。本书在重新认识琉球群岛地缘战略地位重要性的基础上，探讨地缘关系背景下琉球群岛的法律地位及其未来走向，提出与琉球群岛地缘关系密切相关的涉及我国钓鱼岛主权及东海海洋权益问题的科学的对外政策措施，为我国今后在相关问题上的对外交涉提供必要的科学理论支持。

第 二 章

琉球群岛的地缘关系要素及其影响机理

第一节　地缘政治要素

一　中国的地缘存在

公元前 221 年，秦始皇统一中国，建立了空前规模的秦王朝，此后，自公元前 206 年至公元 220 年，汉承秦制，建立了前后延续 400 余年的两汉王朝。这一时期，汉王朝周边各邻国纷纷建立，在消除匈奴南下的威胁之后，汉王朝的势力逐渐扩张至东北地区，朝鲜半岛、日本列岛的古代国家相继加入日臻稳定的封贡体制中，古代东亚地区的国际秩序初步形成。

隋唐时代（581–907 年），东亚地区国际秩序的格局逐渐形成。公元 660 年至 668 年，唐朝与新罗联盟，同日本与百济联盟展开战争。公元 668 年，唐罗联盟与高句丽展开战争，最终，百济、高句丽败亡，新罗统一大同江以南的朝鲜半岛。公元 668 年至 907 年，经过短暂的唐罗战争后，唐王朝势力逐步退出半岛，和平友好成为唐、新罗、日本大三角格局的基调，三国对等交往[1]。公元 960 年，宋朝建立，东亚地区的国际秩序得到进一步完善，海上通商贸易的发展与繁荣，刺激了许多港口的发展以及此前名不见经传的邦国的涌现与崛起。淳熙元年（1174 年），宋王朝正式册封安南的李英宗为"安南国王"，并赐"安南国王"之印。从此，越南作为一个国家加入了东亚地区的国际体系[2]。在明清王朝先后 500 余年间，封贡体制日趋完善，琉球群岛与古代中国的宗藩关系开始建立。

明洪武五年（1372 年），明太祖朱元璋派遣使者杨载出使琉球，传送即位建元诏书，琉球中山国王察度奉诏，遣使入贡。1404 年，明成祖朱棣册封其为"琉球国中山王"，中山王率先与明朝建立

---

[1]　宋成有：《东北亚史研究导论》，北京：世界知识出版社，2011，第 35–78 页。
[2]　何川芳：《"华夷秩序"论》，《北京大学学报》1998 年第 35 卷第 6 期，第 30–45 页。

了宗藩关系。1383 年，山南王国和山北王国也分别遣使来明朝进贡。从此，琉球成为明王朝的藩属国。1406 年，中山王察度的世子武宁被佐敷按司巴志推翻，巴志自立为中山国王。此后，巴志于1416 年和 1429 年分别征服了山北王国和山南王国，结束了持续100 多年的"三山时代"，最终统一了琉球群岛，开创了第一尚氏王朝。明宣德五年（1430 年），明宣宗赐巴志姓为尚氏。

清朝时，1653 年（清顺治十年），琉球王国遣使臣到中国请求册封。顺治皇帝册封了琉球王尚质，并规定两年朝贡一次。此后的200 多年，来自琉球王国的朝贡络绎不绝。琉球王国与明清王朝之间建立的从属关系一直持续到近代。

二 日本的实际控制

从 15 世纪前叶琉球王国建立初期至 16 世纪末，琉球王国和日本的关系基本上是对等的。日本室町幕府也很尊重琉球王国在明朝封贡体系中的地位。16 世纪末至 17 世纪初，明王朝在内忧外患之中，国力日渐衰落，而日本因丰臣秀吉统一大业的完成而逐渐崛起。当时日本的外交基调就是入侵明朝，公开向明王朝主导的东亚地区的国际秩序提出挑战。在其统一日本后，琉球应日本邀请对其送礼以表祝贺，此举却被丰臣秀吉理解为是对自己的顺从，故对于琉球，虽未将其纳入日本国 60 余州之中，但其意欲"弘政化"于琉球国的野心已初显端倪。1603 年，德川家康取代丰臣秀吉掌握日本政权后，琉球和日本的关系又发生了新的变化。德川幕府为了谋求恢复与明朝的关系，寄希望于琉球王国，开始极力改善与琉球王国的关系，但琉球王国对日本方面的要求不予理会。1609 年 3 月，萨摩藩主岛津家久集 3000 精兵挥军直下，以迅雷不及掩耳之势一举征服琉球，将国王尚宁以及三司官等官员 100 余人作为俘虏带回了萨摩藩。1610 年，琉球王尚宁被挟持到江户（现东京），1611 年尚宁被准许返回琉球，条件是琉球王国将奄美诸岛割让给日本，并向日本纳贡称臣。从此，琉球王国进入了既附属于中国也附属于日本的"两属时代"。1871 年，日本明治政府在全国实施行政区改革。1872 年，琉球庆贺使一行到日本拜谒明治天皇时，日本单方面宣布将琉球王国设置成琉球藩①。1875 年，日本大军入侵琉球，禁止琉球向清王朝进贡、接受清王朝册封，废除中国年号，改为明治年号。1876 年，日本政府又接管了琉球王国的司法权和治安权。1879 年，日本明治政府宣布废除"琉球藩"，设置"冲绳县"，强行将琉球群岛纳入日本版图。之后，清政府就琉球归属问题不断与日本政府进行交涉，力图帮助琉球复国，但由于多种原因未能与日本政府达成协议。此后，日本一直非法占据着整个琉球。第二次世界大战结束后，日本对琉球群岛的统治权被剥夺。但是，随着东西方冷战的加剧，美国出于遏制中苏的战略需求，开始扶持日本。1972 年 5 月，美国将琉球群岛的管辖权"归还"给日本，至此，日本恢复了对琉球群岛的统治。

三　美国的政治影响

1840 年鸦片战争之后，随着中国与列强之间一系列不平等条约的订立，近代条约体系取代了传统封贡体系，一种新型的国际秩序出现在东亚地区，以中国为主导建立在封贡体系下的东亚国际秩序逐渐瓦解。随着美国实力的增强和国际地位的提高，以及国家利益范围的扩大，其通过殖民扩张，占领菲律宾、夏威夷等国家，与东亚的距离也逐渐拉近，成为在东亚地区具有重要影响的大国。

第二次世界大战末期，美国国务院根据《大西洋宪章》"不追求

---

① 何慈毅:《明清时期琉球日本关系史》，南京：江苏古籍出版社，2002，第 52–53 页、第 157–159 页。

领土和其他方面的扩张"的原则，考虑战后对日政策和琉球群岛未来地位问题。1943 年 12 月 1 日发表的《开罗宣言》中规定："剥夺日本自从 1914 年第一次世界大战开始后，在太平洋上所夺得或占领之一切岛屿；在使日本所窃取于中国之领土，例如东北四省、台湾、澎湖群岛等，归还中华民国；其他日本以武力或贪欲攫取之土地，亦务将日本驱逐出境。"根据此宣言中 1914 年的时间限定，日本对琉球群岛的权利并未被剥夺，但是美国军方则认为琉球群岛的战略地位十分重要，坚决反对将琉球群岛归还给中国或日本[①]。1945 年 3 月，美军开始在琉球群岛进行登陆作战，3 月 26 日，美军在庆良间诸岛登陆，4 月 1 日，在冲绳岛登陆，与当时负责防卫的日军展开了冲绳岛战役。6 月，美军占领了琉球群岛全部地区后，立即在占领地设立了美国海军政府，以美国太平洋舰队司令尼米兹（C. W. Nimitz）的名义发布了"美国海军军政府公告第一号"，成立军管区，并宣布停止日本政府在琉球群岛的一切行政权，将琉球群岛的政治管辖权及最高行政权置于尼米兹海军上将名下。1945 年 8 月 15 日，日本宣布投降后，美国军政府设置了由琉球当地居民组成的"冲绳咨询会"，建立了与当地居民沟通的渠道。美军在占领冲绳岛后，也先后进入宫古列岛及八重山列岛，恢复原本的宫古支厅及八重山支厅的行政职能，以维持当地社会运作。1946 年 2 月 2 日，盟军总司令部宣布对包括吐噶喇列岛、奄美诸岛、冲绳诸岛、庆良间诸岛、先岛诸岛、大东诸岛在内的全部岛屿实施军管。1951 年 9 月 8 日签署的《旧金山和约》第 3 条规定，将北纬 29 度以南的琉球群岛正式置于联合国的托管之下。在美军占领琉球期间，禁止使用日本的年号。直到 20 世纪 60 年代后期，美国在各种官方文件中都避免使用"冲绳"这一日本称谓。

---

① 刘绍峰、袁家冬：《琉球群岛地域构成的历史地理学考证》，《东北亚论坛》2013 年第 2 期，第 25—34 页。

第二节　地缘经济要素

一　区域经济一体化趋势

（一）中国经济影响力的扩大

1840 年鸦片战争之后，随着西方殖民和现代国际体系的东进，以中国为中心的东亚国际体系——朝贡体系在巨大的挑战与冲击中逐渐走向衰落。1895 年，随着甲午战争的失败，清政府被迫与日本签订了《马关条约》，其中正式承认朝鲜独立，这意味着清朝丧失了朝贡体系中的最后一个国家——朝鲜，标志着古代东亚国际体系彻底瓦解，中国在国际上的地位也逐渐下降。

以 20 世纪 80 年代的中国改革开放和 90 年代的苏联解体为背景，国际政治格局与时代特征发生了根本性的变化，世界格局从两极走向了单极、多极体系。中国正是在这样的国际环境中开始崛起，随着中国经济影响力的逐渐扩大，中国对世界各国的经济，尤其是东亚地区国家的经济产生了重大影响。

1980 年，中国 GDP 为 3034.45 亿美元，仅占世界 GDP 总量的 1.8%；到 2000 年，中国 GDP 为 11983.89 亿美元，占世界 GDP 总量的 3.7%；之后更是迅速发展，到 2012 年，中国 GDP 增长至 82270 亿美元，仅次于美国，居世界第二位，占世界 GDP 总量的比例也增至 11.5%。

在贸易方面，从 2000 年到 2012 年，中国进出口总额除了在 2008 年受金融危机影响有小幅下降以外，总体上保持着持续增长的趋势。2000 年中国的进出口总额为 4742.9 亿美元，居世界第 7 位，占世界贸易总额的 3.9%，到 2012 年进出口总额增长至 38667.6 亿美元，居世界第二位，占世界贸易总额的 11.4%。

在投资方面，2012 年在全球外国直接投资流出量较上年下降

17% 的背景下，中国对外直接投资创下 878 亿美元的历史新高，同比增长 17.6%，首次成为世界三大对外投资国之一。

此外，作为东亚地区的大国，中国经济实力的快速增长，对东亚地区的经济合作及发展也起到了很大的推动作用。首先，中国经济的快速增长在很大程度上带动了东亚各国对中国的出口贸易，降低了对美国市场的依赖。2000 年，东亚向中国出口占东亚总出口（不包括中国）的 8.02%，东亚（不包括中国）向美国出口占东亚总出口的 25.32%。2010 年，东亚向中国出口占东亚总出口（不包括中国）的比重增长至 20.52%，而东亚（不包括中国）向美国出口占东亚总出口的比重降低至 11.54%，下降了 13.78 个百分点。目前，中国已成为日本、韩国和东盟的第一大贸易伙伴与出口市场。其次，随着东亚对中国出口额的不断增加，日本、韩国和东盟成为中国最大的贸易逆差来源地。2010 年，中国对日本、韩国的贸易逆差分别为 696 亿美元和 557 亿美元，创历史新高，对东盟的贸易逆差也达到了 164 亿美元的高位。最后，中国对于东亚地区经济一体化起到了巨大的推动作用。随着北美自由贸易区的形成和欧洲单一市场的扩大和深化，区域经济一体化和经济全球化已成为两大主要经济发展趋势，因此，要想寻求更大的经济发展空间，东亚各国必须进一步加强区域经济合作。2001 年，中国提出了建立中国、东盟自由贸易区的设想，并于次年 11 月与东盟启动中国、东盟自由贸易区建设进程。这一举措加快了日本、韩国分别与东盟的自贸区谈判和建设进程。此后，东亚地区逐渐形成了"10+1""10+3"和东亚峰会、中日韩领导人会议等多元合作框架并存的局面，中国成为东亚经济一体化发展最重要的推动力量之一 [1]。

（二）日本经济萧条与振兴

20 世纪 90 年代初，随着"泡沫经济"的突然崩溃，日本经济

---

① 竺彩华：《东亚经济何去何从？——从中美日经济实力消长谈起》，《外交评论》2012 年第 1 期，第 85–100 页。

开始衰退，陷入了长达十余年的经济停滞。据世界银行统计，日本在 1993–2002 年的 GDP 增长率仅为 0.89%，1998 年和 2001 年更是出现了负增长，不仅落后于美国，也落后于韩国和中国 [①]。

日本经济长期萧条不仅使本国经济不断衰退，而且对东亚地区经济发展产生了不少负面影响。20 世纪 90 年代初，日本泡沫经济破灭后，随着日元汇率的不断上升，过剩的日本资金不断流向海外，以寻求新的获利机会，其中就有很大一部分流向东亚地区的国家，使得这些国家的经济泡沫化加剧。此外，由于日本国内经济萧条，其对东亚地区的进口量不断减少，使得东亚对日贸易逆差急剧扩大，埋下了东亚金融危机的隐患。1997 年，东亚地区爆发了一场空前严重的金融危机，造成此次金融危机的因素可能是多方面的，但总的来说与日本经济萧条有着很大的关系 [②]。

不过，在日本经济不景气的十余年中，日本政府为了摆脱经济萧条，出台了很多政策，终于自 2002 年后经济开始走向复苏及上升轨道。2003 年，日本出口和生产开始逐渐增加，企业收益也开始改善，设备投资业开始增加，经济出现了缓慢增长的趋势，全年经济增长率为 3.2%，超过了同期美国和欧盟的经济增长率 [③]。其中，由于中国经济实力的快速增长，中日贸易关系稳步发展，日本对华贸易依存度也逐渐增加。2003 年，日本出口贸易比上年增长了 540 亿美元，其中 32% 是由中国所提供的，由此可见，中日贸易对于日本经济复苏也起到了一定的作用。2005 年、2006 年、2007 年日本经济增长率分别为 1.9%、2.4%、2.1%，虽然增幅不是很大，但随着日本经济的复苏，其和东亚地区的经济关系日益密切，日本进一步扩大对东亚地区的经贸合作和直接投资，从而加速了东亚地区经济一体化进程，推动了地区经济发展。

---

① 梁军：《日本经济走势与原因分析（1992–2002）》，《亚太经济》2003 年第 5 期，第 23–27 页。

② 江瑞平、常思纯：《经济萧条背景下的日本与东亚经贸关系》，《世界经济与政治论坛》2002 年第 2 期，第 75–90 页。

③ 李建军：《中日贸易对日本经济复苏的作用及存在的问题》，《日本学刊》2005 年第 2 期，第 83–93 页。

（三）美国经济衰退与复兴

美国经济自 1991 年 4 月到 2000 年 12 月一直保持着稳定增长。但是，从 2001 年 3 月开始，美国经济开始衰退，全年的经济增长率仅为 1.3%，其中，第一季度为 1.3%，第二季度仅为 0.3%，第三季度则下降至 −1.3%，第四季度为 1.7%。由于经济全球化的发展和美国经济对于世界经济具有较大影响，这次经济衰退也引起了全球经济的同步衰退，2001 年上半年，美国的进出口分别减少了 13% 与 10%。而同期中国台湾、新加坡、韩国、马来西亚等国家和地区的进出口降幅则大大超过美国①。

进入 2002 年，美国经济开始复苏，但是到 2007 年下半年，美国爆发了次贷危机。由于其不断升级，在 2008 年 9 月演变成为自 20 世纪 30 年代大萧条以来最严重的国际金融危机，造成美国经济严重衰退，2008 年全年平均增长率为 0，而 2009 年更是全年负增长，年平均增长率为 −2.6%。近年来，随着中国和印度经济的崛起，欧盟经济的复苏，美国在全球经济中的优势有所削弱，但此次的金融危机还是影响到了全球经济运行，对东亚地区一些国家的经济也产生了一定的影响。美国是中国的第二大出口市场，美国金融危机使得美国进口减少，导致中国企业对美国的订单大量减少，被美国企业拖欠的出口货款不断增加，从而使得中国沿海地区许多中小出口企业大量倒闭。

2010 年，美国经济开始出现增长迹象，到 2012 年一直保持温和复苏态势，第一季度经济延续 2011 年第四季度复苏态势，增幅为 2%。但随后受商业投资乏力、企业高库存、春季裁员等因素影响，增速放缓至 1.3%，8 月失业率创下 8.3% 的全年最高值。第三季度美国经济虽遭遇 56 年来最严重旱灾，但在美联储第三轮量化宽松政策、制造业回暖等因素拉动下，仍实现强劲反弹，增长率达到

---

① 竺培芬:《2001 年美国经济衰退的特征》,《思想理论教育导刊》2002 年第 5 期，第 35-37 页。

2.7%，为金融危机以来最好表现[①]。第四季度由于受财政悬崖、飓风"桑迪"、欧债危机反复和新兴市场增速放缓等因素影响，复苏势头回落，但未发生逆转，复苏态势基本确立。

二　资源与市场的争夺

（一）战略资源的争夺

今天，发展中国家已成为全球能源消费的主体，全球能源消费的中心正在向亚洲转移。随着以中国、印度等为代表的发展中大国的崛起，全球能源消费和贸易格局逐步转变，一场 21 世纪的能源争夺战正在美国、中国、日本、俄罗斯、印度等几个大国间上演。谁能在这场能源博弈中抢得先机，谁就能在未来的国际竞争中占据主动。

1. 石油争夺

石油作为重要能源把握着各国工业经济的命脉。谁控制了石油，谁就控制了世界经济。近百年来，石油促进了全球社会经济的发展和人类文明的进步，特别是自 20 世纪 50 年代进入"石油时代"以后，国家间为争夺石油资源而发生的战争和冲突举不胜举。1956年爆发的苏伊士运河战争，其根源就在于石油。1990 年爆发的海湾战争更是一场石油战争。此外，美国在中东及中东周边发动的阿富汗战争、伊拉克战争和利比亚战争无一不带有浓厚的石油战争色彩。美国前总统尼克松（R. M. Nixon）对美国发动海湾战争的战略企图就曾直言不讳地指出，这既不是为了民主，也不是为了自由，而是为了石油。此外，中日两国也发生过石油争夺的多次交锋，在中东地区，中国和日本对伊朗阿扎德甘油田的开发权就曾展开过较量[②]。目前，中国已成为世界第二大石油进口国和第二大石油消费国。

---

① 余翔、李铮、董春岭:《美国经济形势评析》,《国际研究参考》2013 年第 1 期, 第 25–26 页。
② 于胜海:《能源战争》, 北京: 北京大学出版社, 2012, 第 48、76 页。

2011 年，中国的石油对外依赖度已突破 55%，预计到 2020 年将达到 75%，因此，在世界石油争夺战中，中国更不能落后。

2. 新能源争夺

随着世界各国经济的快速发展，世界能源形势越来越严峻，各国在能源的争夺上更是日趋激烈，而新能源具有可再生的特性，被视为未来经济领域取之不尽、用之不竭的巨大"金矿"，各国在争抢全球新能源战略制高点上更是不遗余力。

近年来，中国在核电、风能、太阳能、生物能产业上均实现了高速增长，在"十二五"期间，中国把新能源产业列入国家重点支持的七大领域之一，不但国家政策支持，各地方也制定了很多优惠政策鼓励企业发展新能源产业。截至 2012 年，中国风电并网装机容量增加到 63 吉瓦，同比增长 39.8%，超越美国成为世界第一风电大国，年发电量超过 1000 亿千瓦时；中国光伏新增装机 4.8 吉瓦，同比增长 220.0%，总装机容量达 7 吉瓦；核电在建机组 30 台，容量 32.73 吉瓦，同比增长 175.3%，在建规模居世界第一。近年来，美国也在加紧制定新能源政策，美国政府计划在未来 10 年，通过投入 1500 亿美元进行新能源开发，创造 500 万个新的工作岗位，投入 110 亿美元对国内电网进行改造，投入 20 亿美元开发先进的电池技术，投入 50 亿美元对住房进行季节适应性改造。到 2015 年新增 100 万辆混合动力汽车，并用 3 亿美元支持各地方政府采购混合动力汽车，保证美国风能和太阳能发电量到 2025 年占发电总量的 25%。

（二）人力资源的争夺

随着经济全球化和以信息技术为主要内容的知识经济的迅猛发展，世界处于由工业经济向知识经济过渡的新时期，世界各国综合国力的竞争在很大程度上取决于科技的竞争，而科技的竞争归根到底是人才的竞争。目前，新一轮高科技人才争夺战正在全球范围内展开，而且愈演愈烈。

19 世纪美国便开始通过移民的方式来吸引当时先进国家的技术

人才，可以说这些技术人才对于美国的发展作出了巨大贡献。近年，美国发起新一轮人才攻势。2011 年 8 月 2 日，美国国土安全部及美国公民身份和移民局宣布一系列优惠政策，以吸引能够在美国高失业率领域进行投资和创业的外国人才。日本社会真正有计划地开展研究交流的国际化、吸引外国优秀人才的活动是在 20 世纪 80 年代以后才兴起的。近年来，日本国内的出生率连年走低，企业技术骨干相继退休，日本的人才需求越来越大。日本政府为争夺人力资源制定了一系列的措施，如建立国际化的高等教育基地，完善留学生政策，吸引更多的留学生毕业后在日本就业，加强与亚非国家的合作，在竞争与合作中开发人才等①。

在世界人才大战中，中国虽然不是人才流失比例最高、受害最深的国家，却是目前世界上流失数量最大、损失最多的人才流失国。在人才日益成为国与国竞争的核心要素的当今时代，大规模的人才流失势必会给我国经济发展带来不良影响。因此，为避免人才流失以及吸引更多的外国高素质人才，我国有必要采取一定措施。

（三）市场的争夺

战后，世界市场由卖方市场转向买方市场，垄断进一步加强，使得市场上的竞争更为激烈，为了争夺市场，各国各地区采取了各种各样的方式。

1. 组织经济集团控制市场

近几十年来，世界各地区域经济组织数目增长越来越快，其中最具有影响力的是欧盟、北美自由贸易区和亚太经合组织这三大贸易集团。这些经济贸易集团的建立使得集团内各成员之间取消了关税和各种限制，同时各成员在不同领域相互促进技术沟通与交流，形成各国独特的技术优势与产业优势，大大增强了其产品竞争能力。这既有利于本集团产品参与国际竞争，占领世界市场，同时又增加

① 乌云琪琪格、袁江洋：《日本科技化人才政策的国际化转向》，《自然辩证法通讯》2009 年第 31 卷第 3 期，第 59~66 页。

了外来产品占领当地市场的难度。

2. 通过跨国公司打进他国市场

现在越来越多的国家通过建立跨国公司，利用直接投资的方式绕过贸易壁垒，在国外建立生产和销售网来争夺世界市场。近年来，随着我国的和平崛起，经济高速发展，加上我国加大了改革开放的力度，美国跨国公司争先恐后在我国市场抢占阵地。1994 年到 1998 年底，美国在华投资项目由 16257 个上升至 26657 个，增长了近 1 倍。随着中国加入世界贸易组织，美国对华投资数量持续增长，据统计，截至 2005 年底，美国在华投资项目累计已超过48667 个 [①]。

3. 从价格竞争转向非价格竞争

在市场经济买方市场的较低级阶段，价格竞争比较普遍，即企业仅通过降价让利的手段来争夺市场，但是这种低价竞争形式不能扩大整个行业的市场空间。所以，随着市场经济的逐步发展，企业的逐渐理性化，人们的消费观念不断得到提高，企业开始偏向非价格竞争，通过提高产品的质量和性能等来增强企业的竞争能力。非价格竞争作为一种市场竞争方式，在我国企业中受重视程度不够，运用时间不长，但对企业的经营管理、市场的发展和社会经济的发展带来了巨大的影响，体现出它的竞争优势。

三 科技与信息的竞争

（一）科技竞争

科学技术作为第一生产力，在全球经济竞争中的地位不断提升。21 世纪以来，国际科技竞争愈演愈烈，为了保障国家安全，增强自身的国际竞争力，世界各国都开始把科技创新与发展作为主要战略。

---

① 邱询旻、刘晓瑾：《美国跨国公司对华投资新特点及其失效分析》，《太平洋学报》2003 年第 11 卷第 1 期，第56—62 页。

特别是近年来，一些国家依靠高科技纷纷崛起，引起了世界各国的极大关注。为了保持美国在全球科技中的领先地位不受威胁，美国政府相继出台了一些重要的科技战略与措施。2007年8月9日，布什总统签署了《有意义地促进杰出技术、教育与科学创造机会法案》。此法案的出台就是要力争在经济全球化形势下继续保持美国的优势，使美国在优秀人才和创造力上继续引领世界，并使这种具体的行动措施具有法律效力，从而强化措施执行的力度[①]。

随着日本从泡沫经济导致的经济萧条中逐渐复苏，日本政府更加重视科技创新在国民经济中的地位。2000年以来，日本相继出台了"IT立国战略""知识产权立国战略"和"创新立国战略"等政策措施，形成了以科技创新立国的战略体系。近年来，中国也不断依靠自主创新，增强了科技竞争力，实现了经济的快速发展。面对日益激烈的科技竞争环境，我们还要不断努力。

（二）信息资源与技术的竞争

进入21世纪，信息技术革命席卷全球，作为当今先进生产力发展方向的信息资源与技术，它的发展和应用不仅能够使企业更高效地进行资源优化配置，提高社会劳动生产率和社会运行效率，而且对于经济全球化和社会发展具有重要的推动作用，各国为增强本国信息技术优势，推动国家经济发展，都在不断努力。

1994年美国政府提出"全球信息基础设施计划"，1996年实施"高性能计算与通信计划"，1999年发布"21世纪信息技术计划"，2010年发布"网络与信息技术研发计划"。这些战略和规划的实施对美国信息产业的发展产生了深远的影响，同时也为美国信息技术的快速发展奠定了坚实的基础[②]。为了推动信息技术的全面发展，日本政府也采取了一系列措施，2007年5月，日本总务省召开"ICT国际竞争力会议"，以强化信息通信技术产业国际竞争力为总体目

---

① 许晔、程家瑜：《美国科技竞争战略及应对策略》，《科学管理研究》2009年第27卷第2期，第26—29页。
② 刘勇燕、郭丽峰：《美国信息产业政策启示》，《中国科技论坛》2011年第5期，第156—160页。

标，制定了《ICT 国际竞争力强化工程 ver.2.0》[①]。

第三节　地缘文化要素

一　古代中华文明

中华文明博大精深，源远流长，在其历史发展进程中，对世界文明的发展产生了一定的影响，尤其对东亚地区的影响更为深远，形成了一个以中国为中心，包括中国、琉球、日本、越南、朝鲜等国家在内的"东亚文化圈"。

（一）汉字的传播

中国的汉字是最古老的文字之一，已经使用了近 4000 年。汉字不仅在中文中存在，也被日本、朝鲜和琉球等国家使用。日本在将近 1000 年的历史中一直借用汉字来记录本国语言、进行书面交流。在公元 2 世纪，移居百济的汉人王仁作为文化使者来到日本，正式将汉字引入日本，并在日本留下了《论语》《千字文》等书籍。公元 5-6 世纪，随着一些佛教僧侣将中国的经书带到日本，汉字在日本日渐重要，在公元 7-8 世纪，唐朝的汉字传播到日本，从此汉字在日本成为公用文字。日本现存最早的两部史书《古事记》和《日本书纪》都是用汉字写成的[②]。后来，日本在汉字的基础上发展了平假名及片假名，在语汇方面，除了自古传下来的和语外，还有中国传入的汉字词。汉字在箕子朝鲜时期就已经传播到朝鲜半岛北部，从卫满王朝到汉四郡时期，朝鲜半岛开始使用汉字，这一传统逐渐被高句丽、新罗和百济等继承，新罗统一时期，许多人到唐朝留学，

---

① 方爱乡：《日本信息产业的发展与政策措施》，《东北财经大学学报》2010 年第 5 期，第 64-69 页。
② 李华：《汉字在韩日两国的传播与使用》，《现代语文》2012 年第 12 期，第 77-81 页。

熟练掌握了汉字和汉语[①]。明朝时期，琉球王国前来朝贡，其表文已经开始使用汉字，琉球的许多重要文献如《球阳》《中山世谱》《历代宝案》等都是用汉字撰写的。

（二）农业文化的传播

中国是世界农业的发源地之一。在中国文化产生和发展的过程中，农业文化是基础，因为它是以满足人们最基本的生存需要（衣、食、住、行）为目的的，它决定着中华民族的生存方式，并塑造着中华民族文化的自身。在公元前210年，徐福带领3000童男童女和中国的工具、种子等出海东渡，将中国的农业文化带到日本，使得当时的日本社会从以采集为主的"绳文时代"进化到了以农耕为主的"弥生时代"[②]。琉球作为古代中国封贡体制中的一员，其农业生产技术的发展也受到中国的影响，其粮食、蔬菜等的栽培技术主要就是从中国引进的，琉球国早在1605年就遣人前往福建学习番薯栽培技术。

（三）宗教思想的传播

道教是中国本土产生的宗教，佛教自从东汉时期传入中国后，在不断和中华文化交流中融合为中华文化的重要组成部分。儒家学说是由中国春秋时期的孔子所创立，并在战国时期由孟子、荀子等人发扬光大。儒学是一种理性主义学说，虽然它的入世精神与倡导出世的宗教不同，但它具有一定的宗教色彩和宗教功能，儒教、道教和佛教一起被称为"三教"。它们不仅是中国传统文化的核心，而且后来也逐渐发展成为大和、朝鲜等民族的一种宗教信仰。

公元372年，中国前秦王苻坚遣使送名僧顺道、佛像和经书到高句丽。这是佛教从中国传入朝鲜的开始。公元384年，胡僧摩罗难陀从东晋到百济宣扬佛法。公元385年，百济在南汉山修建佛寺，佛教开始在百济流传发展。公元5世纪初，高句丽僧墨胡子和阿导

---

① 王元周：《东风与西化——东北亚文明之路》，北京：人民大学出版社，2011，第43-44页。
② 王晓秋：《中华文化是怎样影响日本、韩国的》，《科学大观园》2011年第3期，第72-73页。

先后到新罗宣扬佛法，佛教开始在新罗得以传播[①]。公元 1 世纪前后，儒家思想就已传入朝鲜，而且朝鲜对于儒学东传日本也起到了一定的桥梁作用。公元 446 年，百济派往倭国的第一个文化使者阿直歧，给日本传来了中国的儒家典籍《易经》《孝经》和《论语》等[②]。在中琉的频繁交往中，佛教也逐渐传入琉球，而佛教在琉球的兴盛主要得益于移居琉球的闽人三十六姓，在尚真王时代琉球建造的圆觉寺就与闽人三十六姓有着密切的关系，在他们的推广与传播下，琉球举国佛寺林立，佛教出现一派繁荣局面。

（四）四大发明的影响

古代中国的四大发明造纸术、指南针、火药、活字印刷术不仅对中国古代的政治、经济、文化的发展产生了巨大的推动作用，而且这些发明经由各种途径传至西方，对世界文明发展史也产生了很大的影响。可以说中国古代科技对开启西方近代文明起到了一定的推动作用。正如马克思所说："火药、指南针、印刷术——这是预告资产阶级社会到来的三大发明。火药把骑士阶层炸得粉碎，指南针打开了世界市场并建立了殖民地，而印刷术则变成新教的工具。总的来说变成科学复兴的手段，变成对精神发展创造必要前提的最强大的杠杆。"[③]

二　近代日本文化

19 世纪中叶，在一些主张改革的进步思想家的启蒙下，在西方资本主义浪潮的猛烈冲击下，一场反封建、反幕府的民众运动以排山倒海之势在日本展开。1868 年，倒幕势力将天皇捧上政权宝座，建立了明治政府，而日本近代文化就是在 1868 年明治维新后从封

---

① 李梅花：《东亚文化圈形成浅析》，《延边大学学报》2000 年第 33 卷第 3 期，第 89–92 页。
② 汪高鑫：《古代东亚文化圈的基本特征》，《巢湖学院学报》2008 年第 10 卷第 4 期，第 1–5 页。
③ 《马克思恩格斯全集》第 47 卷，北京：人民出版社，1979，第 427 页。

建社会向资本主义社会过渡的大变革过程中逐步萌生，并随着日本资本主义的确立而形成和发展起来的，明治维新后形成的日本近代文化，是在 19 世纪中期以后特定的历史条件下东西方文化融合的产物。

（一）教育的普及

明治政府一成立，就把教育纳入三大政策之一的"文明开化"之中，并且认为引进西方近代教育制度是富国强兵的前提。1871 年，岩仓使节团赴欧美考察，认识到培养人才的重要性。1872 年，明治政府颁布教育改革法令《学制》，日本的教育改革取得了一定的成果，教育得到迅速发展，1873 年儿童入学率就达到了 46%。但这种新学制的推行却逐渐与日本本国国情严重脱离，1879 年，文部省颁布"教育令"，伊藤博文等政府首脑开始向德国学习，建立适应日本近代天皇制的教育体系，推行"国体教育主义"。到 1939 年，日本全国受教育人数仅次于美国，名列第二。日本近代教育的发展培养出了众多人才，其中影响较大的福泽谕吉曾在明治维新之后把自由、平等、人权等西方先进思想传入日本，同时提出了"脱亚论"，福泽的观点为其后日本多次发动侵略战争提供了理论依据[1]。而随着琉球被设置为"冲绳县"，日本也开始在琉球群岛上实施学校教育制度，并且对其进行皇民化教育。

（二）宗教思想的变化

明治维新后，出于政治需要，日本再一次掀起了崇拜天皇、神化天皇的高潮，当时，连许多开明的知识分子也极力赞美天皇，肯定天皇的神威。受日本文化的影响，琉球人也尊崇一些日本神道教的神，琉球神道中的阿摩弥姑女神降临人间并统治世界的神话与日本天照大神后代统治日本的神话十分相似。1868 年，日本明治政府颁布法令，将神道教和佛教截然分开，把神道教升为国教，并将神道与天皇结合在一起，树立了天皇至高无上的宗教权威，使得近代

---

[1]　王保田：《日本简史》，上海：上海人民出版社，2006，第 145–147 页。

天皇制最终演化成了天皇法西斯专制，其神道思想成为发动侵略战争的精神力量。19 世纪中后期，同欧美列强的殖民侵略思想相互勾结，日本发动了一系列侵略战争。

（三）日语的同化

随着近代日本对华侵略扩张，日本从多角度对殖民地推行同化政策，其中，语言同化政策就是一方面。1879 年，日本在琉球实行"废藩置县"后，开始在琉球推行日语同化政策，不仅设立了"会话传习所"，而且还编写了"冲绳对话"等会话形式的教材，旨在向当地人传授日语，并使之掌握①。1895 年，中日甲午战争以清政府失败告终，最终将台湾割让给了日本。此后，日本就对台湾强制推行日语教育，伊泽修二在 1895–1897 年担任台湾总督府学务长期间，积极在台湾推行普及日语教育。芳贺矢一在 1931 年到台湾给台湾公学校的日语教师作报告时公然表示，要通过"日语的国语教育"来培养台湾人的日本国民性格。在日本政府刻意营造的日语语言文化环境中，许多人不知不觉地接受了日语，当然也有许多人是被迫接受②。在台湾被日本统治长达 50 年的历程中，日语已慢慢渗透在当地的语言环境中，在日本殖民统治期成长起来的台湾人大多会说一口流利的日语，甚至至今仍有许多日语词汇扎根于当地的语言中。

三 现代西方文化

现代西方文化是指以西欧、北美为中心的西方地域文化。现代西方文化是以现代科学技术为主要基础，以非理性主义思潮为核心发展起来的。从 20 世纪初到第一次世界大战结束，科学技术取得重大突破，现代科学技术为现代西方文化的确立提供了科学理论上的依据，许多思想家、文学家在思考科学技术对社会、对人产生的

---

① 何俊山：《论日本冲绳方言的衰退》，《日语学习与研究》2010 年第 3 期，第 57–62 页。
② 顾碧：《日本侵华过程中推行的语言同化政策概述》，《黑河学刊》2012 年第 1 期，第 60–61 页。

影响过程中，非理性主义思想逐渐产生和发展。第二次世界大战结束后，西方文化进入了多元化发展时期，随着西方文化的不断发展，其在世界范围内的影响越来越大。

（一）科技发展

第三次科学技术革命以空前的规模和速度把科学和技术水平推向新的高峰。首先，随着生物技术、遗传工程技术的开发和应用，人们可以按照需求创造新的物种，使得西方的一些伦理道德观逐渐发生变化。其次，随着科技的发展，生产自动化程度提高，不仅提高了劳动生产率，而且使人们对精神文化生活的需求得以增加。最后，信息的使用和信息技术的发展对社会生活各个领域产生了重大影响，特别是计算机网络技术的发展与应用[①]。据统计，2009 年全球网民总量达 16.7 亿，全球互联网渗透率为 24.7%，北美地区高达 73.9%，计算机网络已成为西方乃至全世界网民工作、学习、生活和娱乐不可或缺的工具。

（二）生活方式的西化

第二次世界大战结束后，随着美国对琉球群岛的军事占领和美国文化的渗透，现代西方文明的一些生活方式对琉球群岛的影响逐渐扩大。就饮食文化来说，各色的美国连锁餐饮店在很大程度上改变了琉球人的饮食生活。其中，西餐和快餐已成为一种流行的饮食方式。在节假日方面，现代年轻人对西方一些节日的兴趣要超过传统节日，如圣诞节、情人节等逐渐在琉球群岛普及。在服饰方面，受古代中国服饰习俗影响的传统琉球服饰在琉球人的日常生活中逐渐消失，而西装、裙装等西式服饰逐渐被人们接受。除了衣食住行中的西方因素仍在不断增加外，今天琉球人的思维方式、价值观、科学、哲学、建筑、文学、艺术等也都在西方文明的影响下或多或少地发生着改变。

---

① 沈之兴：《西方文化史》，广州：中山大学出版社，2010，第 264–266 页。

（三）英语的影响

英国在全球曾经拥有的霸权地位对英语在全球范围内的传播起了极其重要的作用；美国的强盛与美国英语的传播对英语在全球范围内的推广与普及更是推波助澜，并使英语的地位空前提高；加拿大、澳大利亚的繁荣使英语的语言地位更趋稳定[①]。目前，很多国家已经使用它作为第一语言，同样英语在很多国家的官方事务、教育、信息和其他活动中也都是必不可少的。可见，英语全球化的趋势日益明显，并逐渐演变成一种国际语言。琉球群岛目前主要以发展旅游业为主，旅游者包含了世界各地的人，而英语作为一种全球化语言，可以在很大程度上消除世界各地不同语言的人们之间相互交流的障碍，对旅游业发展带来一定方便。总之，在全球化背景中，对于琉球群岛社会经济的发展来说，英语已经成为一种不可或缺的重要条件。

第四节　琉球群岛地缘关系诸要素的影响机理

一　地缘政治的对抗与互信

1372 年，琉球国与明王朝正式确立朝贡关系，成为明王朝的藩属国。16 世纪末期，随着明王朝的衰落，日本开始逐渐向琉球王国扩张。1609 年，日本萨摩藩（现鹿儿岛县）的岛津家久派兵进攻琉球。1611 年，琉球王国将奄美诸岛割让给日本，并向日本纳贡称臣。从此，琉球王国进入既附属于中国，又附属于日本的"两属时代"。中国始终承认琉球为"自主之国"，不干涉其内政、外交，而日本将其视为"异国"。1872 年，明治政府强行废除琉球王国，设置"琉球

---

①　朱凤云：《英语的霸权地位与语言生态》，《外语研究》2003 年第 6 期，第 23—28 页。

藩"。琉球王国派使向清政府求援，清政府对此向日本提出抗议，指出琉球自古以来就是中国的从属国，清政府对琉球拥有宗主权，日本无权单方面改变琉球群岛的现状。但是，清政府最终没有出兵支援琉球。此次的"废国置藩"事件虽然只是日本单方面采取的行动，却给日本和琉球的关系带来了本质的变化，使得琉球、日本两国作为国与国之间的外交关系从此结束，同时也影响到了整个东亚地区的形势。1875 年，日本明治政府强迫琉球王国停止向清朝纳贡，断绝与清朝的外交关系。1879 年，明治政府宣布废除"琉球藩"，设置"冲绳县"，强行将琉球群岛纳入日本版图。尽管当时的清政府软弱无能，但在琉球归属问题上始终坚持强硬立场，并不承认日本对琉球群岛的吞并，之后，清政府不断与日本进行交涉，但最后无果而终。围绕琉球所属问题，中国在亚洲地区的主导地位受到了日本的挑战，以中国王权为中心的传统东亚国际体系开始走向崩溃。而此后，日本一直非法占据着整个琉球。

直到第二次世界大战后日本战败，琉球处置问题不再局限于中日之间，而更多地发展成为战后国际秩序重建过程中的一个全球性问题，一个涉及中、美、日等多国关系的重大议题。早在第二次世界大战期间，美国军方就认识到琉球群岛的战略价值，战后，美国势力进一步加强，并开始在全球范围内扩张，而琉球群岛无疑对于美国在东亚扩张势力以服务于其全球战略具有重要意义。因此，在第二次世界大战结束后，1947 年联合国在美国的操纵下将琉球群岛这块"无主"之地交给了美国托管。

战后初期，为了抵制苏联，美国开始扶植蒋介石政权，力图使中国成为实现东亚和平和稳定的重要因素。但是，1947 年底，国民党政权即将垮台，此时的国际形势也发生了很大变化，国际格局正经历雅尔塔体系向美苏争霸的两极格局转变，尤其是进入 1948 年以后，东西方冷战对抗加剧。受国际格局变化的影响，美国调整其在东亚的扶植对象，开始采取扶植日本的政策，其对待琉球的态度也开始发生转变。1952 年 2 月 10 日，美国首先将琉球群岛中位于北纬 29 度至 30 度的吐噶喇列岛"归还"给日本政府。1953 年 12 月 25 日，美国根据《美日关于奄美诸岛的协定》，又将琉球群岛中位于北纬 27 度至 29 度的奄美诸岛"归还"给日本政府。1971 年 6 月 17 日，美日私下签订了《美日关于琉球群岛和大东诸岛的协定》，把琉球群岛的行政权"归还"给日本。1972 年 5 月 15 日，日本重新恢复了对琉球群岛的统治。

必须指出的是，美国政府在 1971 年 10 月发表声明："美国认为，把原从日本取得的对这些岛屿的行政权归还给日本，毫不损害有关主权的主张。美国既不能给日本增加在它们将这些岛屿行政权移交给我们之前所拥有的法律权利，也不能因为归还给日本行政权而削弱其他要求者的权利。……对此等岛屿的任何争议的要求均为当事者所应彼此解决的事项。"[①]这一声明表明，美国对于日本拥有琉球群岛"主权"的态度是比较暧昧的。

二 地缘经济的竞争与合作

1372 年，琉球正式成为明王朝的藩属国后，其与中国的贸易便在这一时期逐渐展开，明清时期中琉贸易活动主要包括册封贸易和朝贡贸易。其中，册封贸易主要是指中国册封使团在琉球从事的贸易活动，历代册封使团前往琉球时携带的货物数目非常繁多，与琉球的贸易活动来往不绝。朝贡贸易是中琉贸易活动的主要内容，琉球通过定期向明清政府进贡，或不定期谢恩等形式，向明清政府进献方物，而明清政府则对琉球国王、贡使、官伴员役等进行赏赐。在明朝统治期间，琉球入明朝贡达 300 余次，清代琉球共遣贡船 349 艘到达中国。琉球王国每到中国朝贡贸易一次，可以获得一倍

---

① 刘江永：《论钓鱼岛的主权归属问题》，《日本学刊》1996 年第 6 期，第 13—28 页。

以上的利润，实际经济利益远在一倍之上。中琉之间的贸易活动可以说极大地促进了琉球经济的发展及社会的进步[①]。

当然，这种贸易活动也使得中国福建地区的经济得到了很大发展，中琉贸易活动主要在福建地区开展。无论是中国册封琉球使团，还是琉球进贡使团，他们输往琉球的货物都是在福建置办的，可以说中琉贸易的兴盛有赖于福建商品市场的活跃与繁荣，而福建商品市场的日益发展也因中琉贸易的发展而不断变化。

此外，由于琉球群岛位于东海和太平洋之间，南通东南亚各国，北与日本的九州相邻，可通朝鲜，西与中国的福建只有一水之隔。与其他各国相比，琉球具有他国无可比拟的有利地理位置，但其自然资源却远不如他国，这促使琉球极力向海外开拓，除了发展与中国的贸易外，同时也发展与东南亚各国的贸易，用中国的货物与东南亚各国的货物进行贸易，又以东南亚各国特有的物产为进奉明朝的贡品，促进琉球中介贸易发展起来[②]。琉球中介贸易在东亚地区经济发展中占据了重要地位，在沟通中国与东南亚各国，中国与日本、朝鲜之间的贸易往来，沟通东南亚各国与日本、朝鲜的贸易往来方面起了很大的作用。另外，16 世纪，荷兰、西班牙、葡萄牙等国的势力已经进入东南亚，这些国家的产品通过琉球这个中转站卖到朝鲜、日本，为此也获得了丰厚的利润。

但是，16 世纪末至 17 世纪，随着西方国家与中国建立直接的贸易联系，以及萨摩藩入侵，琉球的中介贸易地位趋于衰落。自1609 年萨摩藩入侵琉球后，琉球对清朝的朝贡贸易便一直受到萨摩藩的控制，在萨摩藩与琉球的贸易中，琉球运到萨摩藩进行交易的货物大部分来自中国，而萨摩藩财政的一部分就是通过控制琉球对清朝贡贸易所得的利益。而随着琉球、清朝贸易的频繁以及贸易中琉球方面所得利益的上升，日本对琉球的控制也进一步加强。而这

---

① 赖正维：《清康乾嘉时期的中琉贸易》，《中国社会经济史研究》2005 年第 3 期，第 55—63 页。
② 谢必震、胡新：《中琉关系史料与研究》，北京：海洋出版社，2010，第 207—209 页。

也对日后日本侵占琉球起到了一定的推动作用。

1879 年，日本明治政府强行吞并琉球群岛，将其改名为"冲绳县"。如今，"冲绳县"经济主要以旅游业为主。另外，由于琉球群岛在太平洋的大陆架上，其附近水域渔业资源丰富，海洋养殖业也比较发达。但是，总的来说，琉球的经济还是相对比较落后的。不过我们不可否认的是，琉球群岛自古以来就拥有优越的地理位置，在古代东亚经济体系中就占据过重要地位。如今，随着中国的崛起、东亚地区经济的不断振兴，未来琉球经济仍有着巨大发展潜力。

三 地缘文化的冲突与交流

明清时期，琉球国与中国的往来频繁，中琉文化交流也日渐深入，中华文化深深影响了琉球文化的发展。首先，福州是通往琉球的唯一口岸，在中琉封贡贸易过程中，福建文化对琉球产生了深远影响。福建文化向琉球传播的途径主要有册封琉球使团的传播、入闽琉球进贡使团的传播、闽人三十六姓的传播等。其中，闽人三十六姓是明朝政府为了加强中琉之间的朝贡贸易而赐给琉球的，移居到琉球的闽人三十六姓不仅为琉球的航海贸易作出了巨大贡献，而且将优秀的建筑、艺术、陶瓷制造等手工技术引入琉球。另外，琉球的生产技术也得益于福建的影响。在农业方面，他们引进了粮食、蔬菜等的栽培技术和先进的农业生产工具，在手工技术方面，制糖、纺织、酿酒等技术受福建的影响而大为发展，可以说福建文化的传播对琉球经济发展和社会进步产生了巨大影响。此外，明清时期中国对琉球教育发展也产生了深远的影响。在与明朝的频繁交往中，琉球人有感于中华文化的博大精深，于是奏请明朝政府，向明朝派遣留学生接受汉文化的教育，以培养人才，促进本国经济、文化教育的发展。琉球国王的请求得到了明朝政府的恩准，1392 年，琉球首次派遣留学生到中国学习。明清时期，琉球先后向中国派遣了 20 多批留学生，这些琉球留学生在国子监学习回国后，传授汉学，辅佐朝政，并将中国的儒家思想、学校设置、考试制度等一一传播到琉球。总之，在中国与琉球的长期交往中，汉语成为琉球国的官话，中国的儒学文化成为琉球教学的主要内容，琉球各行业领域的专业技能也都师承中国，这种特殊的学习内容和教学方法，在很大程度上影响着琉球的对外政策。同时，中国文化在琉球社会占据主导地位，极大地影响和推动着琉球文化教育的发展 ①。

1879 年，随着"废藩置县"和琉球王朝的灭亡，中华文化的影响开始逐渐降低。自从日本以武力侵占琉球后，为扑灭琉球人的国家意识和独立运动，日本政府使用了各种软硬兼施的方法，强力推行"日本化"政策。但是琉球人深受汉文化影响，虽然经过日本多年改造，千年积累下来的中华文化根深蒂固，风俗民情、社会人文基本未变，依然属于儒家文化，更有自己独特的历史，采用的是中国的农历和中国年号，节日喜庆也与儒家文化大同小异。就从文化传承方面来说，琉球属于中华儒家文化，而不是属于日本文化。尽管 1879 年日本以暴力手段将琉球强行改为"冲绳县"，1971 年美国与日本私下签订《美日关于琉球群岛和大东诸岛的协定》，非法将琉球群岛的行政权"归还"给日本，但是，这一切均改变不了琉球原本是一个独立国家、它不归属于日本的历史事实。

第五节　结论与讨论

自 1372 年琉球与明朝建立宗藩关系，到 19 世纪 70 年代，中琉两国之间一直保持着册封和进贡的关系，双方的友好往来历经

---

① 高丹：《明清时期中国对琉球教育发展的影响》，《福建文博》2009 年第 4 期，第 69–72 页。

500 余年而不衰。近代，随着清王朝的没落，琉球群岛相继被日本、美国所控制，琉球群岛的地缘政治关系处于不断变动中。近年来，随着中国的崛起，中国经济影响力不断扩大，在琉球群岛未来法律地位问题上，中国必将发挥重要作用。文化上，琉球群岛文化深受古代中华文明的影响。另外，随着各国文化的传播与交流，琉球群岛的文化也逐渐受到日本、美国等西方国家的影响。总的来说，琉球群岛的政治、经济、文化在一定程度上都受到过中、美、日的影响。在地缘政治方面，琉球群岛的政治地位因中、美、日关系的变化而不断变化，特别是对战后国际秩序的重建产生了一定的影响。在地缘经济方面，琉球群岛的经济贸易曾在东亚地区占据过重要地位，后来因为被日本侵占等，经济逐渐衰落，直到今日，其经济仍处于低速发展期。在地缘文化方面，随着古代中华文化的不断传播，琉球文化深受中华文化的影响，对其政治、经济发展等也起到了一定的推动作用，虽然后来琉球经过了日本同化政策的影响，但是中华文化仍深深扎根于琉球文化之中。地缘关系要素的作用机理主要表现在地缘政治的互信与对抗、地缘经济的合作与竞争、地缘文化的交流与冲突等方面。这些地缘关系要素的相互作用、此消彼长，决定了中、美、日三个地缘主体的关系和琉球群岛的未来走向。

第 三 章

琉球群岛的地理环境与空间特征

第一节 琉球群岛的自然地理环境

一 地理位置与岛屿构成单元

琉球群岛呈弧状分布在我国台湾岛东北与日本九州岛西南，北与日本的大隅诸岛和九州岛隔海相望，西南与我国台湾岛相望，东邻太平洋，西邻中国东海。绝对地理位置在北纬24度2分44.9秒至北纬29度58分0.7秒，东经122度56分1.4秒至东经131度19分56.1秒。琉球群岛由五个岛群构成。在地理分布上由北向南分别是吐噶喇列岛、奄美诸岛、冲绳诸岛（包括庆良间诸岛）、大东诸岛和先岛诸岛（包括宫古列岛和八重山列岛）。琉球群岛陆地总面积3611.08平方公里[①]。据统计，琉球群岛共有224个面积超过0.01平方公里的岛礁。其中，有人岛屿59个，无人岛屿68个，无名岛礁98个[②]。

二 地质构造与地貌特征

在地质构造上，北太平洋西部与东海交界处有一条被称为"琉球弧"的海底山脉，这条海底山脉的东侧是菲律宾板块下沉形成的琉球海沟，平均水深超过5000米，最深处达7881米；西侧是沿日本九州岛西南一直延伸至我国台湾岛东北部的冲绳海槽，长约1000公里，宽约100公里，平均水深超过1000米，最深处达2717米。冲绳海槽是东海大陆架与琉球群岛之间的一个特殊地理单元，其地质学及地理学特征鲜明，构成了东海大陆架自然延伸的界线。我国钓鱼岛分布在东海大陆架边缘，隔冲绳海槽与琉球群岛相望（见图3-1）。

---

①　青野寿郎、尾留川正平：『日本地誌』，東京：二宮書店，1979，第198頁。
②　日本国土地理院：『平成21年全国都道府県市区町村面積調査』，東京：日本地図センター，2010，第11頁。

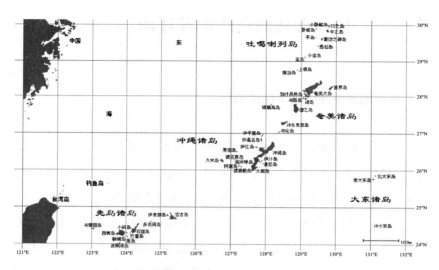

图 3-1　琉球群岛的地理位置与岛屿构成

　　琉球群岛位于北太平洋西部与东海交界处的一条海底山脉的脊背之上。根据岛屿成因的不同可以分为大陆岛、火山岛和珊瑚岛。其中，冲绳岛、奄美大岛、德之岛、西表岛、石垣岛、与那国岛等一些较大的岛屿为大陆岛，这些岛屿在古地质年代中从未被海水淹没过。这些岛屿的古地层由"岛尻层"泥岩（mudstone）构成。"岛尻层"泥岩是一种由颗粒直径在 0.06 毫米以下的泥巴及黏土固化而成的沉积岩（sedimentary rock），其成分与构造和页岩相似，但层理或页理不明显，且不易破碎。在琉球群岛广泛分布的"岛尻层"泥岩形成于新生代新近纪中新世（距今 2300 万年至 530 万年）至上新世（距今 530 万年至 260 万年），与中国大陆东海岸堆积的泥沙固化而成的沉积岩相近[1]。吐噶喇列岛全部是新生代新近纪中新世至新生代第四纪全新世海底火山喷发形成的火山岛[2]。其中，口之岛、中之岛、诹访之濑岛的火山均为活火山[3]。卧蛇岛、平岛、小卧蛇岛、

---

[1]　氏家宏:『沖縄の自然　地形と地質』，那覇：ひるぎ社，1990，第 87 頁。

[2]　小坂丈予:『日本近海における海底火山の噴火』，東京：東海大学出版会，1991，第 279 頁。

[3]　兼子尚知:「沖縄島および琉球弧の新生界層序」，『地質ニュース』2007 年第 63 巻第 3 期，第 22–30 頁。

恶石岛为新生代第四纪更新世后期形成的火山岛。吐噶喇列岛最南端的横当岛和上根岛的火山活动年代为新生代第四纪更新世后期至全新世。宝岛、小宝岛、小岛为新生代新近纪中新世的火山喷发形成的火山岛。

其他岛屿为新生代第四纪（距今约260万年前）珊瑚礁隆起形成的珊瑚岛。这些珊瑚岛基础岩盘也是"岛尻层"泥岩。但是，该地层除了在宫古岛的东北部有少量露出外[1]，在其他岛屿上均分布在海平面以下。表明这些岛屿在远古时期曾经与亚洲大陆陆地相连，后来由于海平面上升被海水淹没，之后由于珊瑚礁隆起，形成的琉球石灰岩露出海面，形成了岛屿。

琉球群岛各岛屿的地貌类型受岛屿类型、形成的地质年代、地壳运动和海平面变动等影响，地形复杂多样，山地、丘陵、阶地、低地均很发达，各种地形所占比例为22%、32%、35%、11%。以中生界和古生界以及新生代新近纪地层组成的山地、丘陵构成了琉球群岛的骨骼，阶地和低地由第四纪的珊瑚石灰岩构成[2]。

其中，冲绳岛、奄美大岛、德之岛、西表岛、石垣岛、与那国岛等大陆岛的地形变化多样。地势起伏剧烈，山体部分地势高峻，山麓部分地势平缓，海岸部分有珊瑚礁附着。口之岛、中之岛等新期火山岛地势高峻，地形起伏剧烈，受海水侵蚀作用的影响，沿岸山体多次大规模崩塌，海岸多呈现为断崖绝壁[3]。这两类岛屿在当地被称为"高岛"。而奄美诸岛的喜界岛、冲永良部岛、与论岛和先岛诸岛的宫古岛、伊良部岛、多良间岛、新城岛、池间岛、大神岛等珊瑚岛的地形变化相对较小。这些岛屿地势低矮，地形平坦。此外，像吐噶喇列岛的宝岛、小宝岛、小岛等旧期火山岛，受侵蚀作用的

---

① 目崎茂和：『南国の地形、沖縄の風景を読む》，那霸：沖縄出版，1988，第106頁。
② 目崎茂和：『土地分類図付属資料 沖縄県の地形区分とその性状等の概要』，東京：国土庁土地局，1977，第1-5頁。
③ 松本徰夫：「琉球列島における新生代火山活動」，『地質学論集』1983年第22巻，第81-91頁。

影响显著，一般海拔高度较低、陆地面积较小[①]。这两类岛屿在当地被称为"低岛"。

三　珊瑚礁

　　琉球群岛附近海域具备珊瑚礁发育的良好条件。最低水温是决定珊瑚礁地理分布的最主要原因。造礁珊瑚生长的海水最低温度要求在摄氏 16 度以上。但是，摄氏 16 度等水温线的海域在冬季时海水温度可能会低于摄氏 16 度，珊瑚会被冻死，所以，年平均水温在摄氏 20 度以上的海域适合珊瑚的生长。在冬季的北太平洋和东海，摄氏 20 度等水温线分布在吐噶喇海峡附近（见图 3-2）。因此，吐噶喇海峡为北半球珊瑚礁分布的北限。虽然在吐噶喇海峡以北的屋久岛也有珊瑚礁附着，但是，连续性较好的珊瑚礁分布还是在吐噶喇海峡以南的琉球群岛[②]。

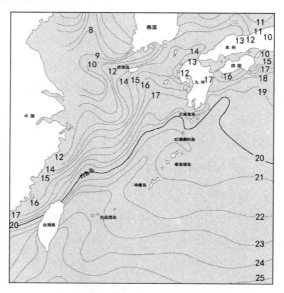

图 3-2　琉球群岛附近海域冬季海水温度分布

---

① 赤塚久兵衛:「トカラ十島の地形及び地質」,『大阪学芸大学紀要』1953 年第 2 卷, 第 143–149 頁。
② 木崎甲子郎:『琉球の自然史』, 東京:筑地書館, 1980, 第 48–49 頁。

珊瑚礁因形成的地质年代不同，演化为三种不同类型。在珊瑚礁形成的初期，新生代第四纪全新世形成珊瑚礁堆积物覆盖于岛体基础岩盘四周，形成裙野，成为典型的裙礁。新生代第四纪更新世后期形成的珊瑚礁随着岛体基础岩盘的下沉逐渐演化为堡礁，新生代第四纪更新世早期形成的珊瑚礁随着岛体基础岩盘完全被海水淹没逐渐演化为环礁。吐噶喇列岛的大多数岛屿和奄美诸岛的喜界岛、冲永良部岛，由于火山地质年代较新，目前仍在持续隆起。岛上没有大面积的沙滩，海岸多呈现为断崖绝壁。这些岛屿都属于裙礁型珊瑚岛。而冲绳诸岛和先岛诸岛的大部分岛屿珊瑚礁形成的地质年代更早，所以与论岛演化为典型的堡礁型珊瑚岛。岛屿四周被珊瑚礁环绕，环礁内侧海水深度只有 2–3 米。由于岛体基础岩盘形成的地质年代较早，岛体下沉显著，整个岛屿地势低矮，是典型的低岛。琉球群岛的珊瑚礁大多为裙礁和堡礁，没有环礁的分布[1]。

四 气候与植被

受流经近海的黑潮影响，琉球群岛的气候类型为亚热带海洋性气候。但是，受海洋性气候的影响，从平均气温和降水来看，西南部的部分岛屿表现出热带雨林气候的特征。琉球群岛气候的基本特征是温和湿润。春季受东南季风的影响，梅雨连绵；夏季受太平洋西北亚热带高气压控制，高温少雨；秋季受太平洋西北亚热带低气压控制，豪雨不断；冬季受西北季风的影响，降水较少。从年平均气温来看，冲绳岛为 22.3 摄氏度，宫古岛为 23.1 摄氏度，石垣岛为 23.7 摄氏度。最炎热的月份在 7 月，月平均气温 28.2 摄氏度，最寒冷的月份为 1 月，月平均气温 16.0 摄氏度，年温差为 12.2 摄氏度，温差变化较小。冬季气温低于 10 摄氏度的情况很少，从未出现过降

---

[1] 中田高、高橋達郎、木庭元晴：「琉球列島の完新世離水サンゴ礁地形と海水準変動」，「地理学評論」1978 年第 51 巻第 3 期，第 87–108 頁。

雪。年平均降水量在 2000–2400 毫米[1]。降水量较多的季节在 5 月的梅雨季节和 8–9 月份的台风季节。琉球群岛是台风的常袭之地。

琉球群岛的植被类型受亚热带海洋性气候、黑潮，以及地形、地质、土壤、降水等地理环境的影响，表现出多样性的特征。琉球群岛植物的固有种类很多，与吐噶喇列岛以北的日本列岛的植物类型有着明显的差异。琉球群岛约有 1600 种植物物种[2]。植被类型以桑科、禾本科、露兜树科、龙舌兰科、蚌壳蕨科、棕榈科、杪椤科、苏铁科、莲叶桐科、山榄科、豆科、菊科、紫金牛科、马兜铃科、兰科等亚热带常绿阔叶植被为主。代表性植物包括细叶榕、琉球矢竹、冲绳柳叶栎、蚊母树、虎尾兰、浓香露兜树、蒲葵、槟榔、杪椤、苏铁、莲叶桐、山榄、毛叶合欢、天人菊、紫金牛、细辛、甘蔗、香蕉、杧果、菠萝、番木瓜、布冧、西番莲等[3]。在西南部的先岛诸岛，也可以看到一些热带植物，如红树、水椰、八代天麻、冲绳柳叶栎、西表榧树、西表蓟、八重山溲疏等[4]。

五　水文与土壤

因岛屿面积小，与海岸的距离短，且石灰岩阶地分布广泛，降水被石灰岩吸收等原因，琉球群岛很难形成较大的河流。琉球群岛最长的河流是流经冲绳岛中部读谷村和嘉手纳町长约 14.5 公里的比谢河。流域面积最大的河流是西表岛的浦内河，流域面积约 54.2 平方公里。此外，流经冲绳岛北部的福地河，长约 12.3 公里，流域面积约 36 平方公里。在福地河上游建设的福地水库，汇集了冲绳岛北部其他河流的水，为冲绳岛中南部地区提供生活用水。除了这些河流以外，琉球群岛石灰岩阶地的地下水发育良好。地下水曾经是琉球群岛生活用水的重

---

[1] 木崎甲子郎：『琉球の自然史』，東京：筑地書館，1980，第 48–49 頁。
[2] 野沢秀樹、堂前亮平、手塚章：『日本地誌 10 九州・沖縄』，東京：朝倉書店，2012，第 518 頁。
[3] 新納義馬：『南の島の植物』，東京：ポプラ社，1986，第 104 頁。
[4] 土屋誠、宮城康一：『南の島の自然観察』，神奈川：東海大学出版会，1991，第 177–178 頁。

要水源，但是，随着城市供水管线的普及，地下水的利用越来越少[1]。

琉球群岛的土壤类型主要包括：分布在冲绳岛北部被称为"国头真地"的黄色赤红壤和分布在冲绳岛南部被称为"岛尻真地"、由琉球石灰岩风化形成的红壤以及在琉球群岛广泛分布、以新第三纪泥岩为材料的灰褐色风化土壤[2]。黄色赤红壤属于酸性土壤，比较贫瘠。红壤属于弱碱性土壤，透水性良好，腐殖质含量低，比较贫瘠。新第三纪泥岩风化形成的土壤含有丰富的矿物质成分，并且具有很强的吸附力和保水力，是比较肥沃的土壤，在琉球群岛的甘蔗、蔬菜、花卉等种植中被广泛利用[3]。

六　自然资源

地处亚热带的琉球群岛森林资源十分丰富，集中分布在冲绳岛北部和八重山地域的西表岛，森林资源储量为 875 万立方米，其中天然林占 85%[4]。被广大海域包围的琉球群岛水产资源丰富，其中，海藻、对虾、菱鳍乌贼、金枪鱼等水产资源最具特色。琉球群岛的金属矿产资源匮乏，但天然气储量丰富。日本地质调查所在 1960–1969 年的 10 年间对琉球群岛南部地区进行了天然气储量调查，查明了琉球群岛南部地区的天然气田状况以及储藏量等，表明该地拥有丰富的天然气资源[5]。

地处亚热带海洋性气候的琉球群岛珊瑚礁发育良好，栖息着很多亚热带地区特有的物种。独特的南国风光和丰富多彩的人文资源成为琉球群岛独具特色的旅游资源。其中，西表石垣海洋公园、冲绳岛西海岸海洋公园以及冲绳岛南部地区的冲绳战役遗址国家公园

① 遠山英一:『沖縄の水とその環境』, 那覇: 沖縄理化学研究所, 1985, 第 76 頁。
② 翁長謙良、宜保清一:「日本の特殊土壌——沖縄の特殊土壌（マージ，ジャーガル）」,『農業土木学会誌』1984 年第 52 巻第 6 期, 第 517–524 頁。
③ 大城昌信:「土と農業」, 木崎甲子郎、目崎茂和:『琉球の風水土』, 東京: 筑地書館, 1984, 第 101–112 頁。
④ 沖縄農林水産部森林緑地課:『沖縄の森林、林業（概要版）平成 22 年版』, 沖縄県庁, 2010, 第 33 頁。
⑤ 木崎甲子郎:『琉球の自然史』, 東京: 筑地書館, 1980, 第 231–241 頁。

都是著名的旅游胜地[①]。此外，首里城迹、玉陵、识名园、齐场御岳、园比屋武御岳石门、座喜味城遗址、中城城遗址、胜连城遗址、今归仁城遗址等已成为世界遗产的琉球王国的历史遗迹，代表琉球文化的红型染物、琉球绊、首里花织、读谷山花织、芭蕉布和壶屋烧陶器、漆器、琉球玻璃等琉球工艺品，琉球舞蹈、三线音乐、太鼓等琉球艺术以及在琉球群岛各地随处可见的狮子像、石敢当、龟甲墓、屏风等民俗景观表现出琉球群岛与中国文化的历史渊源，都成为琉球群岛独具特色的旅游资源[②]。

第二节　琉球群岛的社会经济发展

一　行政区划

（一）"冲绳县"部分

第二次世界大战结束后，根据《开罗宣言》和《波茨坦公告》，日本对于琉球群岛的管辖权被剥夺，这些岛屿被置于联合国的托管制度之下，由美军实行军事占领。冷战时期，美国与日本签订《美日关于琉球群岛和大东诸岛的协定》，于 1972 年 5 月将这些岛屿"归还"给日本。日本恢复统治后，将这些岛屿划入"冲绳县"的行政管辖区内。

目前，这些岛屿的行政区划由 10 个市、12 个町、23 个村构成。其中，冲绳诸岛（包括庆良间诸岛）的行政区划为：那霸市、宜野湾市、浦添市、名护市、丝满市、冲绳市、丰见城市、宇流麻市（冲绳岛）；嘉手纳町、北谷町、西原町、东风平町、南风原町、佐敷町、与那原町、金武町（冲绳岛），久米岛町（久米岛）；具志头村、玉城村、知念村、

---

① 沖縄県観光商工部：『観光要覧 平成 22 年度版』，沖縄県庁，2012，第 21 頁。
② 沖縄県観光商工部：『観光要覧 平成 22 年度版』，沖縄県庁，2012，第 25 頁。

大里村、北中城村、中城村、恩纳村、宜野座村、国头村、大宜味村、东村、今归仁村、读谷村（冲绳岛），伊江村（伊江岛），渡嘉敷村（渡嘉敷岛），座间味村（座间味岛），粟国村（粟国岛），渡名喜村（渡名喜岛），伊平屋村（伊平屋岛），伊是名村（伊是名岛）。大东诸岛的行政区划为：南大东村（南大东岛），北大东村（北大东岛）。先岛诸岛的行政区划为：石垣市（石垣岛），宫古岛市（宫古岛）；本部町（水纳岛），竹富町（竹富岛），与那国町（与那国岛）；多良间村（多良间岛）。

（二）鹿儿岛县部分

琉球群岛北部的吐噶喇列岛和东北部的奄美诸岛在 1609 年萨摩藩入侵琉球王国时被割让与日本。第二次世界大战结束后，根据《开罗宣言》和《波茨坦公告》，日本对于吐噶喇列岛和奄美诸岛的管辖权被剥夺，吐噶喇列岛和奄美诸岛被置于联合国的托管制度之下，由美军实行军事占领。冷战时期，美国出于扶持日本、对抗中苏的需要，于 1952 年 2 月首先将吐噶喇列岛"归还"给日本。之后，根据《美日关于奄美诸岛的协定》，美国于 1953 年 12 月又将奄美诸岛"归还"给日本。日本恢复对吐噶喇列岛和奄美诸岛的统治后，将吐噶喇列岛和奄美诸岛划入鹿儿岛县的行政管辖区内。

目前，这些岛屿的行政区划由 1 个市、9 个町、3 个村构成。其中，吐噶喇列岛的行政区划为十岛村；奄美诸岛的行政区划为奄美市，濑户内町、龙乡町，宇检村、大和村（奄美大岛）；喜界町（喜界岛），天城町、伊仙町、德之岛町（德之岛），与论町（与论岛），和泊町、知名町（冲永良部岛）。

二 产业类型与产业结构

（一）产业类型

1. 第一产业

地处亚热带的琉球群岛，农业发展具有鲜明的地域特征。甘蔗、蔬菜等种植业，花卉、水果等园艺农业，肉用牛养殖业等独具特色，并具有多样化的特点。第二次世界大战之前，琉球群岛的农业以粮食自给为目的的红薯、水稻种植为主，第二次世界大战结束后，以1959年的糖业振兴计划为背景，琉球群岛的农业转型为甘蔗种植，并逐渐发展成为琉球群岛农业的主要部门[①]。

琉球群岛的林业生产在第二次世界大战前一直以廉价的木材和薪炭林生产为主，战后逐渐向地板材、集成材、家具材等附加价值较高的木材生产转型。20世纪80年代后，随着日元升值，受进口廉价木材的冲击，木材生产的国际竞争力下降，混凝土住宅建设的普及也导致了木材需求的减少。近年来，琉球群岛的木材生产呈现低迷趋势。

琉球群岛传统的渔业以鲜鱼捕捞为主。20世纪70年代末，冲绳岛以及主要离岛沿岸的近海水产养殖业得到了快速发展。目前，海藻养殖、对虾养殖和鲣鱼、金枪鱼等捕捞成为琉球群岛渔业的主体。

2. 第二产业

琉球群岛的矿产资源贫乏，原材料工业仅在冲绳岛北部有少量分布，有以珊瑚石灰岩为原料的水泥制造业和分布在冲绳岛南部用于道路铺装以及建筑业的砾石加工业，但规模偏小。作为第二产业核心的制造业在琉球群岛的发展深受地理位置偏远和市场规模有限的影响，企业的规模小，且技术水平和劳动生产率偏低。由于缺乏竞争力，近年来制造业的发展总体上呈下降趋势，钢铁工业、运输机械制造业等主要工业企业的数量在逐年减少。但是，一般机械制造业，食品、饮料、饲料、烟草等制造业，石油、煤炭等化学工业的产值有所增加。据统计，2010年，同比增加了5.1%，产值达到

---

① 小川護：「沖縄県における農業の地域的特性」，沖縄県庁，井出策夫、澤田裕之：《地域の視点》，東京：文化書房博文社，2004，第120–138頁。

6477 亿日元①。目前，一般机械制造业，食品、饮料、饲料、烟草等制造业，石油、煤炭等化学工业产值占琉球群岛工业产值的比重达到 77.5%，成为琉球群岛制造业的主力。

3. 第三产业

由于消费者需求的多样化和机动化的快速发展以及流通结构的变化，琉球群岛的批发商业和零售业很发达。据统计，20 世纪 80 年代后，批发商业的店铺数量、就业人数以及年销售额都在稳步增加。但是，1994 年有所减少后又呈增加趋势。2002 年又有所减少。目前，批发商业的店铺数量、就业人数以及年销售额分别为 3289 家、29702 人、14638 亿日元。琉球群岛批发商业的企业规模较小，就业人数 1-9 人的企业约占全体的 76%。琉球群岛零售业的数量，从 1982 年最多的 23696 家逐年减少到 2002 年的 16834 家。就业人数、年销售额以及卖场面积直到 1994 年持续增加，但在 1997 年有所减少。在 2002 年，就业人数增加了 4.9%，达到 78784 人，年销售额也增加了 4.4%，达到 10282 亿日元，卖场面积增加了 11.6%，达到 1396000 平方米。单位面积的年销售额减少了 6.5%，为 737000 日元/（年·平方米）。此外，从企业的规模来看，就业人数 1-2 人的企业约占全体的 60%②。

琉球群岛的旅游资源十分丰富。除了亚热带海洋性气候外，古代琉球王国的历史和文化也独具魅力。琉球群岛独特的地域性和丰富的旅游资源为旅游业的发展奠定了良好的基础。在当地政府的大力推进下，琉球群岛的旅游产业得到了快速发展。在琉球群岛"归还"日本之前，来旅游的人主要是冲绳战役牺牲者的遗族亲属，他们为抚慰其逝世亲人们的灵魂而来访。据统计，1971 年的入域游客数量只有 20.4 万人。1972 年 5 月，琉球群岛"归还"日本后，由

① 沖縄県企画部統計課：『平成 21 年版沖縄県統計年鑑』，沖縄県庁，2010，第 23 頁。
② 沖縄県企画部統計課：『平成 14 年版沖縄の商業・卸売・小売業——平成 14 年商業統計調査』，沖縄県庁，2002，第 27 頁。

于不必申请签证以及日本人对"归还"后的琉球群岛的关注，琉球群岛的入域游客数量激增至前一年的2倍，达到约40.4万人。之后，由于冲绳国际海洋博览会的举办，团体旅游折扣制度的实施，以及各航空公司的琉球旅游宣传活动，海洋娱乐设施的建设，首里城的复原，以及NHK电视连续剧《琉球的风土》《水姑娘》等的放映，掀起了琉球旅游热。1991年，琉球群岛的入域游客数量达到了300万人，1998年，达到了400万人。受"9·11"恐怖袭击的影响，2001年的入域游客数量有所减少，但是很快开始恢复。2003年入域游客数量突破了500万人，2010年达到了572万人，旅游收入达到了4033亿日元[1]。

（二）产业结构

琉球群岛的产业结构呈现第三产业膨胀的特征。据统计，在2005年的GDP构成中，第一产业占1.8%，第二产业占8.1%，第三产业占90.1%。

琉球群岛的第一产业在经济结构中所占的比例较小。2006年的产值仅为906亿日元。从第一产业的产值构成来看，林业占8.1%，渔业占17.1%，肉用牛养殖占18.0%，肉食猪养殖占12.7%，甘蔗种植占16.9%，花卉种植占14.2%，蔬菜种植占13.0%。近年来畜牧业的生产有增加的倾向。

由于地理位置处于边缘、资源有限以及市场规模小等，琉球群岛的第二产业特别是制造业欠发达，主要工业制品全部依赖进口。近年来，健康食品产业的发展较快，成为琉球群岛第二产业的一个亮点。在琉球群岛"归还"日本后，由于公共基础设施建设的大量需求，建筑业曾经是支撑琉球群岛经济的重要产业。但是，随着日本泡沫经济的破灭，近年来，建筑业在产业结构中所占的比重逐渐下降。

---

① 沖縄県観光商工部：『観光要覧 平成22年度版』，沖縄県庁，2012，第32頁。

目前，琉球群岛的支柱产业是旅游关联产业的第三产业。近年来，琉球群岛入域游客数量超过 500 万人，旅游收入超过 4000 亿日元。

三　人口与城市

（一）人口构成及变迁

1879 年，琉球群岛"废藩置县"时的人口规模约有 32 万人，1902 年至 1903 年土地改革结束的时候人口规模大约为 37 万人，之后人口逐年增加，1921 年，人口规模达到 58.9736 万人，是有史以来的最高纪录，1926 年，人口规模为 56.255 万人。直到第二次世界大战前人口缓慢增长，人口规模一直维持在 57 万人至 59 万人。从性别构成上看，在 1886 年之前琉球群岛的男性人口比重还是大于女性人口，但是，1886 年以后女性人口的比重开始高于男性人口[1]。从城乡人口结构上看，据 1873 年的《琉球藩杂记》记载，当时的总人口约为 105000 人。其中，首都——首里（那霸）的人口只有 5000 人，构成今天那霸市主要地区的旧那霸、久米、泊三个地区的人口约为 11000 人。城市人口占总人口的比重约为 15%，其中，统治阶层的士族、商人和市民各占 5%，农民占总人口的比重约为 85%[2]。

在第二次世界大战中，琉球群岛约有 20 万人（包括 65000 名日本士兵、30000 名冲绳出身的士兵、94000 名普通市民、约 10000 名从朝鲜半岛强掳的军夫、从军慰安妇等）死于战乱[3]，使得琉球群岛的人口锐减。1946 年的总人口减少到 50.9517 万人。1947 年以后，随着海外遣返人口的回归，琉球群岛的人口开始增加。据统

① 太田朝敷：『沖縄県政五十年』，那覇：おきなわ文庫，1957，第 267 頁。
② 小川徹：「協同組織が支えた生活——米作を軸する農耕儀礼　御嶽に守られた村」，週刊朝日百科：『世界の地理日本西部・沖縄』，東京：朝日新聞社，1984，第 240 頁。
③ 新崎盛暉：『現代日本と沖縄』，東京：岩波新書，1996，第 6 頁。

计，1947 年，琉球群岛的总人数约为 53.7051 万人。之后，随着 20 世纪 50 年代生育高峰的来临，琉球群岛的人口急剧增加。1950 年，总人口达到 69.8827 万人，1955 年约为 80 万人，1962 年约为 90 万人，1974 年约为 100 万人，1980 年约为 110 万人，1987 年约为 120 万人，1999 年约为 130 万人。2009 年达到 138.5729 万人，为历史最高纪录。由于第二次世界大战中男性牺牲人数过多，琉球群岛人口的性别构成呈现出女性人口比重大大高于男性人口的现象[1]。

（二）"基地城市"的出现

琉球群岛的大部分城市在第二次世界大战末期的冲绳战役中遭到严重破坏。1945 年 4 月，美军在冲绳岛登陆后，在冲绳岛中北部地区的知念、胡差、前原、石川、田井、濑嵩、汉那、宜野座、古知屋、大浦崎（久志）、边土名、平安座等地设置了收容所，收容避难百姓，使得这些地区的人口一时暴增，奠定了战后"基地城市"发展的基础。

美军为了永久占领琉球群岛，从 20 世纪 50 年代初开始着手军事基地的建设，因此产生了对劳动力的大量需求，导致了琉球群岛其他地区的人口开始向冲绳岛集中，围绕美军基地的建设，从事各种各样的经济活动，于是在美军基地周围形成了"基地城市"。这些基地城市主要集中分布在冲绳岛中部的边野古、金武、嘉手纳、读谷、普天间等地区。"基地城市"的出现极大地促进了琉球群岛中部地区的城市化进程。

（三）"冲绳集合都市"的形成

以那霸市为中心的"冲绳集合都市"位于冲绳岛中南部地区西海岸，该地区一直是琉球群岛政治、经济、文化的中心。那霸市由琉球王国时代的城下町首里和作为首里外港发展起来的那霸组成。

---

[1] 沖縄県教育委員会：「沖縄史別巻 沖縄近代史辞典」，沖縄県教育委員会，1977，第 33~34 頁。

那霸市的历史悠久。早在 15 世纪初，中山王尚巴志统一了琉球群岛后，便将其政治中心从浦添迁移到首里。从 15 世纪到 16 世纪，尚真王将各地的按司集聚在首里，将首里作为城下町进行建设。在 14–16 世纪的大贸易时代，琉球王国就已成为东亚地区重要的国际港口，来自中国、日本、朝鲜和东南亚各国的商船聚集在那霸港从事贸易。在 17 世纪末，那霸市西町、东町、若狭町、泉崎町等那霸四町的城市骨架基本形成[1]。如今，那霸市的城市人口规模约 30 万，是琉球群岛规模最大的城市。那霸市拥有琉球群岛对外交通联系的那霸国际机场和那霸港，是琉球群岛的重要门户。

第二次世界大战期间，那霸市遭到严重破坏。1945 年 11 月，那霸难民收容所的难民开始在那霸市郊区的壶屋地区聚集，从事陶瓷制造业。随着人口的不断增加，1946 年 1 月 3 日，设置了壶屋区行政管理机构，同年 4 月 4 日，壶屋区升级为那霸市管辖行政区。1947 年，佐敷村（现南城市）又并入那霸市，那霸市的行政范围进一步扩大。之后，当地政府将那霸市定位于商业性国际都市，开始了大规模的城市基础设施建设，促进了那霸市的城市复兴[2]。

在冲绳岛中南部地区，随着"基地城市"的形成和那霸市的发展，城市化地区连片分布，形成了以那霸市为中心城市的"冲绳集合都市"。"冲绳集合都市"成为琉球群岛的首位城市[3]。 2005 年，"冲绳集合都市"由 7 个市（宇流麻市、冲绳市、宜野湾市、浦添市、那霸市、丰见城市、丝满市）、6 个町（金武町、嘉手纳町、北谷町、西原町、南风原町、与那原町）、1 个村（读谷村）构成。"冲绳集合都市"的人口为 1016874 人，占冲绳岛总人口的 81.8%。

---

① 宫野贤吉：「首里城の起源を探る」，那霸：那霸出版社，1999，第 50–52 頁。
② 堂前亮平：「南岛の岛嶼中心都市——那霸市」，平冈昭利，『九州 地図で読む百年』，東京：古今書院，1997，第 169–174 頁。
③ 堂前亮平：「沖縄におけるコナーベーションの形成と都市構造の変容」，立正大学地理学教室：『地域の探求』，東京：古今書院，1985，第 333–343 頁。

（四）地方中心城市的发展

除"冲绳集合都市"外，琉球群岛其他地区的城市也得到快速发展，形成了一批地方中心城市。例如，冲绳岛北部的中心城市——名护市，奄美诸岛的中心城市——奄美市，宫古诸岛的中心城市——宫古岛市，八重山诸岛的中心城市——石垣市等。

1. 名护市

名护市是冲绳岛北部地域的中心城市，市域总面积为210.37平方公里，人口总数为61080人（2013年3月31日）。名护市的历史悠久。早在琉球王国统治时期就已经成为冲绳岛北部重镇。早在"三山时代"就是山北王国的都城。尚巴志1416年征服山北王国后，于1422年在名护城设置北山监守，负责冲绳岛北部地区的管理。这一体制一直持续到15世纪末。近代，日本吞并琉球群岛后，名护城的行政、商业、交通、教育等各项职能得到进一步加强，近代化的城市建设使得名护市得到飞速发展。第二次世界大战期间，在美军的空袭中名护市遭到严重破坏。约有14万人流离失所，无家可归，被美军的田井、濑嵩、大浦崎、久志等收容所收留。第二次世界大战结束后，名护市开始重建，1946年1月实施的土地区划整理形成了今天名护市城市路网的骨架。1970年8月，名护、屋部、羽地、屋我地、久志等町村合并成名护市。

2. 奄美市

奄美市是琉球群岛东北部的中心城市，由位于奄美大岛中部的名濑地区和位于奄美大岛北部的笠利町地区组成。市域总面积305.92平方公里，人口总数为45076人（2012年10月1日）。奄美市的历史悠久。早在琉球王国统治时期就已经成为琉球群岛东北部重镇。1416年，尚巴志征服山北王国后，琉球王国开始向东北部的奄美诸岛扩张，并于1537年和1571年两次出兵征服奄美大岛。1572年，琉球王国在名濑设置"大岛奉行"，负责奄美诸岛和吐噶喇列岛的管理。这一体制一直持续到17世纪初。1609年，日本萨摩藩入侵琉球，强迫琉球王国割让奄美诸岛，并在赤木名、名濑等地设置"代官所"和"奉行所"，名濑作为奄美诸岛政治、经济、文化中心的地位得到进一步加强[①]。近代化的城市建设使得奄美市得到迅速发展。第二次世界大战期间，奄美市只遭受到美军的小规模空袭，城市未遭受严重破坏。2006 年 3 月 20 日，名濑市、住用村、笠利町合并成奄美市。

3. 宫古岛市

宫古岛市是琉球群岛西南部的中心城市。位于琉球群岛西南部先岛诸岛的宫古岛，市域总面积 204.6 平方公里，人口总数为 55215 人（2012 年 10 月 1 日）。2005 年 10 月 1 日，由平良市和宫古郡伊良部町、上野村、城边町、下地町合并而成[②]。宫古岛市是宫古列岛政治、经济、文化的中心。

4. 石垣市

石垣市是琉球群岛西南部的中心城市。位于琉球群岛西南部先岛诸岛的石垣岛，市域总面积 222.63 平方公里，人口总数为 46922 人（2011 年 10 月 1 日）。石垣市是八重山列岛政治、经济、文化的中心。

第三节　琉球群岛的地域构成

一　琉球群岛中部地域

琉球群岛中部地域由冲绳诸岛和庆良间诸岛构成。地理位置在北纬 26 度 4 分 28.2 秒至 27 度 53 分 7.6 秒，东经 126 度 21 分 39.5 秒至 128 度 20 分 6.9 秒。冲绳诸岛和庆良间诸岛由 24 个有

---

① 矢崎義召：『鹿児島県風土記』，東京：旺文社，1995，第 236–237 頁。
② 崎浜靖：『宮古平良市調査報告書』，那覇：沖縄国際大学南島文化研究所，1998，第 87–104 頁。

人岛、36 个无人岛和若干无名岛礁组成（见表 3–1）。陆地总面积 1411.8 平方公里，最高海拔 503 米（冲绳岛那霸峰）。

据琉球王国官修史书《中山世谱》英祖王景定五年条记载："五年甲子，久米、庆良间、伊比屋等岛皆始入贡。"[①] 南宋景定五年（1264 年），琉球群岛处在英祖王统治时期，久米岛、伊平屋岛等冲绳诸岛的附属岛屿和庆良间诸岛就已经开始向中山王国纳贡称臣，琉球王国完成了中部地域政治上的统一。琉球王国统一后由冲绳诸岛及庆良间诸岛构成的琉球群岛中部地域一直是琉球群岛政治、经济、文化的中心。

表 3-1　冲绳诸岛及庆良间诸岛附属岛屿一览

岛群名称		附属岛屿
冲绳诸岛	有人岛	伊平屋岛、伊是名岛、冲绳岛、伊江岛、濑底岛、古宇利岛、屋我地岛、宫城岛、伊计岛、与那宫城岛、平安座岛、浜比嘉岛、津坚岛、久高岛、玉城奥武岛、粟国岛、渡名喜岛、久米岛、久米奥武岛、奥哈岛
	无人岛	硫黄鸟岛、野甫岛、具志川岛、屋那霸岛、水纳岛、羽地奥武岛、薮地岛、浮原岛、南浮原岛、阿奇奈美岛、濑长岛、久万加岛、名护奥武岛、安田岛
庆良间诸岛	有人岛	渡嘉敷岛、座间味岛、阿嘉岛、庆留间岛
	无人岛	城岛、仪志布岛、地自津留岛、外自津留岛、离岛、云岛、黑岛、前岛、中岛、果岛、庆伊濑岛、安室岛、安庆名敷岛、嘉比岛、伊释迦释岛、砂白岛、积城岛、外地岛、茂加罗久岛、奥武岛、屋嘉比岛、久场岛

资料来源：笔者整理。

二　琉球群岛北部地域

琉球群岛的北部地域由吐噶喇列岛构成，地理位置在北纬 28 度 47 分 29.4 秒至 29 度 58 分 0.7 秒，东经 128 度 58 分 20.7 秒至 129 度 55 分 48.6 秒。吐噶喇列岛由 7 个有人岛、5 个无人岛和若干

① 蔡铎、蔡温、郑秉哲：《中山世谱》，袁家冬校注，北京：中国文史出版社，2016，第 36 页。

无名岛礁组成。陆地总面积 101.35 平方公里，最高海拔 979 米（中之岛御峰）（见表 3-2）。吐噶喇列岛的口之岛是琉球群岛最北部的岛屿，口之岛最北端的芹伊岬角是琉球群岛北部的陆地基点，地理坐标为北纬 29 度 58 分 0.7 秒，东经 129 度 55 分 48.6 秒。

据琉球王国官修史书《中山世谱》英祖王咸淳二年条记载："咸淳二年丙寅，大岛等处皆始来朝入贡。"[1] 南宋咸淳二年（1266 年），琉球群岛处在英祖王统治时期，作为奄美大岛附属岛屿的吐噶喇列岛就已经成为琉球王国的一部分。琉球王国完成了北部地域政治上的统一。琉球王国统一后吐噶喇列岛一直是琉球王国北部的重要地域。

表 3-2　吐噶喇列岛附属岛屿一览

岛群名称		附属岛屿
吐噶喇列岛	有人岛	口之岛、中之岛、平岛、诹访之濑岛、恶石岛、小宝岛、宝岛
	无人岛	卧蛇岛、小卧蛇岛、小岛、上根岛、横当岛

资料来源：笔者整理。

三　琉球群岛东北部地域

琉球群岛的东北部地域由奄美诸岛构成，地理位置在北纬 27 度 1 分 7 秒至 28 度 31 分 51 秒，东经 128 度 23 分 42 秒至 130 度 2 分 6 秒。奄美诸岛由 8 个有人岛、7 个无人岛和若干无名岛礁组成（见表 3-3）。陆地总面积 1240.28 平方公里，最高海拔 694 米（奄美大岛汤湾峰）。

据琉球王国官修史书《中山世谱》英祖王咸淳二年条记载："咸淳二年丙寅，大岛等处皆始来朝入贡。"[2] 南宋咸淳二年（1266 年），琉球群岛处在英祖王统治时期，奄美诸岛开始向琉球王国纳贡，接受琉球王国的管理。琉球王国完成了东北部地域政治上的统一。琉

---

[1]　蔡铎、蔡温、郑秉哲：《中山世谱》，袁家冬校注，北京：中国文史出版社，2016，第 36 页。
[2]　蔡铎、蔡温、郑秉哲：《中山世谱》，袁家冬校注，北京：中国文史出版社，2016，第 36 页。

球王国统一后奄美诸岛成为琉球王国东北部的重要地域。

表 3-3　奄美诸岛附属岛屿一览

岛群名称		附属岛屿
奄美诸岛	有人岛	奄美大岛、喜界岛、加计吕麻岛、与路岛、请岛、德之岛、冲永良部岛、与论岛
	无人岛	枝手久岛、江仁屋离岛、须子茂离岛、夕离岛、木山岛、汉明岛、加纳雷岛

资料来源：笔者整理。

四　琉球群岛西南部地域

琉球群岛西南部地域由先岛诸岛（宫古列岛和八重山列岛）构成。地理位置在北纬 24 度 2 分 45.1 秒至 24 度 56 分 20.2 秒，东经 122 度 56 分 1.6 秒至 125 度 28 分 9.6 秒。先岛诸岛由 18 个有人岛、20 个无人岛和若干无名岛礁组成。陆地总面积 812.89 平方公里，最高海拔 526 米（石垣岛茂登峰）（见表 3-4）。八重山列岛的波照间岛是琉球群岛最南部的岛屿，波照间岛最南端的波照间海岸是琉球群岛南部的陆地基点，地理坐标为北纬 24 度 2 分 45.1 秒，东经 123 度 47 分 34.9 秒。八重山列岛的与那国岛是琉球群岛最西部的岛屿，与那国岛最西端的久部良海岸是琉球群岛西部的陆地基点，地理坐标为北纬 24 度 26 分 58.5 秒，东经 122 度 56 分 1.6 秒。

据琉球王国官修史书《中山世谱》察度王洪武二十三年条记载："本年，宫古、八重山始来称臣纳贡于中山。"[1]明洪武二十三年（1390 年），琉球群岛处在察度王统治时期，宫古列岛和八重山列岛开始向中山王国纳贡称臣，琉球王国完成了西南部地域政治上的统一。先岛诸岛成为琉球王国的一部分。

---

① 蔡铎、蔡温、郑秉哲：《中山世谱》，袁家冬校注，北京：中国文史出版社，2016，第 46 页。

表 3-4　先岛诸岛附属岛屿一览

岛群名称		附属岛屿
宫古列岛	有人岛	宫古岛、池间岛、大神岛、来间岛、伊良部岛、下地岛、多良间岛、水纳岛
	无人岛	伏地岩岛
八重山列岛	有人岛	石垣岛、竹富岛、小浜岛、黑岛、新城岛、西表岛、鸠间岛、由布岛、波照间岛、与那国岛
	无人岛	大地离岛、平离岛、川平湾小岛、真谢离岛、婿离岛、嫁离岛、玛雅离岛、赛离岛、库巴离岛、其巴离岛、茶班其奇离岛、嘉弥真岛、中御神岛、内离岛、外离岛、屋离岛、鸠离岛、赤离岛、祖纳地崎岛

资料来源：笔者整理。

五　琉球群岛东部地域

琉球群岛的东部地域由大东诸岛构成，地理位置在北纬 24 度 27 分 40.3 秒至 25 度 57 分 39.6 秒，东经 131 度 12 分 47.7 秒至 131 度 19 分 56.1 秒。大东诸岛由北大东岛和南大东岛 2 个有人岛和冲大东岛 1 个无人岛组成。陆地总面积 43.66 平方公里，最高海拔 75 米（南大东岛）（见表 3–5）。大东诸岛的北大东岛是琉球群岛最东部的岛屿，北大东岛最东端的真黑岬角是琉球群岛东部的陆地基点，地理坐标为北纬 25 度 57 分 6.1 秒，东经 131 度 19 分 56.1 秒。

古代琉球人对位于遥远东方的大东诸岛早有认知，称之为"东海乐土"，但是从未正式宣布拥有该岛。1543 年，西班牙人发现大东诸岛的存在，并将其命名为"Las Dos Hermanos"（姊妹岛）。1622 年欧洲出版的太平洋地图上首次标注了"Las Dos Hermanos"的位置。之后，法国于 1807 年、俄国于 1820 年、美国于 1853 年、德国于 1876 年也先后确认了大东诸岛的存在。但是，欧美各国均未宣称拥有该岛。1885 年 8 月，日本政府开始对大东诸岛进行调查，于 8 月 29 日和 31 日分别在南大东岛和北大东岛上设立国标，并将该岛正式命名为大东诸岛，宣布大东诸岛为"冲绳县"管辖的日本领土。

1900 年 10 月 17 日，日本政府发布"冲绳县告示 95 号"，正式将大东诸岛并入日本版图。

表 3-5 大东诸岛附属岛屿一览

岛群名称		附属岛屿
大东诸岛	有人岛	北大东岛、南大东岛
	无人岛	冲大东岛

资料来源：笔者整理。

第四节 琉球群岛相关称谓的地理意义与政治属性

一 琉球群岛称谓的混乱

历史上承载着琉球王国的琉球群岛是一个独立的地理单元。"琉球群岛"这一传统称谓具有特殊的地理意义和政治属性。琉球群岛与中国有着十分密切的地缘关系。历史上，明清王朝与琉球群岛上存在的独立国家——琉球王国之间建立的宗藩关系持续了 500 多年。近代，琉球群岛被日本强行吞并。为了实现合法占有琉球群岛的政治目的，日本在琉球群岛的称谓上制造混乱，偷梁换柱地"去琉球化"。时而用"西南群岛"这一泛地域化称谓消除"琉球群岛"的政治属性，时而用"萨南群岛"这一称谓肢解琉球群岛，时而用"冲绳群岛"这一称谓抹杀琉球群岛的历史。

长期以来，中国对琉球群岛的地缘战略意义认识不足，学术界特别是以区域研究为特色的地理学界对琉球群岛的关注程度不够，基础研究的积累严重缺失，导致中国关于琉球群岛的地域概念模糊混乱。今天，不但有一些普通网民简单地认为"琉球"就是"冲绳"，即使在学术界许多人对于"琉球群岛""西南群岛""萨南群岛""冲绳群岛"的地域范围和政治属性的认识同样模糊不清。

二　"琉球"称谓的历史演变

（一）中国对于"琉球"称谓的演变

中国有关琉球群岛最早的文献记载见于公元 636–656 年编的《隋书》卷八十一（列传第四十六）中的"流求国"①。史学界认为《隋书》中的"流求国"应该是今天的琉球群岛和台湾两地的泛称。一般称琉球群岛为"大琉求"，称台湾为"小琉求"。以"琉球"称呼现在的琉球群岛，始于明朝初期。此后，中国对琉球群岛和台湾的区别才有了比较清楚的认识②。

据琉球王国官修史书《中山世谱》记述："隋大业元年乙丑，海师何蛮，每春秋二时，天清风静，东望，依稀似有烟雾之气，亦不知几千里。三年丁卯，炀帝令羽骑尉朱宽入海访求异俗。海师何蛮言之。遂与蛮俱抵本国。遥观地界，于波涛间蟠旋蜿蜒，其形若虬浮水中，名曰'流虬'（嗣后改名'流求'，故唐宋之吏，皆曰'流求'）……至元年间，世祖改'流求'曰'瑠求'……。洪武之初，太祖改'瑠求'曰'琉球'，遣使招抚。王悦，始通中朝，入贡，以开琉球维新之基。"③

明朝以后，中国一直沿用"琉球"一词称呼琉球群岛。1879 年，琉球群岛被日本吞并，中国与日本就琉球地位问题进行交涉时，中日两国都使用"琉球"这一称谓。1895 年，甲午战争战败后，中国丧失了在琉球归属问题上的发言权，关于"琉球"的称谓开始出现混乱，一些人甚至效仿日本人称琉球为"冲绳"。新中国成立之初，中国政府依然使用"琉球"这一称谓。但是，1972 年中日邦交正

---

① 《隋书》卷八十一（列传第四十六），北京：中华书局，1973，第 423 页。
② 史明：《台湾人四百年史》，台北：鸿儒堂书局，2005，第 30 页。
③ 蔡铎、蔡温、郑秉哲：《中山世谱》，袁家冬校注，北京：中国文史出版社，2016，第 19–20 页。

常化以后，"琉球"这一传统称谓逐渐被遗忘，取而代之的是使用"冲绳"这一日本称谓来称呼琉球。必须指出，无论在地理范围还是政治属性上，今天的"冲绳"与历史上的"琉球"都有着本质上的区别。

（二）日本对于"琉球"称谓的演变

日本关于奄美诸岛最早的文献见于公元 720 年编撰的《日本书纪》第二十六卷齐明天皇三年（657 年）条中关于突厥男女六人从奄美大岛漂流至九州岛的记载："三年秋七月丁亥朔己丑，吐货罗国男二人、女四人漂泊筑紫。曰：'臣等最初漂泊至海见岛。'"①《日本书纪》第二十九卷天武天皇十一年（682 年）条中也有关于奄美人受到赏赐的记载："丙辰，多祢人、掖玖人、阿麻弥人赐禄，各有差。"②在公元 797 年编撰的《续日本纪》第一卷文武三年（699 年）条中有奄美诸岛等地来朝进贡并受到赏赐的记载："秋七月辛未，多祢、夜久、菴美、度感等人从朝宰而来贡方物。授位赐物各有差。"③《续日本纪》第六卷和铜七年（714 年）条中有奄美诸岛等地来朝的记载。"十二月戊午，少初位下太朝臣远建治等率南岛奄美、信觉及球美等岛人五十二人至自南岛。"④《续日本纪》第六卷灵龟元年（715 年）条中也有奄美诸岛等地来朝进贡的记载："灵龟元年春正月甲申朔，天皇御大极殿受朝，皇太子始加礼服拜朝，陆奥、出羽、虾夷并南岛奄美、夜久、度感、信觉、球美等来朝，各贡方物。"⑤

《日本书纪》中的"海见岛""阿麻弥"和《续日本纪》中的"菴美"均指的是今天的奄美大岛。《日本书纪》中的"多祢"指的是今天大隅诸岛的种子岛。《日本书纪》中的"掖玖"和《续日本纪》中的"夜久"指的是今天大隅诸岛的屋久岛。《续日本纪》中的"度感"

---

① 『日本書紀』卷二十六，坂本太郎訳注：東京：岩波書店，1994，第 212 頁。
② 『日本書紀』卷二十九，坂本太郎訳注：東京：岩波書店，1994，第 280 頁。
③ 『続日本紀』卷一，朝日新聞社本，昭和 15 年（1940），第 3 頁。
④ 『続日本紀』卷六，朝日新聞社本，昭和 15 年（1940），第 2 頁。
⑤ 『続日本紀』卷六，朝日新聞社本，昭和 15 年（1940），第 3 頁。

指的是今天的奄美诸岛的德之岛，"信觉"指的是今天的先岛诸岛的石垣岛，"球美"指的是今天的冲绳诸岛的久米岛。由于种子岛、屋久岛并非琉球群岛的附属岛，能够看出古代日本对于九州岛以南的岛屿已经有了初步了解，但缺乏对琉球群岛整体性的认识。

14 世纪以后，日本开始按照中国对琉球群岛的称谓称琉球群岛为琉球（Ryukyu）。直到 1872 年日本推行"废藩置县"的行政改革，强行废除琉球王国，设置"琉球藩"时，日本仍沿用"琉球"这一中国称谓。1879 年 4 月，日本废除"琉球藩"，设置"冲绳县"，强行吞并琉球群岛以后，日本开始使用"Okinawa（冲绳）"这一日本称谓称呼琉球群岛。"冲绳（Okinawa）"一词的语源来自于琉球语的"Uchina"。"Uchina"是琉球人相对于奄美、宫古、八重山等周边岛屿称呼今天冲绳岛的固有名词。在我国明清时期历代册封使留下的出使记录里对当地语言的记述中，都有将冲绳岛音译成"倭急拿"的记载。但是，关于"Uchina"这一称谓的由来尚无定论。琉球历史学家东恩纳宽惇认为，"Uchina"一词源于 1531–1623 年编撰的琉球古诗集《思草纸》（おもろさうし）中被称为"Uchina"的琉球神话中的女神[1]。日语历史文献中的"Okinawa"一词最早见于公元 779 年《唐大和上东征传》的鉴真传记中有关公元 753 年鉴真东渡漂流至"阿儿奈波岛"的记载[2]。1719 年，日本学者新井白石在其所著的《南岛志》中第一次使用"冲绳"这一日语套用汉字来表现"Okinawa"一词[3]。1879 年，日本明治政府废除"琉球藩"，设置"冲绳县"，强行吞并琉球群岛以后，为了抹消琉球群岛的历史和琉球文化中的中华色彩，开始使用"冲绳"这一日本称谓取代传统的"琉球"一词。第二次世界大战结束后，日本人又开始使用"西南群岛""萨南群岛""冲绳群岛"等称谓来混淆"琉球群岛"这一

---

① 東恩納寬惇：「南島風土記」，那覇：郷土文化研究会，1964，第16頁。
② 真人元开：《唐大和上东征传》，汪向荣校注，北京：中华书局，1979，第41頁。
③ 宮崎道生：「新井白石の史学と地理学」，東京：吉川弘文館，1988，第25頁。

传统称谓。

（三）美国对于"琉球"称谓的演变

美国历史上对琉球的称谓使用中文琉球音译的"Liuchiu"。一直到第二次世界大战结束前这一中文琉球的音译称谓仍被广泛使用。

1944年10月，美国国务院远东地区联合委员会（IDACFE）委员、日本问题专家休·博顿（H. Borton）向美国国务院提交了一份关于琉球群岛战后处理的咨询报告。该报告同情日本，从地理、历史、文化等方面片面强调日本与琉球群岛的关系。1945年12月，美国亚太问题专家、哈佛大学教授爱默生（R. Emerson）向美国国务院提交一份题为《琉球群岛的处置》的报告。该报告无视琉球群岛与中国之间传统的历史关系，建议美国官方使用日语琉球音译的"Ryukyu"取代中文琉球音译的"Liuchiu"称谓。1945年12月20日，美国国务院决定使用日语琉球音译的"Ryukyu"称谓[①]。此后，美国的官方文件中中文琉球音译的"Liuchiu"被日语琉球音译的"Ryukyu"所取代。

第二次世界大战结束后，琉球群岛被美军占领。直到20世纪60年代后期，美国在各种官方文件中对琉球群岛的称谓主要使用日语琉球音译的"Ryukyu"，但避免使用"Okinawa"这一日本称谓。1972年5月15日，美国将琉球群岛"归还"给日本后，"Okinawa"这一日本称谓越来越多地出现在媒体上和官方文件中。不难看出，美国与日本在琉球问题上是在有计划、有步骤地"去中国化"，企图使"琉球"这一中国称谓成为历史名词，彻底消除其政治属性，将涉及琉球、中国、日本和美国多边关系的"琉球问题"改变为美日双边关系中的"冲绳问题"，为日本最终"合法"占有琉球群岛铺平道路[②]。

---

① Eldridge D. Robert. *The Origins of the Bilateral Okinawa Problem: Okinawa in Postwar U.S.–Japan Relations, 1945–1952*, NY: Garland Publishers Inc, 2001, p.31.

② 王海滨：《琉球名称的演变与冲绳问题的产生》，《日本学刊》2006年第2期，第29–41页。

三 琉球群岛相关称谓的内涵

（一）"琉球群岛"的地理范围及政治意义

"琉球群岛"的地理范围包括古代琉球王国的全部附属岛屿。由吐噶喇列岛、奄美诸岛、冲绳诸岛（包括庆良间诸岛）、大东诸岛和先岛诸岛（包括宫古列岛和八重山列岛）等五个岛群构成。其南部的陆地基点是八重山列岛的波照间岛最南端的波照间海岸，地理坐标为北纬 24 度 2 分 45.1 秒，东经 123 度 47 分 34.9 秒；北部的陆地基点是吐噶喇列岛的口之岛最北端的芹伊岬角，地理坐标为北纬 29 度 58 分 0.7 秒，东经 129 度 55 分 48.6 秒；西部的陆地基点是八重山列岛的与那国岛最西端的久部良海岸，地理坐标为北纬 24 度 26 分 58.5 秒，东经 122 度 56 分 1.6 秒；东部的陆地基点是大东诸岛的北大东岛最东端东部的真黑岬角，地理坐标为北纬 25 度 57 分 6.1 秒，东经 131 度 19 分 55.3 秒。"琉球群岛"陆地总面积 3611.08 平方公里。

"琉球群岛"是一个传统称谓，包括古代琉球王国统治的全部岛屿。坚持使用"琉球群岛"这一传统称谓的政治意义在于，客观认识琉球群岛地理单元的完整性，对近代日本强行吞并琉球群岛合法性的否认，主张琉球法律地位未定的政治立场。

（二）"西南群岛"的地理范围及政治意义

"西南群岛"的地理范围涵盖了日本九州岛西南部至台湾岛东北部之间的全部岛屿。由日本所属的大隅诸岛和琉球王国所属的吐噶喇列岛、奄美诸岛、冲绳诸岛（包括庆良间诸岛）、大东诸岛和先岛诸岛（包括宫古列岛和八重山列岛）等 6 个岛群构成。"西南群岛"南部的陆地基点是八重山列岛波照间岛最南端的波照间海岸，地理坐标为北纬 24 度 2 分 45.1 秒，东经 123 度 47 分 34.9 秒；北部的陆地基点是大隅诸岛宇治群岛的辨庆岛最北端的海岸，地理坐标为北纬 31 度 12 分 58.2 秒，东经 129 度 28 分 20.4 秒；西部的陆地基点是八重山列岛与那国岛最西端的久部良海岸，地理坐标为北纬 24 度 26 分 58.5 秒，东经 122 度 56 分 1.6 秒；东部的陆地基点是大东诸岛北大东岛最东端的真黑岬角，地理坐标为北纬 25 度 57 分 6.1 秒，东经 131 度 19 分 55.3 秒。"西南群岛"陆地总面积 4820.79 平方公里。

"西南群岛"意为日本西南部群岛，是日本对分布在九州岛西南部至台湾岛东北部之间全部岛屿的泛地域化称谓。"西南群岛"称谓的政治属性表现在两个方面：第一是偷梁换柱地"去琉球化"，抹杀琉球群岛的历史；第二是诱使国际社会承认日本对包括琉球群岛在内的"西南群岛"的主权。

（三）"萨南群岛"的地理范围及政治意义

"萨南群岛"的地理范围包括日本九州岛西南部至琉球群岛东北部的全部岛屿。由大隅诸岛和吐噶喇列岛、奄美诸岛 3 个岛群构成。"萨南群岛"南部的陆地基点是奄美诸岛与论岛最南端的七七崎角，地理坐标为北纬 27 度 1 分 7.6 秒，东经 128 度 26 分 37.1 秒；北部的陆地基点是大隅诸岛宇治群岛的辨庆岛最北端的海岸，地理坐标为北纬 31 度 12 分 58.2 秒，东经 129 度 28 分 20.4 秒；西部的陆地基点是奄美诸岛与论岛最西端的兼母海岸，地理坐标为北纬 27 度 2 分 50.1 秒，东经 128 度 23 分 42.7 秒；东部的陆地基点是大隅诸岛种子岛最东端的大川鼻角，地理坐标为北纬 30 度 46 分 59.1 秒，东经 131 度 5 分 1.2 秒。"萨南群岛"陆地总面积 2551.34 平方公里。

"萨南群岛"意为萨摩（日本鹿儿岛县）南部群岛，是日本对日本所属的大隅诸岛和古代琉球王国所属的吐噶喇列岛、奄美诸岛三个岛群的称谓。"萨南群岛"称谓的政治意义表现在两个方面：第一是对琉球群岛的肢解，第二是诱使国际社会承认日本对通过武力征服获得的吐噶喇列岛、奄美诸岛的"主权"。

（四）"冲绳群岛"的地理范围及政治意义

"冲绳群岛"的地理范围包括古代琉球王国除吐噶喇列岛和奄美诸岛以外的全部附属岛屿和大东诸岛。由冲绳诸岛（包括庆良间诸岛）、先岛诸岛（包括宫古列岛和八重山列岛）和大东诸岛三个岛群组成。"冲绳群岛"南部的陆地基点是八重山列岛波照间岛最南端的波照间海岸，地理坐标为北纬24度2分45.1秒，东经123度47分34.9秒；北部的陆地基点是冲绳诸岛硫黄鸟岛最北端的海岸，地理坐标为北纬27度53分7.6秒，东经128度13分19.9秒；西部的陆地基点是八重山列岛与那国岛最西端的久部良海岸，地理坐标为北纬24度26分58.5秒，东经122度56分1.6秒；东部的陆地基点是大东诸岛北大东岛最东端的真黑岬角，地理坐标为北纬25度57分6.1秒，东经131度19分55.3秒。"冲绳群岛"陆地总面积2269.46平方公里。

"冲绳群岛"是日本对冲绳诸岛（包括庆良间诸岛）、大东诸岛和先岛诸岛（包括宫古列岛和八重山列岛）的称谓。"冲绳群岛"称谓的政治意义表现在两个方面：第一是偷梁换柱地"去琉球化"，第二是对琉球群岛的肢解。日本不能像主张对琉球群岛北部的吐噶喇列岛和东北部的奄美诸岛的"主权"那样，理直气壮地主张对"冲绳群岛"的主权。但是，日本为了实现其永久"合法"占有琉球群岛的目的，一边偷梁换柱地用"去琉球化"的"冲绳"称谓抹杀琉球群岛的历史，一边用"冲绳群岛"肢解琉球群岛，将未来可能涉及琉球地位问题对外交涉的地域范围限定在"冲绳群岛"，以确保日本对琉球群岛北部的吐噶喇列岛和东北部的奄美诸岛的"主权"。

第五节　结论与讨论

琉球群岛呈弧状分布在我国台湾岛东北与日本九州岛西南，北与日本的大隅诸岛和九州岛隔海相望，西南与我国台湾岛相望，东邻太平洋，西邻中国东海。在地质构造上，琉球群岛位于琉球海脊之上，西侧的冲绳海槽，沿日本九州岛西南一直延伸至我国台湾岛东北，长约 1000 公里，宽约 100 公里，最深处达 2717 米。冲绳海槽是东海大陆架与琉球群岛之间的一个特殊地理单元，其地质学及地理学特征鲜明，构成了东海大陆架自然延伸的界线。在地理环境上，地处亚热带的琉球群岛气候温暖湿润，亚热带特有的植被类型、珊瑚岛和独特的民俗文化都展示着丰富多彩的南国风情。在地域构成上，琉球群岛由吐噶喇列岛、奄美诸岛、冲绳诸岛（包括庆良间诸岛）、大东诸岛和先岛诸岛（包括宫古列岛和八重山列岛）构成。数百年来，随着琉球群岛地缘政治关系的变化，琉球群岛历经沧桑，几易其主，其地域构成几经变迁。但是，历史上承载着琉球王国的琉球群岛作为一个独立的地理单元依然如故，并不因日本、美国单边因素的变化，或日美双边关系的变化而改变。

琉球群岛历史上承载着一个独立的国家——琉球王国，所以，"琉球群岛"这一传统称谓的政治属性就是琉球王国的独立与主权。日本对琉球王国的吞并并无法律依据，至今未得到国际社会的广泛承认。因此，日本采用偷梁换柱的办法在岛屿命名上"去琉球化"，推广使用"西南群岛""萨南群岛""冲绳群岛"等相关称谓，企图消除"琉球群岛"的政治属性，肢解琉球群岛，抹杀琉球群岛的传统和历史，在琉球群岛法律地位认识的问题上制造混乱，诱导国际社会承认日本对琉球群岛的"主权"。

从地缘关系的角度来看，琉球群岛是一个特殊的地理单元。历史上琉球群岛与中国存在一种建立在地缘关系基础之上的传统历史渊源。从尊重历史的角度，我们应当正确认识琉球群岛相关称谓的地理学意义及其政治属性，坚持使用"琉球群岛"这一传统称谓。中国作为琉球群岛地缘关系要素的重要组成部分，历史上在政治、经济、文化等方面对琉球群岛产生过重要影响。今后，在关于琉球群岛的未来地位问题上中国也必将发挥重要作用。

第 四 章

琉球群岛人类起源的研究综述

第一节　问题的提出

　　琉球人是指生活在琉球群岛的原住民族。琉球群岛何时开始出现人类？琉球人来自哪里？琉球民族是一个独立的民族还是大和民族的一个分支？这些关于琉球民族本质的问题目前学术上尚存争论。绝大多数日本学者认为琉球人与日本人同源，琉球民族是大和民族的一个分支，一部分琉球人对此也有认同。但是，还有相当多的琉球人主张琉球民族的独立性，认为琉球人不是日本人。2007 年，琉球大学法文学部副教授林泉忠研究小组针对琉球民众所做的一项民意调查显示，有 41.6% 的琉球人认为自己是琉球人，有 29.7% 的琉球人认为自己既是琉球人也是日本人，有 25.5% 的琉球人认为自己是日本人[①]。

　　关于琉球民族起源问题，早期的学术研究主要通过考古学的发现和文化人类学的文化相近性比较等方法进行分析。近年来，随着分子生物学的发展，科学家们开始运用群体遗传学的方法对琉球民族的起源问题进行深入研究，并取得了重要进展。本章运用文献分析法和综合分析法，对考古学、群体遗传学和文化人类学的研究成果进行系统整理和分析评价。在此基础上，探讨琉球群岛人类种群的起源、迁移以及琉球群岛的人类种群与东亚地区其他民族之间的亲缘关系。

第二节　考古学的发现

一　旧石器时代的人骨化石

　　琉球群岛何时出现人类目前尚无定论。地质学研究表明，在距

---

　　① 林泉忠：「沖縄住民のアイデンティティ調査」，「政策科学国際関係論集」2009 年第 9 期，第 105-147 頁。

今 300 万至 200 万年前的新生代第四纪更新世的冰期时代，琉球群岛与亚洲大陆相连，在动物移居可能的情况下，琉球群岛的人类祖先可能是在这一时期由亚洲大陆迁居而来[①]。1962 年，在冲绳岛南部那霸市山下町的奥武山洞穴中出土的"山下町洞人"的人骨化石是至今在琉球群岛上发现的最早的人类化石，经过碳 14 年代测定为距今 32000 多年前的人骨[②]。1967 年，在冲绳岛南部具志头村（现在的八重濑町）的港川裂隙中出土的比较完整的"港川人"的人骨化石，经过年代测定为距今约 18000 年前旧石器时代的人骨。人类学研究证明，港川人与柳江人十分相似[③]。1977 年，冲绳教育委员会对境内的洞穴进行调查时在宫古岛上野丰原山羊洞发现人骨碎片。之后横滨国立大学的长谷川善和教授对该洞穴再次调查，又发现了大量人骨碎片，经过碳 14 年代测定，为距今约 25000 年前的人骨化石。这一发现被确定为"山羊洞穴遗址"[④]。2007 年，冲绳钟乳洞协会又在石垣岛白保竿根田原洞穴发现人骨碎片。经过碳 14 年代测定，确定为距今 18000 年至 15000 年的人骨。这一发现被确定为"白保竿根田原洞穴遗址"（见表 4–1）[⑤]。

此外，在琉球群岛的伊江岛、久米岛、德之岛、奄美大岛等处也发现了旧石器时代的古人类遗址[⑥]。从土浜、喜子川、天城等琉球群岛古人类遗址中出土的旧石器类型来看，由页岩磨制的石斧和不定型切削石器与东南亚地区、中国东南沿海和台湾岛的南岛系旧石器十分相似。日本考古学者小田静夫认为，吐噶喇海峡以南的琉球群岛的旧石器文化与日本列岛的旧石器文化不同，属于南岛系旧石器文化的一部分[⑦]。这些考古学的发现表明，在没有文字记载的旧石

---

① 木崎甲子郎：『琉球の自然史』，東京：筑地書館，1980，第 12 頁。
② 小田静夫：「山下町第 1 洞穴出土の旧石器について」，『南島考古』2003 年第 22 卷第 6 期，第 1–19 頁。
③ 小田静夫：「港川フィッシャー遺跡について」，『南島考古』2009 年第 28 卷第 5 期，第 1–17 頁。
④ 長谷川善和：「琉球列島の後期更新世～完新世の脊椎動物」，『第四紀研究』1980 年第 8 卷第 4 期，第 263–267 頁。
⑤ 小田静夫：「ピンザアブ洞穴と南琉球の旧石器文化」，『南島考古』2010 年第 29 卷第 6 期，第 1–20 頁。
⑥ 小田静夫：「琉球列島旧石器文化の枠組みについて」，『人類史研究』1997 年第 11 卷，第 29–46 頁。
⑦ 小田静夫：「琉球弧の考古学」，丸井雅子：『地域の多様性と考古学——東南アジアとその周辺』，東京：雄山閣，2007，第 37–61 頁。

器时代琉球群岛已有人类活动的痕迹。

表 4-1　琉球群岛人类遗址一览

遗址名称	遗物类型	发现时间、地点	年代
喀达原洞穴遗址	鹿骨制品	1936 年，伊江岛东江上喀达原	更新世晚期
山下町洞人遗址	人骨化石	1962 年，冲绳岛南部那霸市山下町	32000 年前
大山洞穴遗址	人骨化石	1964 年，冲绳岛宜野湾大山名利濑原	更新世晚期
桃原洞穴遗址	人骨化石	1966 年，冲绳岛南桃原	更新世晚期
港川人遗址	人骨化石 旧石器	1967 年，冲绳岛南部具志头村	18000 年前
后边头洞穴遗址	人骨化石	1976 年，伊江岛字西江上	20000 年前
山羊洞穴遗址	人骨化石	1977 年，宫古岛上野丰原	25000 年前
下地原洞穴遗址	人骨化石	1978 年，久米岛下地原	20000 年前
土浜遗址	旧石器	1986 年，奄美大岛笠利町土浜	21000 年前
喜子川遗址	旧石器	1987 年，奄美大岛笠利町土盛	25000 年前
天城遗址	旧石器	1990 年，德之岛伊仙町	25000 年前
白保竿根田原洞穴遗址	人骨化石	2007 年，石垣岛白保竿根田原	18000 年前

资料来源：笔者整理。

二　"贝丘时代"的粗陶器

距今约 7000 年前，琉球群岛进入"贝丘时代"。贝丘（Shell Mound）是新石器时期古代人类居住遗址的一种，以古代人类食剩遗弃的贝壳堆积为特征。贝丘遗址多位于海洋、湖泊和河流的沿岸，在世界各地广泛分布。在贝丘发掘中发现了新石器时代的粗陶器等文化遗物。根据贝丘的地理位置和贝壳种类的变化，可以了解古人类的生存和生活方式。在"贝丘时代"的初期，琉球群岛的人类主要居住在海边，以贝类采集、捕鱼为主要生计。一部分人则居住在内陆地区，以野果采集和狩猎为主要生计。

考古学者在琉球群岛广泛分布的贝丘中发现了大量粗陶器，经过碳 14 年代测定距今约 6400 年。这些粗陶器表现出明显的地域差异。在冲绳岛以北的琉球群岛北部诸岛出土了大量类似日本绳文土器的低级粗陶器，因此，能够推断琉球群岛北部诸岛深受日本绳文文化的影响。札幌大学教授高宫广士认为，冲绳诸岛以北的琉球群岛附属岛屿的人类是九州岛南部的农耕民族南下迁移而来[1]。与此不同的是，在先岛诸岛波照间岛的下田原出土了大量与东南亚地区、中国东南沿海地区和台湾岛新石器时代粗陶器类似的土器，因此，有学者认为，南岛系古代文化对先岛诸岛产生过重要影响[2]。

三 小结

在琉球群岛绝大部分古人类遗址中，或者只有人骨化石出土，或只有旧石器出土。这些考古学的发现还无法证实古人类只是经过此地，还是在此地生活。只有"港川人"遗址同时出土了人骨化石和旧石器，所以"港川人"遗址的考古发现具有重要的科学意义。因此，琉球群岛古人类遗址的考古学发现可以证明，在距今约 30000 年前的旧石器时代晚期琉球群岛已有人类活动的痕迹。在距今约 18000 年前古人类开始在琉球群岛繁衍生息。在旧石器时代，琉球群岛受东南亚地区、中国东南沿海和台湾岛的南岛系旧石器文化的影响显著，琉球群岛北端的吐噶喇海峡是东亚地区旧石器文化圈的北限。在新石器时代，日本的绳文文化开始影响冲绳岛以北的琉球群岛，而琉球群岛南部的先岛诸岛依然受南岛系文化的影响，

----

① 高宫広士ほか：『先史・原史時代の琉球列島：人と景観』，東京：六一書房，2011，第 25–42 頁。

② 安里嗣淳：「南琉球先史文化圏における無土器新石器の位置」，『第二届中琉歴史関係国際学術会議報告』，中琉文化経済協会，1989，第 655–674 頁。

表现出与北琉球地区的文化差异。

第三节　群体遗传学的解析

一　线粒体 DNA 与 Y 染色体检测

群体遗传学运用分子生物学的方法，通过线粒体DNA（mitochondria DNA）和 Y 染色体（Y–chromosome）的分析，研究人类群体的遗传及其演化进程，对于解释民族起源很有说服力。线粒体 DNA 是承载母系遗传密码的物质。分子生物学研究证明，线粒体 DNA 在亲本与子代之间以单体型进行遗传。群体遗传学通过检测人类种群之间线粒体 DNA 的联系，研究人种的母系血缘关系，从而推断出人类种群的进化史。目前，已经有研究证明人类的母系祖先起源于非洲。但是，人类线粒体 DNA 序列中的信息只能反映人类种群中女性成员的演化进程，而不能代表整个人类种群。在父系社会成立之后，父系遗传对于人类种群的迁移、扩散更为重要。因此，需要通过人类种群父系遗传基因的检测对线粒体 DNA 检测结果进行补正。父系遗传的重要标志是 Y 染色体。Y 染色体是决定人类性别的 XY 两条染色体之一。人类的 Y 染色体性别决定区 SRY 基因（Sex–determining Region of Y–chromosome）能触发男性睾丸的生长，并由此决定男性的性特征。因为 Y 染色体上的基因只能由亲代中的男性遗传给子代中的男性，在 Y 染色体上留下了基因的族谱。所以群体遗传学通过人类种群 Y 染色体的分析对人类种群族系进行分类具有重要的科学意义。

20 世纪 90 年代以后，东亚地区人类 Y 染色体单倍型类群（Y–chromosome haplogroups）的研究取得了巨大进展。人类 Y

染色体包括 A 至 T 20 个类型，每个类型又可分为若干个亚类，如 D_1、D_2、D_3，O_1、O_2、O_3 等。如表 4-2 所示，在东亚地区的人类 Y 染色体单倍型类群中，D 型 Y 染色体单倍型类群在世界其他地区的人群中十分少见，但是在阿伊努人、日本人和琉球人中广泛分布。其中，在阿伊努人中 D 型 Y 染色体所占的比例高达 87.5%，在日本人中 D 型 Y 染色体所占的比例为 34.7%，在冲绳岛以北的北琉球人中 D 型 Y 染色体所占的比例为 39%。在东亚地区的其他人群中，除藏族人群的 41.3% 之外，其他地区均低于 10%。日本学者认为 D 型 Y 染色体为日本列岛人群独有，主要遗传来自于以阿伊努人为主体的古代绳文人[1]。值得一提的是，在琉球群岛西南部的先岛诸岛人群中 D 型 Y 染色体的比例仅占 4%，表现出与日本列岛其他地区人群的明显区别。

O 型 Y 染色体单倍型类群在东亚地区广泛分布。其中，起源于台湾的 O_1 型 Y 染色体在东南亚地区分布较广。起源于长江流域的 O_2 型 Y 染色体主要分布在南琉球人（67%）、越南人（32.9%）、马来西亚人（32%）、日本人（31.7%）、朝鲜族（30.2%）、北琉球人（30%）、汉族（16.3%）等人群中。表明起源于中国南方地区的长江文明逐渐南移，一部分成为百越的祖先，一部分东渡至日本列岛和琉球群岛，一部分经由海路到达朝鲜半岛。起源于黄河流域的 O_3 型 Y 染色体集中分布在汉民族人群中，在汉族人群 Y 染色体中所占的比例高达 55.4%，在东亚地区其他人群中也广泛分布。其中，越南人为 40%，朝鲜族为 39.5%，藏族人为 39.1%，泰国人为 35.3%，马来西亚人为 30%，日本人为 20.1%，北琉球人为 16%。表明了中华文明对东亚地区产生的巨大影响。

---

① 崎谷满：『DNA でたどる日本人 10 万年の旅』，京都：昭和堂，2008，第 193 頁。

表 4-2 东亚地区人类 Y 染色体单倍型类群的主要分组

地区	人群	Y 染色体构成									文献
		C	D	K	N	O₁	O₂	O₃	Q	其他	
中国	汉族	6.0	0.6	1.2	9.0	9.6	16.3	55.4	0.6	–	Karafet.[①]
	高山族	0.4	–	–	–	66.3	10.6	11.0	–	–	Capelli et al.[②]
	藏族	8.7	41.3	–	–	–	2.2	39.1	–	F=4.3,P=4.3	Wen et al.[③]
	维吾尔族	7.1	1.4	7.1	8.6	1.4	–	11.4	–	others=63	Xue et al.[④]
日本	阿伊努族	12.5	87.5	–	–	–	–	–	–	–	Tajima et al.[⑤]
	大和民族	8.5	34.7	–	1.6	–	31.7	20.1	0.4	NO=2.3	Hammer.[⑥]
琉球	北琉球人	4	39	–	–	–	30	16	–	–	Shinka et al.[⑦]
	南琉球人	–	4	–	–	–	67	–	–	–	Shinka et al.[⑧]
马来西亚	马来族	6	–	8	–	8	32	30	–	F=6,M=2	Scheinfeldt et al.[⑨]
蒙古	蒙古族	53.0	1.5	1.5	10.6	–	1.5	10.6	4.5	R1a=9.1	Xue et al.[⑩]
朝鲜	朝鲜族	16.3	2.3	2.3	–	–	30.2	39.5	–	P=2.3,J=2.3	Xue et al.[⑪]
泰国	泰族	2.9	2.9	–	8.8	–	–	35.3	–	–	Tajima et al.[⑫]
越南	京族	4.3	2.9	–	2.9	5.7	32.9	40.0	7.1	J=2.9	Karafet.[⑬]

资料来源：笔者根据表中引用文献整理。

① Tatiana M. Karafet. "Balinese Y-Chromosome Perspective on the peopling of Indonesia: Genetic Contributions from Pre-neolithic Hunter-Gatherers, Austronesian Farmers, and Indian Traders", *Molecular Biology and Evolution*, 2005, Vol.27, No.8. pp.1833-1844.

② Cristian Capelli et al.. "A Predominantly Indigenous Paternal Heritage for the Austronesian-Speaking Peoples of Insular Southeast Asia and Oceania", *American Journal of Human Genetics*, 2001, Vol.68, No.2. pp.432-443.

③ Bo Wen et al.. "Analyses of Genetic Structure of Tibeto-Burman Populations Reveals Sex-Biased Admixture in Southern Tibeto-Burmans", *American Journal of Human Genetics*, 2004, Vol.74, No.5. pp.856-865.

④ Yali Xue et al.. "Male Demography in East Asia: A North-South Contrast in Human Population Expansion times", *Genetics*, 2006, Vol.172, No.4. pp.2431-2439.

⑤ Atsushi Tajima et al.. "Genetic Origins of the Ainu Inferred from Combined DNA Analyses of Maternal and Paternal lineages", *Journal of Human Genetics*, 2004, Vol.49, No.4. pp.187-193.

⑥ Michael F. Hammer et al.. "Dual Origins of the Japanese: Common Ground for Hunter-Gatherer and Farmer Y Chromosomes", *Journal of Human Genetics*, 2006, Vol.51, No.1. pp.47-58.

⑦ Shinka T et al.. "Genetic Variations on the Y Chromosome in the Japanese Population and Implications for Modern Human Y Chromosome lineage", *Journal of Human Genetics*, 1999, Vol.44, No.4. pp.240-245.

⑧ Shinka T et al.. "Genetic Variations on the Y Chromosome in the Japanese Population and Implications for Modern Human Y Chromosome lineage", *Journal of Human Genetics*, 1999, Vol.44, No.4. pp.240-245.

⑨ Laura Scheinfeldt et al.. "Unexpected NRY Chromosome Variation in Northern Island Melanesia", *Molecular Biology and Evolution*, 2006, Vol.23, No.8. pp.1628-1641.

⑩ Yali Xue et al.. "Male Demography in East Asia: A North-South Contrast in Human Population Expansion times", *Genetics*, 2006, Vol.172, No.4. pp.2431-2439.

⑪ 同上.

⑫ Atsushi Tajima et al.. "Genetic Origins of the Ainu Inferred from Combined DNA Analyses of Maternal and Paternal lineages", *Journal of Human Genetics*, 2004, Vol.49, No.4. pp.187-193.

⑬ Tatiana M. Karafet. "Balinese Y-Chromosome Perspective on the Peopling of Indonesia: Genetic Contributions from Pre-neolithic Hunter-Gatherers, Austronesian Farmers, and Indian Traders", *Molecular Biology and Evolution*, 2005, Vol.27, No.8. pp.1833-1844.

二 基因组比较研究

大阪医科大学名誉教授松本秀雄将琉球群岛的人类遗传基因组分奄美诸岛·冲绳诸岛组和先岛诸岛组。指出冲绳岛以北的琉球群岛人类遗传基因与中国大陆和东南亚人种之间存在着明显差异，与九州岛以北的日本人同源，保留了日本列岛北部的原住民族阿伊努人的遗传基因。但是，琉球群岛南部先岛诸岛的人类遗传基因与台湾少数民族和东南亚南岛系民族的人类遗传基因之间亲缘关系密切[①]。日本学者山口裕美等通过对日本人和琉球人的 7000 多个人类遗传基因样本的调查，指出在基因组结构上日本人与北琉球人比较接近，但是与南琉球人属于两个不同的人类种群[②]。德国学者蒂莫西（J. Timothy）通过对阿伊努人和琉球人的人类遗传基因比较分析指出，琉球群岛的人类与阿伊努人同源，在基因组结构上冲绳岛以北的琉球群岛的人类种群与阿伊努人的亲缘关系更为密切[③]。也有西方学者认为，南琉球人的祖先与印度尼西亚和澳大利亚的原住民族的亲缘关系密切，属于南岛系马来人的分支[④]。14 世纪以后，闽人三十六姓移居琉球群岛，并与当地人通婚，因此，琉球群岛人类种群中也保留了少量来自中国大陆的血统。

三 小结

根据群体遗传学，通过人类线粒体 DNA 与 Y 染色体解析和基因组比较研究，对于琉球人起源及其迁移路径以及琉球人与东亚地

[①] 松本秀雄：『日本人は何処から来たか——血液型遺伝子から解く』，東京：日本放送出版协会，1992，第 205 頁。

[②] Yumi Yamaguchi-Kabata et al.. "Japanese Population Structure, Based on SNP Genotypes from 7003 Individuals Compared to Other Ethnic Groups: Effects on Population-Based Association Studies", *American Journal of Human Genetics*, 2008, Vol.83, No.4. pp.445–456.

[③] J. Timothy et al.. "The History of Human Populations in the Japanese Archipelago Inferred from Genome-Wide SNP Data with a Special Reference to the Ainu and the Ryukyuan Populations", *Journal of Human Genetics*, 2012, Vol.57, No.12. pp.787–795.

[④] Glenn R. Summerhayes and Atholl Anderson. "An Austronesian Presence in Southern Japan: Early Occupation in the Yaeyama Islands", *Bulletin of the Indo-Pacific Prehistory Association*, 2009, Vol.29, No.3. pp.76–91.

区其他人类种群之间的亲缘关系作出了科学解释。其主要观点如下：诞生在非洲的古人类在 5 万至 6 万年前迁移至东南亚地区，成为东南亚地区新生代第四纪更新世晚期的人类；东南亚地区新生代第四纪更新世晚期的古人类一部分向北迁移至亚洲大陆，一部分向东迁移至澳大利亚；迁移至亚洲大陆的古人类向西伯利亚、中国东北地区、黄河流域、长江流域、朝鲜半岛、日本列岛、琉球群岛扩散；一部分扩散至亚洲大陆北部的古人类由于不适应寒冷气候经由库页岛南迁至日本列岛北部，与早期扩散到日本列岛的古人类融合成为阿伊努人的祖先；迁移至日本列岛的古人类进一步南下迁移至琉球群岛，与早期扩散到琉球群岛的古人类融合成为港川人的祖先；迁移至长江流域的古人类进一步向东南亚、朝鲜半岛、日本列岛和琉球群岛扩散，与早期迁移至此的古人类融合成为各地的人类祖先。琉球人与日本人的亲缘关系密切，都保留着阿伊努人的遗传特征。例如，琉球人在身材短小、体毛浓密等生物学特征上与日本人十分相近。明朝万历年间册封使夏子阳在其《使琉球录》中有关于琉球人相貌特征的记载。"其人状貌，与华人不甚相远；但深目多须，上髭剪与唇齐稍为异，未尝尽去也。"[1] 但是，在北琉球人与南琉球人之间存在一定的差异。北琉球人与日本人一样保留着更多的阿伊努人生物学遗传特征。

第四节　文化人类学的视角

一　"日琉同祖论"

日本学者从历史、文化的角度普遍认为琉球民族来自日本列岛，

---

① 夏子陽：「使琉球録」，原田禹雄訳注，宜野湾：榕樹書林，2001，第369頁。

为日本人的一个分支，主张"日琉同祖论"。琉球学者伊波普猷在《琉球人种论》中对"日琉同祖论"进行了系统的整理[1]。其主要论据表现在以下几个方面。

第一，在日本僧人所撰的《镇西琉球记》中，提到了日本人源为朝（镇西八郎）在保元之乱后逃亡琉球的故事。琉球王国摄政羽地朝秀（向象贤）于 1650 年编撰的《中山世鉴》中有关于日本人源为朝（镇西八郎）在"保元之乱"后逃亡至琉球群岛的记载，他与当地女子生下一子，名为尊敦，后来尊敦成为舜天王朝的始祖。此后，由《中山世鉴》汉译而成的《中山世谱》也沿了这一说法。"南宋乾道元年乙酉，镇西为朝公随流至国，生一子而返。其子名尊敦，后为浦添按司。淳熙年间，天孙氏二十五纪之裔孙为权臣利勇所灭。时浦添按司尊敦倡议起兵来诛利勇，国人推戴尊敦为君，是舜天王也。"[2]此后由《中山世鉴》汉译而成的《中山世谱》也沿用了这一说法。这一传说后来衍生出《思草纸》（おもろさうし）、《椿说弓张月》等琉球历史文学作品在琉球群岛广为传颂[3]。因《中山世鉴》和《中山世谱》官修史书的地位，"日琉同祖论"为许多日本人和一些琉球人所接受。1922 年，在东乡平八郎的积极倡议下，日本政府在琉球群岛立了一块源为朝登陆纪念碑。

第二，琉球王国摄政羽地朝秀（向象贤）在 1673 年 3 月就任摄政时的"仕置书"中有关于琉球人的祖先来自日本的论述。"此国人生最初从日本渡来应无异议。直至今日天地山川五形五伦鸟兽草木之名皆通达。虽然语言相违，皆因地理上相互远离，交通不便，长期以来断绝交流所致。"[4]

第三，1719 年，新井白石在《南岛志》中也提出了"日琉同祖论"的说法。新井白石认为，中国古代文献《山海经》中提到的"南

---

① 伊波普猷：『琉球人種論』，宜野湾：榕樹書林，1997，第 40 页。
② 蔡铎、蔡温、郑秉哲：《中山世谱》，袁家冬校注，北京：中国文史出版社，2016，第 20 页。
③ 『おもろさうし』，外間守善校注，東京：岩波書店，2000，第 501 页；曲亭馬琴：『椿説弓張月』，東京：岩波書店，1930，第 241 页。
④ 真境名安興：『真境名安興全集』，那覇：琉球新報社，1993，第 19 页。

倭"指的是琉球人,所以琉球人系"倭人"的一支。新井白石引用一些琉球的歌谣和古语对此观点进行了论证[1]。

二 "日琉同祖论"的质疑

针对"日琉同祖论",一些学者提出了质疑。日本学者岸谷诚一指出,《保元物语》中并没有提到源为朝渡琉一事,其后裔成为琉球舜天王朝始祖的记述缺乏历史依据[2]。台湾学者陶元珍指出,《中山世鉴》编撰之时琉球王国已沦为日本萨摩藩的附庸国,所谓源为朝渡琉之事可能为羽地朝秀出于政治需要所杜撰[3]。部分中国学者认为琉球人是百越的后裔。百越分为"内越"和"外越"两支。秦朝灭六国统一中华后,东海外越不服,乘船出海另谋生路。中国著名历史学者陈桥驿认为,东海外越可能到达台湾、琉球和日本九州岛南部,成为台湾少数民族、琉球民族和大和民族的祖先[4]。从文化多样性的角度看,古代琉球文化受到日本文化的重要影响。14世纪以后,在琉球王国与中国大陆、朝鲜半岛、东南亚地区之间的贸易交流过程中,琉球文化又吸收了许多来自这些地区的文化要素。

三 小结

不可否认,自然传承的琉球文化与日本文化确有十分相似之处。琉球语与日语之间存在着大量的同源词汇。通过对比琉球语与日语中的固有名词发音,可以发现琉球文化与日本文化的亲缘关系。在中国古代册封使出使琉球的记录中对此都有大量的论述。因此,文化人类学从文化相似性的角度提出的"日琉同祖论"有其合理性的

---

[1] 新井白石:『南島志』,宜野湾:榕樹書林,1996,第293页。
[2] 岸谷誠一:『保元物語』,東京:岩波書店,1934,第119页。
[3] 陶元珍:《琉球再被日据的开端和我政府应有之努力》,《新中国评论》1953年第5卷第3期,第13~19页。
[4] 陈桥驿:《吴越文化论丛》,北京:中华书局,1999,第596页。

一面。但是，琉球群岛文化的多样性也是客观存在的。例如，琉球群岛各地之间存在着明显的方言差异，北琉球文化受日本绳文文化的影响与南琉球文化受南岛文化影响的区别，以及 14 世纪以后琉球群岛与朝鲜半岛和东南亚地区之间贸易往来中的文化交流等，对琉球群岛文化多样性的形成都或多或少地产生过影响。特别是随着古代中国与琉球王国之间宗藩关系的建立与发展，中华文化在琉球群岛广泛传播，琉球文化中的中国要素十分醒目。

第五节　结论与讨论

考古学、群体遗传学、文化人类学等相关学科关于琉球群岛人类起源问题的研究表明，在旧石器时代琉球群岛已有人类活动的痕迹。起源于非洲的古人类大约在新生代第四纪更新世晚期迁移至东南亚地区，之后逐渐扩散至日本列岛和琉球群岛成为现代日本人和琉球人的祖先。琉球人与日本人的亲缘关系密切，都保留着阿伊努人的生物学遗传特征。14 世纪以后，随着中国与琉球王国宗藩关系的建立，闽人三十六姓的移居，并与当地人通婚，琉球人中也保留了少量来自中国大陆的血统。古代大和文化对北琉球文化产生了重要影响，南岛系文化对南琉球文化产生了重要影响。14 世纪以后，在琉球王国与中国大陆、朝鲜半岛、东南亚地区之间的贸易交流过程中，琉球文化又吸收了许多来自中国大陆、朝鲜半岛和东南亚地区的文化要素。必须指出的是，从遗传学的亲缘关系和文化的相近性来看，"日琉同祖论"的确具有一定的合理性，但是，血统上和文化上亲缘关系的远近与国家和民族的概念并非完全一致。"日琉同祖论"不应为政治需要所利用，不能成为抹杀古代琉球王国存在的历史事实和日本吞并琉球群岛合法化的借口。

第 五 章

琉球语的方言分类与地理分布

第一节　琉球语相关概念辨析

一　琉球语与琉球方言

琉球语是琉球群岛原住民族自然传承并在日常生活中使用的语言。它承载着琉球群岛的历史和地域文化，是"琉球文化圈"区别于"大和文化圈"的重要标志。琉球语可以分成北琉球方言（奄美、冲绳方言）和南琉球方言（先岛方言）两大类，各类方言又可分为若干个下级方言。各类"琉球方言"之间存在明显的地域差异。

近代，日本强行吞并琉球王国后，将琉球语定义为日语的一种方言，被称为琉球方言。究竟琉球语是一门独立的语言，还是日语的一种方言，学术界尚有争论。根据语言发生学的语言同源理论，琉球语与日语之间存在大量的同源词汇，语法结构和音韵特征也十分相似。所以，琉球语与日语属于同一语系，这一点应该没有疑义。但是，如果只是从语言同源理论来判别语言或方言存在一定的问题。例如，西班牙语和葡萄牙语同以拉丁语为源，两者也存在大量的同源词汇，语法、音韵等差异甚小，但是，无论在学术上，还是在习惯上，都不能说西班牙语是葡萄牙语的方言或葡萄牙语是西班牙语的方言。

学术界一般认为，早在没有文字记载的史前时期，琉球语与日语就已经分离，之后由于地理上相互远离，断绝交往以及语言演变的社会历史背景不同等原因，琉球语与日语之间的差异越来越大，以至于相互不通①。因此，将历史上琉球王国使用的琉球语作为一种与日语属于同一语系的独立语言，而非日语的方言也无不妥之处。

学术上对于语言或方言的区别并没有一个客观的标准。通常都是根据国家、民族等政治因素以及使用者的主观意识加以判别。日本学者外间守善认为："通常在论及一种语言时都是以国家为背景。

---

① 大野晋、柴田武：『岩波講座日本語 11　方言』，東京：岩波書店，1977，第 210 頁。

因此，语言学界将冲绳的语言称之为琉球方言。"[①] 但是，建立在琉球属于日本的前提之下的这一主张是否有充分的法理依据以及能否得到琉球人的广泛认同都是值得商榷的。实际上，从国家论的角度判定语言或方言也存在一些问题。例如，世界上许多国家都是多民族国家，一个国家有多种语言。同时，使用一种语言的民族分布在许多国家的现象也很常见。在国家或民族的政治版图与语言范围不一致的情况下，基于国家论、民族论的语言或方言的判定难免会遇到尴尬。此外，从国家论、民族论的角度判定语言或方言也会遇到一些敏感问题。例如，对于琉球语或琉球方言的界定必然涉及大和民族与琉球民族等民族问题，也会涉及琉球独立运动等政治问题。因此，使用琉球语或琉球方言的概念都是表明一种政治的或民族的立场。站在学术中立性的角度，国际语言研究机构一方面承认琉球语是一种语言，其中包括许多下级方言，同时又不排斥其作为日语的一种方言。

二　冲绳话

冲绳话（okinawan）当地人称之为"ウチナーグチ"（uchina:guchi）。在琉球语中"ウチナー"（uchina:）的套用汉字为冲绳，冲绳的地理空间概念特指冲绳岛，并不包含奄美诸岛、先岛诸岛等琉球群岛的其他地域。由于历史上冲绳岛是琉球王国中央政府的所在地，所以，冲绳话的地位似乎相当于琉球王国的官方语言。但是，琉球王国并未强力推行语言上的统一，冲绳话不但没有成为琉球王国的"普通话"，甚至在冲绳话中间还存在着冲绳北部方言、首里方言、那霸方言、丝满方言等不同的方言。

1879 年，日本强行吞并琉球王国，设置冲绳县以后，冲绳一词逐渐取代了琉球这一传统称谓，成为一个政治属性复杂的地理名词。即使非常勉强地承认冲绳代表冲绳县，也不能说冲绳话就是代表冲

---

① 外間守善：『日本語の世界 9　沖縄の言葉』，東京：中央公論社，1981，第 352 頁。

绳县的语言。因为，冲绳岛以外的琉球群岛诸方言与冲绳话之间存在着很大的方言差异，将冲绳话定义为冲绳县的语言十分牵强。此外，冲绳话更不是琉球语的代名词。因为，琉球语的下级方言中包括奄美方言。历史上琉球王国被迫将奄美诸岛割让给日本，今天奄美诸岛被置于鹿儿岛县的管辖之下，冲绳县的行政地域不包含奄美诸岛，冲绳话的地域范围不能涵盖琉球语的全部地域。因此，冲绳话的准确含义就是琉球语中的冲绳方言。

三 国际社会对琉球语的认同

1879 年，琉球王国被日本强行吞并后，日本政府在琉球群岛强力推行同化政策，以学校教育为中心强迫琉球儿童使用标准日语。使用琉球语的学童，被强制性地挂上"方言札"的牌子加以差辱[①]。第二次世界大战结束后，一些琉球人出于反抗美军占领的心理或去日本本土工作的需要，自发地掀起了推广使用标准日语的运动。随着大众媒介的普及，日语逐渐成为琉球群岛的官方语言。而在使用琉球语的人群中产生了一种落后意识和自卑心理，使得琉球语的自然传承受到极大的冲击。随着日语的不断渗透，目前在琉球群岛只有一些老年人能够说琉球语，年轻人主要使用标准日语或"冲绳日语"（uchina:yamato guchi），传统的琉球语面临着灭绝的危机。有学者指出，琉球语的衰退与日本政府推行的强力同化政策有着一定的因果关系[②]。

针对这一现状，琉球社会各界的有识之士不断呼吁对传统的琉球语进行保护。为了唤起更多的人对琉球语的关心和理解，2006 年3 月 29 日，冲绳议会通过决议，把每年的 9 月 18 日定为"琉球语宣传日"（しまくとぅばの日）[③]，各地的教育委员会也纷纷拿出对策，

---

① 梶村光郎：「沖縄の標準語教育史研究」，『琉球大学言語文化論叢』2010 年第 7 卷，第 51–70 頁。
② 何俊山：《论日本冲绳方言的衰退》，《日语学习与研究》2010 年第 3 期，第 57–62 页。
③ 「しまくとぅばの日可決 9 月 18 日」，『琉球新報』2006 年 3 月 29 日，第 4 版。

在琉球青少年中积极普及琉球语的教育。目前，越来越多的琉球人认为，琉球语作为一种文化遗产不能任其消亡，必须得到应有的继承和发展。必须指出的是，琉球语的复兴运动及琉球语能否得到继承，在很大程度上取决于琉球人对于冲绳县和日本国之间关系的认同 [①]。

国际社会对琉球语的衰亡趋势也十分关注。美国非营利组织国际语言暑期学院（SIL International）出版的《民族语》将琉球群岛使用的语言定义为琉球语（ryukyuan），并将琉球语分为冲绳岛中南部方言、冲绳岛北部方言（国头方言）、奄美大岛北部方言、奄美大岛南部方言、喜界岛方言、德之岛方言、冲永良部岛方言、与论岛方言、宫古方言、八重山方言和与那国岛方言等 11 个下级方言。对于国际社会将"琉球语"当作一种独立的语言看待，日本国内颇有微词。但是，联合国教科文组织（UNESCO）对此的回应是，虽然日本认为琉球语是日语的一种方言，但是，根据国际标准将琉球语作为一种独立的语言来对待并无不妥之处。2009 年 2 月 19 日，联合国教科文组织将琉球语中的冲绳方言（冲绳岛中南部方言）、国头方言（冲绳岛北部方言）、奄美方言、宫古方言、八重山方言和与那国方言指定为濒临灭绝的语言 [②]。

第二节　琉球语与日语的亲缘关系

一　语系区分

琉球语与日语之间存在大量的同源词汇，其语法结构和音韵特

---

① 邓佑玲：《语言濒危的原因及其复兴运动的方向——以琉球语为例》，《中央民族大学学报》2006 年第 4 期，第 38–44 页。

② 「八丈語？世界 2500 言語消滅危機——日本は 8 言語対象、方言も独立言語　ユネスコ」，『朝日新聞：夕刊』2009 年 2 月 20 日，第 3 版。

征也与日语十分相近。因此，学术界普遍认为琉球语与日语属于同一语系①。但是，对于琉球语与日语属于哪一语系的问题目前尚无定论，虽然有阿尔泰语系说、南岛语系说和达罗毗荼语系说等几种解释，但是，各种观点均存在缺陷，至今未能达成共识②。

支持阿尔泰语系说的主要理由是，在语法结构上琉球语和日语与阿尔泰语系相近③。但是，持反对意见的学者认为，琉球语和日语与阿尔泰语系的其他语言之间缺少同源词汇，根据语言发生学的语言同源理论，无法证明琉球语和日语属于阿尔泰语系④。支持南岛语系说的主要理由是，琉球语和日语与南岛语系的其他语言之间存在大量的同源词汇，而且音韵特征相似。但是，持反对意见的学者认为，语例不充分以及推断性结论还不足以证明琉球语和日语属于南岛语系⑤。支持达罗毗荼语系说的主要理由是，琉球语和日语与达罗毗荼语系的泰米尔语在语法上非常相似。但是，多数学者对此并不认同，并从比较语言学方法论的角度对此提出异议⑥。由于将琉球语和日语归入任何一个语系都存在一些不完备的地方，也有学者认为琉球语和日语与目前世界上已知的语系都没有关联，是一门独立的语言⑦。

二　同源词汇

琉球语与日语有一定的亲缘关系，自然传承的固有名词发音琉球语与日本非常接近。1673 年羽地朝秀的"仕置书"中指出，琉球语中的天地山川、鸟兽草木等固有名词与日语相通⑧。不可否认，琉球语与日语之间存在大量的同源词汇。在中国古代册封使出使琉

---

① 外間守善：『沖縄の言葉と歴史』，東京：中央公論新社，2000，第 15 頁。
② 亀井孝ほか：『日本語の歴史 1　民族のことばの誕生』，東京：平凡社，1963，第 57 頁。
③ 大野晋、柴田武：『岩波講座日本語 12　日本語の系統と歴史』，東京：岩波書店，1978，第 64 頁。
④ 北村甫：『講座言語 6　世界の言語』，東京：大修館書店，1981，第 121 頁。
⑤ 亀井孝、河野六郎、千野栄一：『言語学大辞典 6　術語編』，東京：三省堂，1995，第 795 頁。
⑥ 泉井久之助：「日本語と南島諸語」，『民族学研究』1952 年第 17 巻第 2 期，第 23–31 頁。
⑦ 大野晋：『日本語の形成』，東京：岩波書店，2000，第 767 頁。
⑧ 真境名安興：『真境名安興全集』，那覇：琉球新報社，1993，第 19 頁。

球的文献中对此都有大量的记述。例如，明朝嘉靖年间的册封使陈侃在其《使琉球录》中，对琉球语中的固有名词做过中文音译的记述①。通过琉球语陈侃音译与日语发音的比较可以发现，琉球语与日语在同源词汇上表现出比较密切的亲缘关系。陈侃《使琉球录》中对于琉球语固有名词的音译与日语发音比较如表 5-1 所示。

表 5-1　陈侃《使琉球录》中琉球语固有名词音译与日语发音对照

汉语	琉球语 （陈侃音译）	日语	汉语	琉球语 （陈侃音译）	日语
天	甸尼	てん	狮	失失	しし
地	只尼	ち	熊	谷马	くま
日	非禄	ひる	象	槽	ぞう
月	都急	つき	牛	吾失	うし
春	法禄	はる	马	吾马	うま
夏	拿都	なつ	羊	非都知	ひつじ
秋	阿及	あき	兔	吾撒急	うさぎ
冬	福由	ふゆ	鸡	它立	とり
前	马乜	まえ	狗	亦奴	いぬ
后	吾失禄	うしろ	一	的子	ひとつ
左	分达里	ひだり	二	答子	ふたつ
右	民急里	みぎ	三	蜜子	みっつ
时	吐急	とき	四	由子	よっつ
年	多失	とし	五	亦子子	いつつ
昼	皮禄	ひる	六	木子	むっつ
夜	由禄	よる	七	拿拿子	ななつ
长	拿嗌失	ながし	八	甲子	やっつ
短	密失拿失	みじかし	九	姑姑奴子	ここのつ
有	阿力	あり	十	吐	とお
无	乃	ない	心	各各罗	こころ
山	牙马奴	やま	目	乜	め
水	民足	みず	口	谷之	くち
河	嗌哇	かわ	鼻	花那	はな
海	吾乜	うみ	手	帖	て
花	法拿	はな	脚	恶失	あし

① 陈侃：《使琉球录》，国立北平图书馆嘉靖刻本影印本，嘉靖十三年（1534 年），第 41–49 页。

汉语	琉球语 （陈侃音译）	日语	汉语	琉球语 （陈侃音译）	日语
草	谷撒	くさ	眉	马由	まゆ
松	马足	まつ	明日	阿者	あす
梅	吾乜	うめ	昨日	乞奴	きのう
风	嗑济	かぜ	弓	由迷	ゆみ
云	姑木	くも	箭	牙	や
雨	嗑乜	あめ	刀	答知	たち
雪	由其	ゆき	矛	牙立	やり
雾	气力	きり	沙	是那	すな
霜	失母	しも	石	衣石	いし
雹	科立	こおり	路	密集	みち
龙	达都	たつ	硫黄	鱼敖	いおう
虎	它喇	とら	说	嗑达力	かたり

资料来源：陈侃：《使琉球录》，国立北平图书馆嘉靖刻本影印本，嘉靖十三年（1534 年）。

但是，琉球语中的许多日常生活用语与日语也有很大的差别，甚至在琉球群岛诸方言之间的差异也十分明显。例如，"谢谢"一词，日语为"ありがとう"，奄美、德之岛方言为"アリガテサマリャオタ"，冲永良部岛、与论岛、冲绳岛北部方言和冲绳岛中南部方言为"ニフェーデービル"，宫古方言为"タンディガータンディ"，八重山方言为"フコーラサーン"，与那国方言为"フゥガラサ"。这种差异导致地域之间的相互沟通困难。琉球群岛诸方言之间以及琉球语与日语之间的差异如表 5-2 所示。

表 5-2　琉球语与日语常用表现上的区别

日语	ありがとう	いらっしゃいませ	頭
奄美、德之岛方言	アリガテサマリャオタ	イモリィ	カマチ
冲永良部岛、与论岛、冲绳岛北部方言	ニフェーデービル	メンソーレー	チンブ
冲绳岛中南部方言	ニフェーデービル	メンソーレー	チブル
宫古方言	タンディガータンディ	ンミャーチ	カナマイ
八重山方言	フコーラサーン	オーリトーリ	ツイブル
与那国方言	フゥガラサ	クマンキワーリー	ミンブ

资料来源：笔者整理。

三　音韵上的对应关系

琉球语的音韵体系如表 5-3 所示。琉球语与日语之间短元音和双元音的对应关系如表 5-4 和表 5-5 所示。必须指出，琉球语的音韵体系与日语存在一定的对应关系，但也有一定的区别。琉球语的元音体系由三个短元音 [a]、[i]、[u] 和五个长元音 [a:]、[e:]、[i:]、[o:]、[u:] 组成。与日语 [e] 和 [o] 对应的短元音在琉球语中被同化为 [i] 和 [u]，与日语 [i] 对应的短元音在琉球语部分方言中变化为舌尖元音 [ɿ]。[a:]、[e:]、[i:]、[o:]、[u:] 等长元音经常作为双元音 [ai]、[ae]、[ao]、[au]、[oe] 变化使用。

表 5-3　琉球语元音与辅音表

元音	短元音	[a]、[i]、[ɿ]、[u]
	长元音	[a:]、[i:]、[ï:]、[u:]、[e:]、[ĕ:]、[o:]
	双元音	[ai]、[aï]、[au]、[ui]
辅音	爆破音	[p]、[b]、[t]、[d]、[k]、[g]
	鼻音	[m]、[ŋ]、[n]
	闪音	[r]
	摩擦音	[f]、[0]、[s]、[ʃ]
	破擦音	[ts]、[dz]、[ch]、[tʃ]、[dʒ]
	无擦通音	[j]、[w]
	喉塞音	[ʔ]
	喉无擦通音	[ʔj]、[ʔw]

资料来源：内间直仁：『琉球方言文法の研究』，東京：笠間書院，1984。

表 5-4　琉球语与日语之间短元音的对应关系

日语	奄美方言	冲永良部岛、与论岛、冲绳诸岛方言	宫古、八重山方言	与那国方言
[a]	[a]			
[i]	[i]	[i]	[ɿ]	[i]
[u]	[u]			
[e]	[ɿ]	[i]	[i]	[i]
[o]	[u]			

资料来源：内间直仁：『琉球方言文法の研究』，東京：笠間書院，1984。

表 5-5　琉球语与日语之间双元音的对应关系

日語	奄美方言	冲绳诸岛方言	宫古方言	八重山方言	与那国方言
[ai]	[ĕ:]、[e:]	[e:]	[aï]、[ai]	[ai]	[ai]
[ae]	[ĕ:]、[e:]	[e:]	[ai]	[ai]	[ai]
[ao]	[o:]	[o:]	[o:]、[au]	[o:]、[au]	[au]
[au]	[o:]	[o:]	[o:]	[au]	[u]
[oe]	[ĭ:]、[ĕ:]	[i:]、[e:]	[ui]	[ui]	[ui]

资料来源：内間直仁：『琉球方言文法の研究』，東京：笠間書院，1984。

　　琉球语的辅音体系也与日语存在一定的对应关系。与日语ハ行对应的辅音 [h]，在琉球语中演变为 [p]、[0]。冲绳岛北部和八重山诸岛的方言中发音为 [p]，冲绳岛南部和与那国的方言中发音为 [0]。例如，日语"花"（hana）在冲绳岛北部方言和八重山方言中发音为 pana，在冲绳岛南部方言和与那国方言中发音为 0ana。在南琉球方言中发音则为 panari，与日语之间甚至存在表现方法上的差异。日本语言学家亀井孝等认为，古代日语中的辅音 [h] 在奈良时代（公元 710 年至 794 年）以前均发音为 [p]，在平安时代（公元 794 年至 1192 年）和室町时代（公元 1336 年至 1573 年）发音为 [0]。因此，"琉球语"在音韵上保留着古代日语的一些特征[①]。

　　与日语ワ行对应的辅音 [w]，在北琉球方言中与日语相同也发音为 [w]，但是在南琉球方言中则演变为 [b]。例如，日语"腸"（wata）在南琉球方言中发音成 bata（バタ）。与日语や行对应的辅音 [y]，在南琉球方言中的与那国方言中发音成 [d]。例如，日语"山"（yama）在与那国方言中发音成 dama（ダマ）。此外，辅音浊音化的现象在琉球方言中也很常见。例如，日语"酒"（sake）在与那国方言中发音成 sagi（サギ）。

　　在冲永良部岛、与论岛、冲绳岛北部方言中，与日语カ行辅音 [k] 对应的辅音变化为 [h]，与日语ハ行辅音 [h] 对应的辅音变化为

---

① 亀井孝、河野六郎、千野栄一：『日本列島の言語』，東京：三省堂，1997，第 472 頁。

[p]。例如，日语"龟"（kame）在琉球语中发音成 ha:mi（ハーミ），
"花"（hana）发音成 pana（パナ）等。

在冲绳岛中南部方言和宫古方言中，与日语カ行辅音 [キ] 对应
的辅音变化为 [チ]。此外，短元音 [a] 中间的辅音 [w] 不发音等都
是音韵上的显著特征。例如，日语"昨日"（kinou）发音为 chinu:
（チヌー），"沖縄"（okinawa）发音为 uchina:（ウチナー），"泡盛"
（awamori）发音为 a:mui（アームイ）等。

但是，琉球语诸方言的辅音体系也与日语有所不同。例如，一
般北琉球方言大部分地区的喉塞音 [ʔ]，[p]、[t]、[k] 等有气音和
无气喉音化现象，以及南琉球方言中，无声唇齿摩擦音 [f] 等都是琉
球语区别于日语的明显特征。

四 动词与形容词的活用形式

（一）动词的活用形式

琉球语语法的基本结构与日语相似，为主 + 宾 + 谓结构，并
通过动词词尾的变化表达不同的含义。这种动词词尾的变化被称作
动词的活用。琉球语中的动词活用形式虽然与日语相近，但是也存
在很大的差异。例如，琉球语中依然保留着日语已经消失的动词的
终止形和连体形的区别[①]。北琉球语方言大部分都使用由动词"连用
形 + をり"形式衍生而来的活用变化。一般动词的终止形有"连
用形 + をり"和"连用形 + をむ"两种不同的体系。"连用形 + を
り"体系主要在奄美诸岛、德之岛、与论岛方言中使用。以动词"書
く"（kaku）为例，终止形变化为 kakyuri（カキュリ）或 kakyui
（カキュイ）。而"连用形 + をむ"体系在北琉球方言的大部分地区
广泛使用。以动词"書く"（kaku）为例，终止形变化为 kakyum
（カキュム）或 kakyun（カキュン）或 kaʃun（カチュン）等。

① 内間直仁：『琉球方言文法の研究』，東京：笠間書院，1984，第 121–135 頁。

北琉球方言动词连体形也使用由动词"连用形 + をり"形式衍生而来的活用变化，以动词"書く"（kaku）为例，连体形变化为 kakyuru（カキュル）、kakyun（カキュン）、kaʃuru（カチュン）、kachiunu（カチュヌ）、kakun（カクン）等。

南琉球方言的动词活用变化种类繁多。动词的终止形有由"连用形单型"衍生而来的变化和由"连用形 + をむ"形式衍生而来的变化两种体系。以动词"書く"（kaku）为例，"连用形单型"体系的终止形变化为 kakï（カキ）、katsï（カチ）、kaku（カク），"连用形 + をむ"体系的终止形变化为 kakïm（カキム）、katsïm（カチム）、kakun（カクン）。南琉球方言动词连体形使用由"连用形单型"衍生而来的活用变化。以动词"書く"（kaku）为例，连体形变化为 kakïm（カキム）、katsïm（カチム）、kakun（カクン）。

在冲绳方言中除了保留不带"をり"后缀的动词活用形式变化外，还存在带"をり"后缀的动词活用形式变化。以动词"咲く"（saku）为例，不带"をり"后缀的动词未然形变化为 saka（サカ）、连用形变化为 saʃi（サチ）、假定形变化为 sake:（サケー）。带"をり"后缀的动词未然形变化为 saʃura（サツラ）、连用形变化为 saʃui（サツイ）、假定形变化为 saʃure:（サツレ）、连体形变化为 saʃuru（サツル）、终止形变化为 saʃun（サツン）等等。

琉球语动词的否定形通常以［ん］或［ぬ］结尾，与现代日语非常相似。以动词"書く"（kaku）为例，否定形"書かない"（kakanai）在冲绳方言和宫古方言中通常变化成 kakan（カカン）、ka:kan（カーカン）、hakan（ハカン）、hakkan（ハッカン）等。在奄美方言中变化为 haka:（ハカー），在八重山方言和与论岛方言中变化为 kakanu（カカヌ）、hakanu（ハカヌ）、hakanun（ハカヌン），在宫古方言中变化为 kakaman（カカマン）、kakamma（カカッマ），在与那国方言中变化为 haganun（ハガヌン）。

此外，琉球语动词的命令形、禁止形和志向形的变化也与日语

十分相近。以动词"書く"（kaku）为例，命令形"書け"（kake）在琉球语中变化成 kaki（カキ）或 kakï（カキー）。禁止形"書くな"（kakuna）在南琉球方言中通常变化为 kakïna（カキナ），而北琉球方言则与日语完全相同。志向形"書こう"在琉球语大部分方言中变化为 kaka（カカ）、kaka:（カカー）、kako:（カコー）。琉球语中的动词活用形式整体上近似于古代日语中的四段活用，特别是北琉球方言中的一段、二段动词形式活用形式基本上都是按照古代日语ら行四段的活用形式变化。琉球语诸方言的动词活用形式变化如表5–6所示。

表 5–6　琉球语诸方言的动词活用形式

書く	志向形	未然形	假定形	命令形	连用形	连体形	终止形	接续形
奄美、德之岛方言	kako: kaka	kaka	kak katsïka	kakï kakë	kaki	kak kakjun	kakjur kakjum kaki kakjuri kakjun	kaʃi katsï
冲永良部岛与论岛冲绳岛北部方言	hakka: haka:	hakka haka	hakki haki hake: hakur	hakki haki hake:	hakki haki	hakku hakkinu hakkin haku hakun	hakkimu hakkin hakun	hatʃi haʃi
冲绳岛中南部方言	kaka	kaka	kake: kaʃura:	kaki kake:	kaʃi:	kaʃuru	kaʃun	kaʃi
宫古方言	kaka	kaka	kaki kakï	kaki	kaki	kaki kakï	kaki kakï kakïm	kaki kaki:
八重山方言	kaka	kaka	kaku	kaki kakja	kakï	kaku	kaku kakun	kaki
与那国方言	kagu:	kaga	kagu kagja:	kagi kagja:	kati	kagu	kati kagun	kati

资料来源：内間直仁：『琉球方言文法の研究』，東京：笠間書院，1984。

（二）形容词的活用形式

琉球语的形容词变化与日语相似，通过形容词词尾的变化表达

不同的含义。这种形容词词尾的变化被称作形容词的活用。琉球语的形容词活用形式分为由"词干 + さあり"和"词干 + くあり"衍生而来的两种体系。一般"さあり"体系主要分布在奄美诸岛、冲绳诸岛、多良间诸岛、八重山列岛，而"くあり"体系主要分布在宫古列岛。以形容词"高い"为例，终止形在"さあり"体系的冲绳岛中南部方言中变化为"高さん"（takasan），在"くあり"体系的宫古方言中变化为"高かい"（takakaï）。连用形与日语相同都是词干 + く，"高く"（takaku/taːku）。"さあり"体系的形容词连用形以外的其他活用形式都采用词干 + さ的各种变形，如"高さあら"（未然形）、"高さあれ"（假定形）、"高さある"（连体形）等。琉球语诸方言的形容词活用形式变化如表 5–7 所示。

表 5–7　琉球语诸方言的形容词活用形式

高い	连用形	连体形	假定形	终止形	接续形
奄美、德之岛方言	tahak taːku	tahasan taːhan	tahasar taːhatika	tahasar tahasam taːhari taːhan	tahasatï taːhati
冲永良部岛、与论岛、冲绳岛北部方言	taːku taːsa takaku takaʃeː	taːsaʔanu takaʃeːnu	taːsaʔari takaʃeːri takaʃeːre	taːsaʔan takaʃeːn	taːsaʔatti takasati
冲绳岛中南部方言	takafu takaʃaː	takakaï takaʃaːi	takakari takaka takaʃaːi	takakaï takakam takaʃaːi	takakari takaʃaː
宫古方言	takafu takaʃaː	takakaï takaʃaːi	takakari takaka takaʃaːi	takakaï takakam takaʃaːi	takakari takaʃaː
八重山方言	takasaː	takasaːnu	takasaːru	takasan	takasaːri
与那国方言	tagagu taga	tagaru	tagaru tagarja	tagan	taga

资料来源：内间直仁：『琉球方言文法の研究』，東京：笠間書院，1984。

此外，琉球语在助词"が"与"の"的用法上也保留着古代日语的特征，一般没有主语格式与所属格式之分。与日语助词"を"对应的助词，在宫古方言中变化为"ゆ"，在奄美方言和八重山方言中变化为"ば"。现代冲绳方言中已经没有与日语助词"を"对应的助词，但是，在琉歌等古代定型诗中能够看到助词"ゆ"的表现。日本学者外间守善通过对琉球古歌谣集《思草纸》(おもろさうし)和日本《万叶集》《古今集》的语言比较研究发现，琉球语在语法上保留了古代日语的许多特征①。

第三节　琉球语下级方言的地理分布

琉球群岛所属岛屿分布地域广泛，几乎每个岛屿都有自己的方言。由于历史上琉球王国中央政府没有推行统一的语言，琉球群岛各方言之间存在明显的地域差异。虽然各方言之间存在大量的同源词汇，但是由于音韵、语法上的差异，各方言之间相互不通。根据词汇、音韵和语法特征的不同，琉球语可以分为北琉球方言（奄美、冲绳方言）和南琉球方言（先岛方言）两大类。其中，北琉球方言（奄美、冲绳方言）包括吐噶喇方言、奄美／德之岛方言、冲永良部／与论／冲绳岛北部方言、冲绳岛中南部方言四个二级方言；南琉球方言（先岛方言）包括宫古方言、八重山方言、与那国方言三个下级方言。各二级方言中又可分为若干个三级方言。除北琉球方言中的吐噶喇方言比较接近标准日语外，其他方言与标准日语之间均存在明显差异。琉球语诸方言的分类如表5-8所示。

---

① 外间守善：『沖縄の言葉史』，東京：法政大学出版局，2012，第102頁。

表 5−8　琉球群岛的方言分类

方言分类			地理分布
北琉球方言 （奄美、冲绳方言）	吐噶喇方言		吐噶喇列岛
	奄美、德之岛方言	奄美大岛方言	奄美大岛
		喜界岛方言	喜界岛
		德之岛方言	德之岛
	冲永良部岛、与论岛、冲绳岛 北部方言	冲永良部岛方言	冲永良部岛
		与论岛方言	与论岛
		冲绳岛北部方言	冲绳岛北部
南琉球方言 （先岛方言）	冲绳岛中南部方言	首里方言	冲绳岛中南部
		那霸方言	冲绳岛中南部
		丝满方言	冲绳岛南部
		久米岛方言	久米岛
		津坚岛方言	津坚岛
		久高岛方言	久高岛
	宫古方言	宫古岛方言	宫古岛
		伊良部岛方言	伊良部岛
		多良间岛方言	多良间岛
		池间岛方言	池间岛
		大神岛方言	大神岛
	八重山方言	石垣岛方言	石垣岛
		竹富岛方言	竹富岛
		小浜岛方言	小浜岛
		新城岛方言	新城岛
		波照间岛方言	波照间岛
		西表岛方言	西表岛
		鸠间岛方言	鸠间岛
		黑岛方言	黑岛
	与那国方言		与那国岛

资料来源：笔者整理。

一 北琉球方言

（一）吐噶喇方言

吐噶喇方言的形成和演变受其地理环境、文化背景、历史条件的影响。作为琉球群岛北部地域重要组成部分的吐噶喇列岛历史上深受琉球文化的影响。琉球文化背景对吐噶喇方言的形成产生过重要影响，但是，由于吐噶喇列岛早在 17 世纪初便被纳入日本的版图，吐噶喇方言中的琉球文化背景逐渐被日本文化背景取而代之。在日本强力推行的同化政策影响下，吐噶喇方言的词汇、音韵系统和动词、形容词的活用形式等语法现象都与标准日语相近。因此，日本学者认为吐噶喇方言不同于琉球语方言，将吐噶喇方言归类为日语萨隅方言[①]。

尽管如此，吐噶喇方言在音韵上仍然保留着许多与现代标准日语截然不同的特征。首先，与日语促音"ッ"对应的辅音 [q]，在吐噶喇方言中能够单独构成音节，并在词尾出现。例如，"靴"（kutsu）、"口"（kuchi）、"首"（kubi）等在吐噶喇方言中均发音为 kuq（クッ）[②]。

其次，双元音的短元音化变化现象。在吐噶喇方言中，双元音 [ai]、[ae]、[oi]、[oe] 均变化为短元音 [e]，双元音 [ui] 变化为短元音 [i]。例如，日语"長い"（nagai）在吐噶喇方言中发音为 nage（ナゲ），"具合"（guai）发音为 gue（グエ），"蝿"（hae）发音为 he（ヘ），"考えた"（kangaeta）发音为 kangeta（カンゲタ），"太い"（futoi）发音为 fute（フテ），"匂い"（nioi）发音为 nie（ニエ），"揃えた"（soroeta）发音为 soreta（ソレタ），"軽い"（karui）发音为 kari（カリ）等。

在语法上，形容词的"か"结尾也是吐噶喇方言与琉球语其

---

① 飯豊毅一、日野資純、佐藤亮一：『講座方言学 9 九州地方の方言』，東京：国書刊行会，1983，第 18 頁。
② 平山輝男ほか：『日本のことばシリーズ 46 鹿児島県のことば』，東京：明治書院，1983，第 21 頁。

他方言相同并区别于标准日语的一个重要特征。此外，表示理由的
接续助词"で"，在吐噶喇方言中变化为"から"，表示转折的接续
助词"けれども"，在吐噶喇方言中变化为"バッテン""バッチェ
ン""バッテン""バッチ"" バッ"，表示推测的助动词"だろう"，
在吐噶喇方言中变化为"ジャロ"等，都是吐噶喇方言与日语之间
的明显区别[①]，表现出隶属于"琉球文化圈"的吐噶喇列岛与"大和
文化圈"的区别。

（二）奄美、德之岛方言

奄美、德之岛方言的主要使用地域为奄美诸岛北部的奄美大岛、
喜界岛、加计吕麻岛、请岛、与路岛等。奄美、德之岛方言的下级方
言又可分为奄美大岛方言、喜界岛方言、德之岛方言。美国非营利组
织国际语言暑期学院出版的《民族语》将奄美大岛北部方言和喜界
岛方言定义为奄美诸岛北部语（amami-oshima, northern），国际
标准化组织规定的国际语种编码为 RYN（ISO 639-3）；奄美大岛
南部方言和德之岛方言被定义为奄美诸岛南部语（amami-oshima,
southern），国际标准化组织规定的国际语种编码为 AMS（ISO
639-3）。2009 年 2 月 19 日，联合国教科文组织将奄美方言指定为
濒临灭绝的语言。

奄美、德之岛方言的音韵特征表现在元音的简化上。音韵系统
一般由 [a]、[i]、[ï]、[u]、[ĕ] 五个短元音构成，少数地区由 [a]、[i]、
[ï]、[u] 四个短元音构成。奄美、德之岛方言中与日语短元音 [e] 和
[o] 对应的短元音分别变化为 [i] 和 [u]，[i] 变化为 [ï]。其中，舌尖
元音 [ï] 和 [ĕ] 为奄美、德之岛方言的重要特征。此外,[ï:]、[e:]、[ĕ:]、
[o:] 等作为双元音变化的长元音也很常见。

在语法上，奄美、德之岛方言的动词活用形式是由"连用形 +
をり"型和"连用形 + をむ"型衍生而来。但在奄美、德之岛方言

① 飯豊毅一、日野資純、佐藤亮一：『講座方言学 1　方言概説』，東京：国書刊行会，1986，第 78 頁。

的下级方言中两者之间存在微妙的变化。其中，志向形、假定形、命令形、连体形、终止形、接续形等都有两种以上的变化。以动词"書く"为例，奄美、德之岛方言的动词活用形式如表5–6所示。奄美、德之岛方言语法的另一个显著特征是形容词词尾由"词干＋さあり"衍生而来的各种活用变化，各种活用形式都有两种以上的变化。以形容词"高い"为例，奄美、德之岛方言的形容词活用形式如表5–7所示。

（三）冲永良部岛、与论岛、冲绳岛北部方言

冲永良部岛、与论岛、冲绳岛北部方言又称"国头方言"。主要使用地域包括冲永良部岛、与论岛、冲绳岛北部、伊江岛、伊是名岛、伊平屋岛、古宇利岛、屋我地岛、濑底岛等岛屿。冲永良部岛、与论岛、冲绳岛北部方言为琉球群岛"三山时代"北山王国使用的语言。冲永良部岛、与论岛、冲绳岛北部方言的下级方言又可分为冲永良部岛方言、与论岛方言、冲绳岛北部方言。美国非营利组织国际语言暑期学院出版的《民族语》将冲永良部岛、与论岛、冲绳岛北部方言定义为冲绳岛北·永良部语（oki–no–erabu），国际标准化组织规定的国际语种编码为OKN（ISO 639–3）。2009年2月19日，联合国教科文组织将冲永良部岛、与论岛、冲绳岛北部方言指定为濒临灭绝的语言。

冲永良部岛、与论岛、冲绳岛北部方言的音韵特征表现在元音的简化上。元音系统一般由 [a]、[i]、[u] 三个短元音构成。冲永良部岛、与论岛、冲绳岛北部方言中与日语元音 [e] 和 [o] 对应的元音分别变化为 [i] 和 [u]。长元音 [i:]、[e:]、[o:] 等一般作为双元音变化来使用。在辅音系统中，与日语カ行辅音 [k] 对应的辅音在冲永良部岛、与论岛、冲绳岛北部方言中变化为 [h]，与日语ハ行辅音 [h] 对应的辅音在冲永良部岛、与论岛、冲绳岛北部方言中变化为 [p]。

冲永良部岛、与论岛、冲绳岛北部方言的动词活用形式也是由"连用形＋をり"型和"连用形＋をむ"型衍生而来。各种活

用形式都有两种以上的变化。以"書く"为例，冲永良部岛、与论岛、冲绳岛北部方言的动词活用形式变化如表 5-6 所示。冲永良部岛、与论岛、冲绳岛北部方言语法的另一个显著特征是形容词词尾由"词干 + くあり"和"词干 + さあり"衍生而来的各种活用变化，各种活用形式都有两种以上的变化。以"高い"为例，冲永良部岛、与论岛、冲绳岛北部方言的形容词活用形式变化如表 5-7 所示。

（四）冲绳岛中南部方言

冲绳岛中南部方言，又称冲绳话，为古代琉球王国广泛使用的官方语言，主要使用地域包括冲绳岛中南部以及久米岛、渡名喜岛、平安座岛、浜比嘉岛、栗国岛、奥武岛、宫城岛、伊计岛、津坚岛、久高岛等岛屿。冲绳中南部方言的下级方言又可分为首里方言、那霸方言、丝满方言、久米岛方言、津坚方言、久高岛方言等。在古代琉球王国时期，首里方言为琉球王族和上流阶层使用的语言，而那霸方言在庶民阶层和商人之间广泛使用。

美国非营利组织国际语言暑期学院出版的《民族语》将冲绳中南部方言定义为中央冲绳语（central okinawan），国际标准化组织规定的国际语种编码为 RYU（ISO 639-3）。2009 年 2 月 19 日，联合国教科文组织将冲绳岛中南部方言指定为濒临灭绝的语言。

冲绳中南部方言的音韵特征表现在元音的简化上。冲绳中南部方言的元音系统由 [a]、[i]、[u] 三个短元音和 [a:]、[i:]、[u:]、[e:]、[o:] 五个长元音构成。与日语短元音 [e] 和 [o] 对应的短元音在冲绳中南部方言中分别变化为 [i] 和 [u]。

冲绳中南部方言语法的一个显著特征是动词的活用形式由动词的"连用形 + をり"和"连用形 + をむ"衍生而来。其中，动词的假定形和命令形有两种形式。以"書く"为例，冲绳中南部方言的动词活用形式如表 5-6 所示。冲绳中南部方言语法的另一个显著特征是形容词词尾的"词干 + さあり"衍生而来的各种活用变化，各种活用形式都有两种以上的变化。以"高い"为例，冲绳中南部方言的形容词活用形式如表5-7所示。

琉球语诸方言的地理分布如图5-1所示。

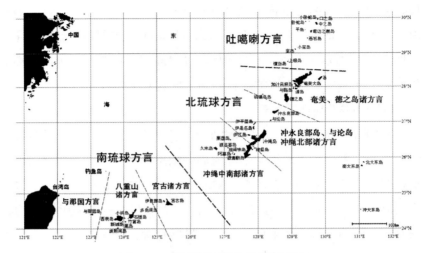

图 5-1 琉球语诸方言的地理分布

二 南琉球方言

（一）宫古方言

宫古方言的使用地域为宫古列岛。据日本国立国语研究所的调查，目前约有50000人使用该方言。宫古方言的下级方言包括宫古岛方言、伊良部岛方言、多良间岛方言、池间岛方言、大神岛方言等。各方言之间存在显著的差异，互不相通。美国非营利组织国际语言暑期学院出版的《民族语》将宫古方言定义为宫古语（miyako），国际标准化组织规定的国际语种编码为MVI（ISO 639-3）。2009年2月19日，联合国教科文组织将宫古方言指定为濒临灭绝的语言。

宫古方言的音韵特征表现在元音的简化上，一般宫古方言的元音系统由 [a]、[i]、[ɿ]、[u]、[e]、[o] 六个短元音构成。但是，与日语元音 [e] 对应的元音在宫古方言中变化为 [i]，与日语元音 [o] 对应的元音在宫古方言中变化为 [u]，与日语元音 [i] 对应的元音在

宫古方言中变化为 [ɪ]。宫古方言的音韵的另一个特征是辅音单独发音，并构成节拍。此外，与日语ワ行辅音 [w] 对应的辅音变化为 [b] 也是宫古方言重要的音韵特征。

宫古方言的动词活用形式也是由动词的"连用形 + をり"衍生而来。其中，假定形、连体形、终止形、接续形都有两种以上的变化。以"書く"为例，宫古方言的动词活用形式变化如表 5-6 所示。宫古方言的形容词活用大部分属于"词干 + くあり"体系，只有多良间岛方言的形容词活用属于"词干 + さあり"体系。各种活用形式都有两种以上的变化。以"高い"为例，宫古方言的形容词活用如表 5-7 所示。

（二）八重山方言

八重山方言的使用地域为八重山诸岛，主要岛屿包括石垣岛、竹富岛、小浜岛、黑岛、新城岛、波照间岛、西表岛、鸠间岛。八重山方言的下级方言又可分为石垣岛方言、竹富岛方言、小浜岛方言、新城岛方言、波照间岛方言、西表岛方言、鸠间岛方言、黑岛方言等八种。美国非营利组织国际语言暑期学院出版的《民族语》将八重山方言定义为八重山语（yaeyama），国际标准化组织规定的国际语种编码为 RYS（ISO 639-3）。据日本国立国语研究所的调查，目前约有 44650 人使用该语言。2009 年 2 月 19 日，联合国教科文组织将八重山方言指定为濒临灭绝的语言。

八重山方言的音韵特征之一表现在元音简化上。大部分地区的元音体系由 [a]、[i]、[ɪ]、[u] 四个短元音构成。波照间岛方言的元音体系由 [a]、[i]、[ɪ]、[u]、[ë] 五个短元音构成，西表岛方言、鸠间岛方言、黑岛方言的元音体系由 [a]、[i]、[u] 三个短元音构成。在八重山方言中与日语元音 [e] 和 [o] 对应的元音分别变化为 [i] 和 [u]，与日语元音 [i] 对应的元音通常变化为 [ɪ]。

八重山方言的动词活用形式也是由动词的"连用形 + をり"衍生而来。其中，假定形和终止形有两种以上的变化。以"書く"为例，八重山方言的动词活用形式变化如表 5-6 所示。八重山方言的形容词活用大部分属于"词干 + くあり"体系。以"高い"为例，八重山方言的形容词活用如表 5-7 所示。

（三）与那国方言

与那国方言的使用地域为与那国岛。美国非营利组织国际语言暑期学院出版的《民族语》将与那国方言定义为与那国语（yonaguni），国际标准化组织规定的国际语种编码为 YOI（ISO 639-3）。据日本国立国语研究所的调查，2010 年仅有 393 人使用该方言。与那国岛的 50 岁以下的年轻人很少有人能够使用与那国方言。2009 年 2 月19 日，联合国教科文组织将与那国方言指定为濒临灭绝的语言。

与那国方言的音韵特征表现在元音简化上。与那国方言只有[a]、[i]、[u] 三个短元音，与日语元音 [e] 对应的元音在与那国方言中变化为 [i]，与日语元音 [o] 对应的元音在与那国方言中变化为[u]。此外，日语ヤ行辅音 [y] 在与那国方言中变化为 [d]，日语ワ行辅音 [w] 在与那国方言中变化为 [b]，日语カ行辅音 [k] 在与那国方言中变化为 [g] 的浊音化现象等都是与那国方言音韵上的重要特征。

与那国方言的动词活用形式也是由动词的"连用形 + をり"衍生而来。其中，假定形、命令形和终止形有两种变化。以"書く"为例，与那国方言的动词活用形式变化如表 5-6 所示。与那国方言的形容词活用由"词干 + くあり"体系衍生而来。其中，连用形和假定形、命令形有两种变化。以"高い"为例，与那国方言的形容词活用如表 5-7 所示。

第四节　结论与讨论

关于琉球群岛地域文化特殊性的讨论，正如琉球大学教授新崎盛晖指出的："如果说琉球就是日本的话，那么琉球群岛地域文化中有太多的非日本要素令人瞩目。但是，如果与朝鲜和台湾相比，琉球群岛地域文化中的日本要素又特别醒目。"[①]这一点在琉球语言上的表现十分明显。如果说琉球语是不同于日语的一种语言，琉球语却与日语那么相似。但如果说琉球语是日语的一种方言，琉球语与日语的差异又那么明显。虽然近代日本强行吞并琉球王国后将琉球群岛纳入日本版图，但是，琉球群岛地域文化的特殊性使其与日本其他地域之间既有相似的一面，又有着明显的区别。承载着琉球群岛的历史和地域文化的琉球语正是琉球文化圈区别于大和文化圈的重要特征之一。目前，在日本强力的同化政策下，传统的琉球语正面临着消亡的危机，东亚文化的多样性受到严峻的挑战。琉球语能否继续传承，不但取决于琉球民族的自我认同，而且也离不开包括在地缘关系上与琉球群岛有着悠久历史渊源的中国在内的国际社会对琉球民族自我认同的理解和声援。

①　新崎盛暉:「日本になった沖縄」，東京：有斐閣，1987，第188頁。

第 六 章

琉球王国的诞生与中琉宗藩关系的建立

第一节　琉球群岛的早期国家

一　"按司"城堡时代

大约在公元 8 世纪前后，琉球群岛出现了农耕文化的痕迹，琉球群岛从原始社会步入早期的氏族社会时代，开始出现社会阶层的分化。这一时期琉球群岛各地出现了被称为"按司"的地方豪族，他们统治着各自的地域。"按司"居住的城堡用琉球群岛特有的珊瑚石灰岩建造而成，在琉球群岛各地均有分布，成为各地的标志性建筑，因此，这一时期又被称为"按司"城堡时代。此时的琉球群岛被各地的"按司"割据。琉球历史学家东恩纳宽惇等认为，琉球城堡的出现标志着琉球群岛进入了封建社会，但尚未形成国家[①]。

公元 10-12 世纪，琉球群岛出现了国家。早期的国家在琉球王国官修史书中被称为天孙王朝。天孙氏是琉球神话中创造天地的女神阿摩弥姑的后代。"盖我国开辟之初，海浪泛滥，不足居处。时有一男一女生于大荒际。男名志仁礼久，女名阿摩弥姑。运土石，植草木，用防海浪，而岳森始矣……于时复有一人，首出分郡类，定民居者，叫称天帝子。天帝子生三男二女。长男为天孙氏，国君始也。"[②]天孙王朝带有浓厚的神话传说色彩，由于缺乏史料记载，所以其真实性无从考证。

据琉球王国官修史书《中山世谱》记载，南宋淳熙年间（1174-1190 年），"天孙氏二十五纪之裔孙德微政衰，其臣利勇专权，遂自弑君篡位。由是四方骚动，兵乱大兴，盗贼蜂起；按司酋长，各据兵权，争雄不息；举国生民，涂炭既极"[③]。冲绳岛浦添地区按司尊敦

---

① 東恩納寬惇：『琉球の歷史』，東京：至文堂，1957，第 87 頁。
② 蔡铎、蔡温、郑秉哲：《中山世谱》，袁家冬校注，北京：中国文史出版社，2016，第 16 页。
③ 蔡铎、蔡温、郑秉哲：《中山世谱》，袁家冬校注，北京：中国文史出版社，2016，第 30 页。

"倡议起兵，以讨利勇。国人推戴尊敦，以就大位，是为舜天王"①。南宋淳熙十四年（1187 年）舜天王尊敦即位，建立了舜天王朝。南宋宝祐年间（1253–1259 年），琉球群岛"饥馑频加，疫疠大作，人民半失。"舜天王朝第三代国王义本王接受天意称："先君之世，国丰民安。今予无德，饥疫并行，是天之所弃也。予要让位于有德而退。"② 南宋景定元年（1260 年）义本王禅位于摄政英祖。英祖即位后称英祖王，琉球群岛进入英祖王朝时代。据《中山世谱》记载，英祖王"施仁敷德，恤民近贤，刑措不用。国人大服。东北大岛、久米岛等处亦始来朝，而国大治矣……王命辅臣，建公馆于泊村，令置官吏，置诸岛之事……又建公仓于泊御殿之北，令收储诸岛贡物"③。英祖王朝的政治中心接近那霸、泊港等冲绳岛中南部地区，其势力范围据推测可以到达首里、真和志和北谷等周边地区。这些地区的地理条件优越，有利于发展农业生产和对外贸易。英祖王朝时期，琉球群岛的国家体制基本形成，极大地推动了琉球群岛的社会进步和经济发展。

二 "三山时代"

在英祖王朝第四代国王玉城王（1313–1336 年）统治时期，由于"玉城王为人贪酒色，好畋猎，怠于政务，而不行朝觐之礼。由是诸按司不朝，百姓胥怨"④。中央政权的统治力日渐衰落，地方豪族群雄争霸，国家一分为三。琉球群岛进入了"三山时代"。

1322 年，英祖王第五王子之孙大里按司承察度在今天以丝满市为中心的冲绳岛南部地区建立了"山南王国"，自称山南王。其势力范围涉及兼城、真壁、喜屋武、摩文仁、东风平、丰见城、具志头、玉城、知念、佐敷、东大里等冲绳岛南部地域。1337 年，英祖王第

① 蔡铎、蔡温、郑秉哲：《中山世谱》，袁家冬校注，北京：中国文史出版社，2016，第 20 页。
② 蔡铎、蔡温、郑秉哲：《中山世谱》，袁家冬校注，北京：中国文史出版社，2016，第 34 页。
③ 蔡铎、蔡温、郑秉哲：《中山世谱》，袁家冬校注，北京：中国文史出版社，2016，第 20、36 页。
④ 蔡铎、蔡温、郑秉哲：《中山世谱》，袁家冬校注，北京：中国文史出版社，2016，第 39 页。

二王子之孙今归仁按司怕尼芝在以今归仁村为中心的冲绳岛北部地区建立了"山北王国",自称山北王。其势力范围涉及羽地、名护、国头、金武以及伊江、伊平屋、伊是名等冲绳诸岛的附属岛屿。英祖王朝的势力范围仅局限在以首里、那霸、浦添、北谷、读谷、越来、中城、胜连、具志川等地为中心的冲绳岛中部地区。

元朝至元二年(1336年),英祖王朝第四代国王玉城王病逝,年仅十岁的王子西威即位。"西威幼冲践祚,王母专权,牝鸡乱政。贤者退隐,小人争进。时察度为浦添按司,才德大著,诸按司皆服。"[1] 元朝至正九年(1349年),西威王病逝,诸按司废世子,推举浦添按司察度为国王。元朝至正十年(1350年),察度即位后建立了中山王国,自立为中山国王。琉球群岛形成了山南、中山、山北三强鼎立的局面。

在"三山时代",山南、中山、山北三国的势力主要集中在冲绳岛,并未发展到北方的奄美诸岛和南方的先岛诸岛。在"三山时代"出现之前,外岛按司与冲绳岛各按司之间的关系是平等的。根据琉球王国官修史书《中山世鉴》记载,英祖王在位期间,奄美、久米、庆良间等外岛"来朝入贡",但是,这种朝贡关系只是按司之间的结盟关系,而且在第四代国王玉城王时期,随着"三山时代"的到来,开始衰落。

在"三山时代",中山国国王察度于明朝洪武五年(1372年)首先接受明太祖朱元璋的诏谕,派其弟泰期出使明朝,向明王朝纳贡称臣。11年之后,山北王怕尼芝和山南王承察度也相继向明朝进贡。至此,山北、中山、山南三国成为明王朝的藩属国。由于中山国与明王朝的宗藩关系建立早于山北、山南两国,中山国在与明王朝的交往中,大力发展对明贸易,还派了学生到国子监学习。明王朝除了派特使亲赴册封外,还给予中山国在政治、经济、文化和人才上的大

---

[1] 蔡铎、蔡温、郑秉哲:《中山世谱》,袁家冬校注,北京:中国文史出版社,2016,第41页。

力支持。因此，中山国成为"三山时代"琉球群岛最强盛的国家[①]。

第二节　琉球王国的统一

一　"第一尚氏王朝"的建立

明洪武二十八年（1395 年），察度王病逝，世子武宁即位。"武宁荒淫无度，用非其人，谏者罪之，谀者悦之。坏覆先君之典刑，国人敢怨而不敢言。时佐敷按司巴志，继父治民，近贤士，退不肖，有功者必赏，有罪者必罚。威名大振，远近归服。是年巴志岁二十二，见武宁骄奢无度，虐民废政，卒起义兵来问其罪。武宁慌忙催军拒御。奈诸按司闭户高枕，曾莫之救。势孤力弱，难以扞御，悔之无及……。出城服罪。诸按司推巴志为君。巴志固辞，奉父思绍为君。自能翼辅父王，兴政理治。臣民及诸按司皆服。后灭山北，遂平山南，以致一统之治。"[②]

巴志生于明洪武五年（1372 年），曾在与那原以其利剑换取异国商船铁块，"散给百姓，令造农器"，因而"百姓感服"。其父佐敷按司思绍对巴志曰："昔玉城失德废政，国分为三，势如鼎足。自尔而后，殆及百年。兵战不息，生民涂炭，未有若此时之甚者也。……诸按司虽各据兵权，皆守护之权，不足与有为也，今之世，惟汝一人，可以有为。汝能代吾为佐敷按司，拯民于火水中，吾愿足矣。"[③]巴志继承父业成为佐敷按司后日夜调练兵马，准备发兵讨伐武宁。1406 年，巴志起兵推翻武宁的统治，在诸按司的支持下，巴志奉其父思绍为中山

---

① 伊波普猷等：『琉球史料叢书』卷四，東京：名取書店，1942，第 52~55 頁。
② 蔡铎、蔡温、郑秉哲：《中山世谱》，袁家冬校注，北京：中国文史出版社，2016，第 51、60 页。
③ 宮城栄昌：『琉球の歴史』，東京：吉川弘文館，1977，第 40~41 頁。

王，自己辅佐父王办理朝政。巴志此举得到了众臣和民众的敬服。

巴志于 1416 年和 1429 年分别征服了山北国和山南国，结束了持续 100 多年的"三山时代"，统一了琉球群岛。明朝宣德五年（1430 年），巴志上表明王朝，告知三山统一之事，得到了明宣宗的嘉许。同年明朝派出宦官柴山前往琉球颁布诏令，赐巴志姓尚。尚巴志建都首里，成为统一琉球王国的第一代国王。从此，琉球群岛进入"第一尚氏王朝"时代。

二 "第二尚氏王朝"的辉煌

1469 年，琉球王国发生内乱，尚德王被杀，"第一尚氏王朝"灭亡。1470 年，宫中的御锁侧官（管理财务的宫廷官员）金丸被群臣推举为君。据《中山世谱》记载："尚德立，耽酒色，好杀戮。时奇界叛，王自往平之。由是骄傲愈甚，国政日乱。御锁侧官金丸，极言屡谏，皆不听。在位九年薨。世子将立，群臣杀之。国人推戴金丸为君。而我中山得开万世王统之基矣。"[①] 1471 年，金丸以"世子"的身份向明王朝报告"父丧"的消息，1472 年，明王朝正式册封金丸为尚圆王。琉球群岛进入了史称"第二尚氏王朝"的时代。

在"第二尚氏王朝"第三代国王尚真王统治时期（1478–1525 年），琉球王国迎来了黄金盛世。尚真王确立了琉球的官员品秩、朝仪制度、神官制度、赋税制度、行政划分，扩建了首里城，废除了殉葬习俗，召各按司赴首里居住，禁止私人拥有武装，确立了琉球国的政治经济体制，琉球王国进入历史上最昌盛的时期。

在经济上，因倭寇袭扰，明王朝开始实行禁海政策，禁止民间海上私人贸易，但是允许朝贡国来华贸易。"帝以海外诸国多诈，绝其往来，惟琉球、真腊、暹罗许入贡。"[②] 当郑和下西洋的航海活动停

---

① 蔡铎、蔡温、郑秉哲：《中山世谱》，袁家冬校注，北京：中国文史出版社，2016，第 21 页。
② 王圻：《续文献通考》卷二十六，济南：齐鲁书社，1997，第 106 页。

止之后，琉球王国适时填补了中国与东南亚各国贸易的空白。很长一段时间内，在宗藩制度的保护下，琉球王国不但得到明王朝给予的优良海船，而且还得到了在福建沿海自由贸易的权利。这样琉球海上贸易一跃而起，成为"万国之津梁"。

在文化教育上，琉球王国积极学习中国的优秀文化，建学校、办学堂，使琉球的教育焕然一新。在这一时期，琉球的办学模式与教学内容都积极模仿中国，不仅如此，其官吏的选拔与任用也效仿中国的体制。中国传统儒学思想大量流入琉球社会，儒家的经典成为琉球书本的主要内容。与此同时，在中国文化的影响下，琉球的文化艺术水平也在不断上升。据《球阳》记载：琉球国"始节音乐、制礼法、改变番俗，而致文教同风之盛"。

在中国的影响下，琉球的经济与文化都得到了快速发展。"中山之民物皆易，而为衣礼仪之乡。"[1]琉球的社会进步明显，成为明朝藩属国中富裕、昌盛的国家。

三　中央集权的强化

受地理条件的限制，琉球王国中央政府所在地冲绳岛与其他附属岛屿之间距离遥远，交通联系不便，政令不畅。因此，琉球王国统一后，中央政权通过"改宗"等政治改革，不断强化对附属岛屿的统治，对于反抗中央政府的各岛地方势力则采取"征讨"的军事手段，强迫其服从中央政府的管理。

东北部的奄美大岛、喜界岛的地方豪族时常发生反抗中央政府的叛乱。1447 年，尚思达王派兵征讨奄美大岛，确立了琉球王国对奄美大岛的统治。1450 年至 1462 年每年派兵征讨不服管辖的喜界岛。1466 年，尚德王率 3000 兵平定了喜界岛。1571 年，奄美大岛再次反抗琉球王国的统治，尚元王派兵镇压，并取得了对奄美诸

① 　严从简：《殊域周咨录》卷四，故宫博物院图书馆，万历刊本排印，1930，第 12 页。

岛的统治权。1572 年，琉球国王在奄美大岛设置管理机构，以强化中央政府对奄美诸岛的统治。

琉球王国建国初期，西南部的先岛诸岛政治势力三足鼎立，宫古列岛的仲宗根丰见亲归顺中央政府，八重山列岛的远弥计赤蜂拒绝向琉球国王纳贡，与那国岛在榕阿母的领导下长期处于独立状态。1500 年，石垣岛按司远弥计赤蜂与宫古岛按司仲宗根丰见亲为了争夺先岛诸岛的统治权发生对峙，反抗琉球王国的统治。尚真王派兵讨伐，宫古岛按司仲宗根丰见亲任先锋攻陷了石垣岛，远弥计赤蜂被杀。1522 年，仲宗根丰见亲又平定了与那国岛，统一了先岛诸岛。1524 年，仲宗根丰见亲将先岛诸岛的直接统治权交给琉球王国[①]。

第三节　古代中国与琉球王国宗藩关系的建立

一　明朝与琉球王国的宗藩关系

1367 年，朱元璋定都南京，建立了明王朝。洪武五年（1372 年），朱元璋改"瑠求"为"琉球"，并派遣行人杨载持诏书出使琉球。诏书曰："昔帝王之治于天下，凡日月所临，无有远迩，一视同仁……。遣使外夷，播告朕意，使者所至，蛮夷酋长称臣入贡。惟尔琉球在中国东南，远距海外，未及报知，兹特遣使往谕尔其知之。"[②] 中山王察度受其诏谕，并派遣王弟泰期入朝，奉表称臣，贡方物[③]。从此以后，中国与琉球正式建立了朝贡关系。1382 年，琉球山南王、山北王也先后与明朝建立了朝贡关系。"中山王察度、山南王承察度、山北王怕尼芝，各受其诏。罢战息兵，亦皆遣使谢恩。

---

① 仲宗根将二：「宮古風土記」，那霸：ひるぎ社，1997，第 345 页。
② 蔡铎、蔡温、郑秉哲：《中山世谱》，袁家冬校注，北京：中国文史出版社，2016，第 44 页。
③ 张廷玉：《明史》卷三百二十三，北京：中华书局，1974，第 361 页。

太祖赐三王衣币。"①

　　永乐十三年（1415 年），琉球首次向明朝提出了册封的要求。明成祖"遣行人陈季芳等，赍诏往琉球国，封故山南王汪应祖世子他鲁每为琉球山南王，赐诰命冠服及钞万五千锭"②。从此以后，琉球的"国王嗣立，皆请命册封"③。明朝也常派大臣前去主持册封大礼。此后，明朝与琉球的朝贡与册封制度持续了两百多年。

　　自明朝洪武五年（1372 年）到崇祯二年（1629 年），明政府共向琉球王国派遣册封使 15 次，派遣的使臣 27 人。并且，明朝对于册封琉球使节派遣的准备工作也相当重视，册封使大多"以器宇远大，学文赅博，文章优赡者充之"④。因此，册封使团在琉球期间，政治、经济、文化的活动交往频繁，通过与琉球各界广泛交往，促进了中琉之间友好关系的发展。

　　14 世纪后期到 16 世纪初期是琉球历史上最繁华的时期，琉球王国对明朝贡贸易十分频繁。在这一时期，由于明朝的海禁政策加大了周边地区对中国商品的需求，琉球人积极参与东亚以及东南亚的周边贸易，利用与明王朝的贸易朝贡，来经营三角贸易，成为琉球贸易黄金期的主要动力。

　　明朝对于琉球的积极影响不仅仅体现在经济贸易上，更重要的体现在文化与科学技术的交流上。其中，闽人三十六姓就是最典型的代表。明洪武二十五年（1392 年），明政府赐闽人三十六姓善操舟者，令往来朝贡。之后他们定居在那霸市的久米村，他们"知书者，授大夫长史，以为朝贡之司；习航海者，授通事，总为指南之备"⑤。由此可见，闽人三十六姓将当时中国的先进文化与技术传播给了琉球，对琉球的社会发展起到了积极的作用。

---

① 蔡铎、蔡温、郑秉哲：《中山世谱》，袁家冬校注，北京：中国文史出版社，2016，第 45–46 页。
② 《明实录·太宗文皇帝实录》卷一百六十四，台北："中央研究院"历史语言研究所，1962，第 654 页。
③ 高岐：《福建市舶提举司志》，1939 年铅印本，第 28 页。
④ 陆容：《菽园杂记》，北京：中华书局，1985，第 72 页。
⑤ 李鼎元：《使琉球记》，西安：陕西师范大学出版社，1992，第 100–101 页。

从明洪武二十四年开始，琉球向明朝的国子监派遣留学生。"琉球国归中山、山南二王皆向化者，可选寨官弟子侄，以充国子，待读书知理，即遣归国。宜行问使彼知之。"①此外，明朝对这些琉球的留学生待遇优厚，"凡琉球国送陪臣子弟赴南京国子监读书行礼，本部转行各该衙门供给廪禄、柴炭及冬夏衣服。回国之日，差通事件送至福建回还"②。归国的琉球学子均受到重用，身居要职。他们带去了中国的儒家文化、先进的科学技术和手工技艺，对琉球的社会发展发挥了重要的作用。

二 清朝与琉球王国的宗藩关系

明末清初，时局动荡，明朝国运衰微，历经李自成的大顺、南明政权，最后由清朝统一了中国，而中国与琉球之间的关系经历了许多波折才恢复正常。

崇祯十七年（1644年）琉球曾派使节赴中国朝贡，并再次请求册封。但是随着崇祯的自缢，这次外交活动没有结果。据史书记载，"十七年甲申春，世子遣正议大夫金应元、使者吉时逢等奉表贡方物；并以尚丰王讣告，兼请袭封。时会中朝兵乱四起，海贼阻道。应元等留滞福州，不得归"③。此后清朝定都北京，年号顺治，但是南方仍由南明王朝所控制，此时，南京有弘光政权，在福建还有隆武政权。而琉球国也与弘光、隆武两个政权有朝贡关系。"顺治二年乙酉，明朝族氏弘光据福建称帝，遣福州左卫指挥花熤，赍敕至国。世子尚贤遣使毛大用、都通事阮士元等入贺。三年丙戌，隆武继弘光立。复遣指挥闽邦基赍敕至国。由是，世子遣王舅毛泰久、长史金思义等捧表、方物入贺。"④

---

① 申时行：《大明会典》，上海：上海古籍出版社，2003，第176页。
② 申时行：《大明会典》，上海：上海古籍出版社，2003，第178页。
③ 蔡铎、蔡温、郑秉哲：《中山世谱》，袁家冬校注，北京：中国文史出版社，2016，第124页。
④ 蔡铎、蔡温、郑秉哲：《中山世谱》，袁家冬校注，北京：中国文史出版社，2016，第124页。

顺治三年（1646年）清兵南下灭了南明隆武政权，琉球使者见明朝大势已去，便投降了大清。"时乃清朝大将军贝勒，率大兵入福建，攻破隆武，而天下大定。由是，王舅毛泰久、长史金思义及前使金应元等随大将军贝勒，入京投诚。礼部奏言：'琉球国世子尚贤，前已遣使请封，而今前朝敕印未缴。乞遣通事谢必振，奉旨往谕。'世祖从之，令本国使臣同谢必振归国。"①

顺治十年（1653年）琉球缴纳故明敕印，顺治十一年（1654年）顺治皇帝册封世子尚质为琉球中山王。从此清政府便开始册封琉球的新君主，据《清史稿》的记载，自清朝康熙元年（1662年）至同治四年（1865年）清政府共册封琉球9次，派遣使臣共16人。

清朝康熙、乾隆、嘉庆时期中琉双方的贸易往来大大促进了琉球的经济发展。在中琉贸易中，不管是册封贸易还是朝贡贸易，其交易的数量和货物的种类都是巨大的。从康熙五十八年（1719年）的册封贸易中可以看到，大部分人所带的货物都超过了明朝海禁时的指标。其中一人就携带了"川南星一百一十斤、石枣十斤、百部二十斤、连翘五十斤、枫子五斤、棉纱线十斤"②，总计205斤。嘉庆五年（1800年）的册封也从侧面反映了清朝与琉球的贸易关系。"细阅两船货价不及四万，较前度少三分之二……。"③由此可见，清朝与琉球王国建立了密切的宗藩关系。

此后，康熙年间对琉球使臣赋予种种优待。清沿袭明朝制度，本着"厚往薄来"的原则，对琉球的国王、王妃以及使臣，都有优厚的赏赐。与此同时，清政府对于在华病故或遇难的琉球使臣都给予厚恤，并注重琉球官生的培养。

在贡期方面，清朝仍沿袭明朝的制度，康熙年间琉球两年一贡，虽然不及朝鲜一年四贡，但与安南、暹罗三年一贡比较，待遇优厚。

---

① 蔡铎、蔡温、郑秉哲：《中山世谱》，袁家冬校注，北京：中国文史出版社，2016，第124页。
② 《历代宝案》卷十五，台北：台湾大学出版社，1972，第786–787页。
③ 李鼎元：《使琉球记》，西安：陕西师范大学出版社，1992，第155页。

另外，琉球的贡品可以免税优待，朝鲜、暹罗等则必须缴税或减税。综上可以看出，琉球在清朝的宗藩体系中是在朝鲜之下而在安南和暹罗之上的。

第四节　结论与讨论

　　琉球王国在明朝初期与古代中国建立了宗藩关系，这种关系一直持续了五百多年，直到近代日本强行吞并琉球王国之后才终止。在中国与琉球的交往中，中国政府一直秉持"薄来厚往"的原则，朝贡贸易对琉球王国的发展起着举足轻重的作用。在明清王朝与琉球的宗藩关系中，琉球王国有着独立的国体和政体，作为宗主国的明清王朝从不干涉琉球王国的内政。可以说，历史上琉球与明清王朝的交往对琉球王国的社会发展、政治体制的完善、经济的繁荣以及科技的进步都起着至关重要的作用。闽人三十六姓带给琉球先进的造船技术以及航海技术，在明清王朝的政策扶持下，琉球成为"万国之津梁"。此外，明清王朝的扶持优待政策还体现在：向琉球王国输送优秀的人才，为琉球培养人才，让他们回国效力。这种制度在明亡清兴的朝代大变革中一直延续。在清朝政权稳定以后，双方的册封、贸易、科技以及文化交流与影响恢复如故。在清朝与琉球两百多年宗藩关系中，双方一直保持着密切关系，康熙曾题词"中山世土"，意为琉球国疆土永固。从"海邦济美""屏轮东南""同式文化"等历代清朝帝王的题词中不难看出中琉之间的友好关系。

第 七 章

日本萨摩藩入侵琉球与东亚
地缘政治格局变迁

　　16 世纪末至 17 世纪初，明王朝在内忧外患的困境中国力日益衰落。而日本则随着丰臣秀吉统一大业的完成逐渐崛起。东亚地区的地缘政治格局开始发生此消彼长的变化，由明王朝构筑的传统东亚国际秩序受到日本的挑战。日本为在东亚国际新秩序的构筑中扮演重要角色，一方面不断强化本国的公权力，一方面积极扩大自己的地区影响力。丰臣秀吉为了实现这一战略目标，于 1592 年和 1597 年发动了两次对明朝藩国——朝鲜的侵略战争（万历朝鲜战争），但是在中朝联军的抗击下均以失败告终。丰臣秀吉死后，德川家康夺得政权。日本将战略重点转移到海防力量薄弱的琉球群岛。1609 年，萨摩藩发动了对明王朝另一个附属国——琉球王国的侵略战争。萨摩藩以强大的军事优势为背景，强迫琉球王国向日本纳贡称臣，割让领土，逐渐将琉球王国纳入日本的势力范围。在日本的挑战下，传统的东亚地区国际秩序开始动摇。

　　国内学者对于日本与古代琉球王国之间关系的研究主要关注的是 1872 年以后日本对琉球群岛的吞并过程，关于 1609 年萨摩藩入侵琉球问题的研究尚不多见。米庆余在《琉球历史研究》一书中运用大量史料，对萨摩藩入侵琉球这一历史事件作了详尽的论述[①]。何慈毅在《明清时期琉球日本关系史》一书中对萨摩藩入侵琉球前后日本江户幕府外交政策的变化进行了较为深入的探讨[②]。徐振江从 1609 年前后围绕琉球群岛地缘政治关系变化的角度，对萨摩藩入侵琉球所产生的影响作出了简明的分析[③]。刘晓露在借鉴国内外学者研究成果的基础上，对萨摩藩入侵琉球的原因进行了较为系统的整理

---

① 米庆余：《琉球历史研究》，天津：天津人民出版社，1998，第 61-90 页。
② 何慈毅：《明清时期琉球日本关系史》，南京：江苏古籍出版社，2002，第 52-57 页。
③ 徐振江：《从地缘政治的角度浅谈 1609 年萨摩侵琉》，《安徽文学》2008 年第 12 期，第 240 页。

和分析①。总体上看，我国学术界对萨摩藩入侵琉球问题的关注仍显不足。加强历史学、国际关系学、地理学等相关学科对于萨摩藩入侵琉球的地缘关系背景、历史过程、主要原因以及影响方面的研究，对于我们深入了解琉球群岛的历史，探讨琉球群岛的未来走势，维护与琉球群岛地缘关系密切的我国钓鱼岛主权和东海海洋权益，正确处理对日关系具有十分重要的理论与现实意义。

第一节　萨摩藩入侵琉球的借口与真实动机

一　"印判"与"纹船"的发难

萨摩藩是日本明治政府"废藩置县"前统治九州岛南部的地方政权，其势力范围涉及古代日本的律令制国家萨摩国（现鹿儿岛县西部）、大隅国（现鹿儿岛县东部及大隅诸岛）和日向国诸县郡（现宫崎县西南部）等地区。江户时代（1603–1868 年）的"幕藩体制"确立后，该政权遂成为萨摩藩，明治维新后正式命名为鹿儿岛藩②。这里我们采用萨摩藩来统一"幕藩体制"建立前后对于萨摩这一政治实体的称谓。

地处日本九州岛南部的萨摩藩与琉球王国互为近邻，双方有着悠久的交往历史。1372 年，琉球国中山王接受明太祖朱元璋的册封，琉球开始成为明王朝的藩属国。琉球王国以对明朝贡贸易为背景，积极开展与日本的中转贸易。为了加强对萨琉来往商船的管理，1508 年，萨摩藩开始向琉球渡航商船发放"琉球渡海朱印状"（琉球渡航许可证，简称"印判"）。1566 年，岛津义久世袭萨摩藩藩主

---

① 刘晓露：《1609 年萨琉之役原因探析》，《黑龙江史志》2011 年第 21 期，第 3–5 页。
② 藤井贞文、林陆朗：『藩史事典』，東京：秋田书店，1976，第 342 頁。

后，萨摩藩加强了对琉球渡航商船的管理，对没有"印判"的商船采取没收商品、扣押船只的严格措施，并希望得到琉球王国的配合。但是，琉球王国对此并未十分重视，照旧允许一些没有"印判"的商船在那霸港从事交易活动，这引起萨摩藩的不满。1574 年，萨摩藩将多年来琉球王国的"违约"案件整理成文，送交琉球王国，并警告琉球王国若不"痛改前非"，必将导致双方关系的恶化[1]。

　　1575 年 3 月，琉球王国派遣一艘"纹船"（琉球国王派往萨摩藩的外交官船）赴萨摩藩祝贺岛津义久世袭萨摩藩藩主。萨摩藩重臣上原尚近和上井觉兼当面发难，要求琉球王国的使节对近年来琉球王国的"违约"案件以及"纹船"姗姗来迟、贺礼微薄等一一作出解释。岛津义久世袭萨摩藩藩主当初，正值琉球王国尚元王驾崩，尚永王即位，琉球王国因国务繁杂，故而没有及时遣使祝贺。对于萨摩藩重臣借"纹船"发难，有学者认为，岛津义久世袭萨摩藩藩主九年后，国内权力基础日趋稳定，希望通过强迫琉球王国接受萨摩藩的"印判"制度，控制琉球王国的海上贸易，从中获得经济利益。萨摩藩借"纹船"发难实际上是在寻找一个控制琉球王国的理由[2]。这个观点可以通过后来萨摩藩对琉球王国不断施压得以证实。

二　"借金"与"来聘"的借口

　　1588 年 8 月，萨摩藩藩主岛津义弘前往京都拜见丰臣秀吉，丰臣秀吉表示希望通过萨摩藩要求琉球王国臣服日本。1590 年 2 月，丰臣秀吉又遣使赴琉，再次要求琉球王国向日本朝贡，否则出兵征讨。初登王位的尚宁不想得罪日本，遂遣使赴萨摩藩，献礼修好。琉球王国的使者被岛津义弘带往京都谒见丰臣秀吉。1591 年 10 月，岛津义弘致书琉球国王尚宁，称丰臣秀吉计划进攻朝鲜，要求琉球

---

① 上里隆史：『琉日戦争一六〇九』，那霸：ボーダーインク，2009，第 79-83 頁。
② 琉球新報社、南海日日新聞社：『薩摩侵攻 400 年 未来への羅針盤』，那霸：琉球新報社，2011，第 21-22 頁。

王国负担 7000 名军人 10 个月的粮饷。对于这一要求,琉球国王尚宁按照负责外交事务的三司官谢名亲方利山(郑迥)的意见予以拒绝①。丰臣秀吉遂致书威胁琉球国王尚宁:"我自卑贱膺运兴,以威武定日本。六十余州既入掌中,至远近无不共朝贺。然尔琉球国,自拥弹丸之地,恃险远,未聘贡。故今特告尔,我将明春先伐朝鲜,尔宜率兵来会。若不用命时,先屠乃国,玉石俱焚之。"②在丰臣秀吉的威胁下,琉球国王尚宁最终交出一半粮饷,剩余部分萨摩藩提出愿为垫付,但要求琉球王国日后偿还。谢名亲方利山答应了萨摩藩的要求。这样,琉球王国就欠下萨摩藩一笔"借金"。后来"讨债"成为萨摩藩入侵琉球王国的一个借口。

　　1602 年末,一艘琉球王国的贡船遭遇风暴,漂流至日本陆奥地区(本州岛东北部),得到当地日本人的救助。1603 年初,德川家康令其家臣本多正纯将琉球船员交给萨摩藩。遵照德川家康的指示,由萨摩藩将琉球船员送回琉球王国,但要求琉球王国"来聘"(派遣使节进贡)致谢。1604 年 2 月,萨摩藩藩主岛津家久催促琉球王国向江户幕府派使"来聘"。琉球国王尚宁未予理睬。1605 年 7 月,德川家康令平户藩藩主松浦镇信派人与琉球王国接触,要求琉球王国"来聘",又遭到琉球国王尚宁的拒绝。德川家康认为琉球国王失礼。1606 年 8 月,德川家康致信岛津家久,信中表示了他对琉球国王的不满,并流露出征讨琉球王国的意图③。1607 年 5 月,德川家康再次命令萨摩藩催促琉球王国"来聘";1607 年 9 月,岛津家久派遣使节前往琉球王国,就"来聘"问题与琉球王国进行最后交涉。对于江户幕府和萨摩藩三番五次地要求"来聘",谢名亲方利山严词拒绝,并羞辱了来使。德川家康与琉球王国之间因"来聘"问题产生的矛盾成为萨摩藩入侵琉球王国的又一个借口。

---

① 高良仓吉:『琉球の時代』,東京:筑摩書房,2012,第 28 页。
② 郑樑生:《明代中日关系研究》,台北:文史哲出版社,1985,第 536 页。
③ 高良仓吉:『琉球王国の構造』,東京:吉川弘文館,1987,第 267 页。

三　萨摩藩的真实动机

自 1197 年萨摩藩藩主岛津忠久被镰仓幕府将军源赖朝任命为萨摩、大隅、日向的守护官以来，岛津家族一直统治着九州岛南部的广大地区。在日本战国时代（1493—1590 年）末期，萨摩藩日益强盛，开始向九州岛的中部和北部扩张，并先后征服了日向（现宫崎县大部）、肥后（现熊本县大部）、肥前（现佐贺县和长崎县大部）诸国。面对萨摩藩咄咄逼人的攻势，九州岛北部的丰前（现福冈县东北部和大分县北部）、丰后（现大分县大部）、筑前（现福冈县西部）、筑后（现福冈县南部）诸国纷纷向丰臣秀吉求助。1585 年 10 月，丰臣秀吉命令萨摩藩停止军事行动，被萨摩藩拒绝。1586 年 7 月，丰臣秀吉出兵征讨萨摩藩，并于 1587 年 5 月征服了萨摩藩，平定了九州岛[1]。

这场战争的失败使萨摩藩陷入经济危机之中。萨摩藩不但失去了许多已经到手的土地，而且因 13000 多人的武士团的庞大军费支出，财政不堪重负。加上萨摩藩地处火山地带，土壤类型以火山灰堆积物为主，土地贫瘠，农业不发达，经济基础薄弱，人民生活贫困。岛津家久既害怕通过增加税收解决财政问题会引起萨摩藩众臣的不满，又十分担心过剩的军力可能带来内乱。因此，转移国内矛盾成为岛津家久发动侵略琉球战争的一个真实动机。

不仅如此，萨摩藩地处日本列岛边缘，在空间距离和时间距离上远离日本的权力中心，一直想建立一个独立的政权，而建立政权则需要能够维持庞大军事力量的经济基础。因此，日本学者纸屋敦之指出，转移经济贫困可能引起的内部矛盾和满足其与经济基础不相称的国家欲望的政治野心，使得萨摩藩在琉球政策上铤而走险。

---

① 池上裕子：『織豊政権と江戸幕府』，東京：講談社，2002，第 154—155 頁。

这就是萨摩藩进攻琉球的侵略动机 [①]。

四　江户幕府的国家战略

　　1590 年 7 月，丰臣秀吉统一日本后开始积极推行征服明王朝的大陆扩张政策，谋求将琉球群岛和朝鲜半岛置于日本的控制之下 [②]。1592 年 4 月和 1597 年 2 月，丰臣秀吉发动了两次侵略朝鲜的战争，明王朝建立的东亚国际秩序受到挑战。1598 年 8 月，丰臣秀吉死后，德川家康夺得政权，并于 1603 年建立了江户幕府。德川家康积极推动所谓"善邻外交"，一边开始与朝鲜进行和平谈判，一边希望通过琉球王国的中介修复日本与明王朝之间因丰臣秀吉侵略朝鲜而破坏的外交关系，恢复日本与明王朝之间的贸易往来。但是，江户幕府的"善邻外交"并不意味着日本放弃了对外扩张的国家战略。实际上，德川家康也没有放弃对以明王朝为中心、建立在封贡体制下的东亚国际秩序进行挑战，只是将战略目标从朝鲜半岛转移到远离中国大陆的琉球群岛 [③]。

　　从"来聘"问题上不难看出，德川家康对琉球王国的高压态度绝非"善邻外交"之所为。实际上，万历朝鲜战争后，日本与明王朝之间的关系恶化，明王朝严格限制对日本的贸易，对日本实施经济制裁，使得日本失去了许多对明贸易的商业利益。德川家康强迫琉球王国"来聘"，臣服日本，并利用琉球王国，改善日本与明王朝之间的外交关系，重启日本的对明贸易，然后从中获得巨大的商业利益才是其真实的目的。因此，如果说萨摩藩入侵琉球最初只是萨摩藩为了扩大领地和攫取琉球王国对明朝贡贸易利益的一项地方政策的话，那么，后来由于得到了德川家康的支持，这一地方政策逐渐演变为江户幕府主导的一项日本对外扩张的国家战略。明治维新

---

① 紙屋敦之：「島津氏の琉球出兵と権力編成」，『沖縄史料編集所紀要』1980 年第 5 巻，第 1–41 頁。
② 笠谷和比古、黒田慶一：『秀吉の野望と誤算』，京都：文英堂，2000，第 24 頁。
③ 荒野泰典：『江戸幕府と東アジア』，東京：吉川弘文館，2003，第 260 頁。

以后，日本对琉球王国的强行吞并正是这一国家战略的延续。

第二节　萨摩藩入侵琉球始末

一　战争目标的选择

1602年，岛津家久继位成为萨摩藩第十八代藩主。此时，萨摩藩刚刚经历过日本的国内战争，百废待兴。岛津家久面临着克服财政困难、扩大对外影响、强化权力基础等许多亟待解决的问题，发动对琉球王国的侵略战争成为岛津家久的一个选择。岛津家久之所以选择琉球王国作为进攻目标，主要是因为岛津家久发现德川家康派平户藩藩主松浦镇信与琉球王国接触，担心如果江户幕府不把萨摩藩作为日本对琉球王国外交关系的唯一窗口，萨摩藩将失去对琉球王国的垄断地位。因此，岛津家久于1606年就开始与重臣们商议出兵大岛（奄美大岛）的侵略战争计划[1]。

但是，因"石纲船"和"隐知行"的内政问题，岛津家久的战争计划最初遭到萨摩藩重臣们的反对。所谓"石纲船"是指江户幕府在建设江户（东京）城时要求萨摩藩建造300艘运送石料的船。因地方财力不足，萨摩藩未能按时交付300艘"石纲船"。所谓"隐知行"问题是一个税赋问题。"知行"是日本古代至近代封建领主行使的支配权。江户幕府每年按照各藩国的实际收入征收地方税，在核对账簿时发现萨摩藩隐瞒了十一万八千石的收入。江户幕府对"石纲船"和"隐知行"问题十分不满，要求萨摩藩查明真相。岛津家久的家臣们忙于应对江户幕府的追究，无暇顾及岛津家久进攻琉

① 『旧記雑録後編4』，鹿児島：鹿児島県歴史史料センター，1984，第532頁。

球王国的战争计划[①]。

1606年4月1日，身在江户的岛津家久听了岛津义弘传达的萨摩藩重臣们对发动琉球王国侵略战争计划的消极意见后，依然坚持己见，并以"石纲船"建造耗资巨大，萨摩藩财政困难，重振萨摩藩的经济必须征服琉球王国，通过琉球王国可以恢复因万历朝鲜战争中断的日本对明王朝的贸易等为由，反复向德川家康请求出兵琉球，并最终说服了德川家康。1606年6月17日，江户幕府批准了萨摩藩侵略琉球的战争计划[②]。这样，岛津家久把萨摩藩的琉球政策作为江户幕府对明王朝政策的一个重要组成部分，以江户幕府的中央权力为背景，力排萨摩藩内部的反对意见，将侵略琉球王国的战争计划一步步推向深入，并付诸实施。

二 军事行动的展开

1609年3月4日，萨摩军在桦山久高和平田增宗的率领下派出战船百艘，士兵三千，从山川港出发向琉球王国发起进攻。萨摩军途经吐噶喇列岛时强征20名船长和250名水手担任向导。3月7日，萨摩军抵达奄美诸岛，进攻几乎没有遇到任何军事抵抗。奄美大岛的居民对登陆的萨摩军非常友善，甚至还为其提供物资补给。3月8日，萨摩军占领了奄美大岛、喜界岛。3月16日萨摩军南下进攻德之岛。萨摩军在德之岛遭遇顽强抵抗，但军事实力悬殊，于3月22日攻陷德之岛。3月24日，萨摩军乘胜攻陷了冲永良部岛；3月26日，萨摩军在冲绳岛北部的运天港登陆；3月27日，攻陷今归仁城，直逼琉球王国首府首里城。琉球王国动员四千兵力防守首里城，但是，以刀剑、长矛和弓箭为武器的琉球守军与以火枪为武器、经过日本国内战国时代历练的萨摩强兵相比，战斗力差距明显。虽然琉

---

① 紙屋敦之：「薩摩の琉球侵入」，琉球新報社：『新琉球史 近世編』，那覇：琉球新報社，1989，第42–43頁。
② 伊地知潜隠：『南聘紀考』，那覇：沖縄歴史研究会，1966，第128頁。

球守军在谢名亲方利山、丰见城亲方盛续（毛继祖）和越来亲方朝首（向德深）等人的率领下，在浦添、那霸港、识名原等局部地区进行了有限的抵抗，但已无法挽回战事全局[①]。4月4日，琉球国王尚宁开城投降；4月5日，萨摩军接管了首里城；经过十余天战斗，控制了冲绳岛。琉球国王尚宁和三司官等众臣都成为萨摩军的俘虏。萨摩军控制冲绳岛后并没有向庆良间诸岛、久米岛、宫古列岛、八重山列岛等岛屿派兵，而是通过琉球王国的三司官命令这些岛屿的守军放弃抵抗，向萨摩军投降。根据史料记载，战争期间萨摩军对琉球一般民众的掠夺、放火和杀戮时有发生。虽然一些日本学者认为，萨摩军军纪严明，禁止针对平民的战争犯罪行为，但是，在战场上所谓军纪并未被严格遵守。士兵素质低下、军官故意纵容成为上述行为发生的主要原因[②]。

三　战后事务的处理

1609年5月15日，琉球国王尚宁及众臣一百余人被押往萨摩藩。德川家康对于萨摩藩入侵琉球的军事胜利给予了高度评价。1609年7月7日，江户幕府授予萨摩藩藩主岛津家久对琉球群岛的统治权，但同时指示岛津家久不要把琉球国王尚宁当作俘虏，而是要按照接待外国使节的规格给予琉球国王一行应有的礼遇。按照德川家康的指示，1610年5月16日，琉球国王尚宁一行被岛津家久带往江户，7月20日到达京都，8月6日到达骏府城。8月14日，德川家康在骏府城接受了琉球国王尚宁的谒见。8月25日，尚宁一行抵达江户。8月28日，江户幕府第二代将军德川秀忠在江户城接受了琉球国王尚宁的谒见。此前，江户幕府也曾接受过朝鲜、荷兰等外国使节的谒见。但是，琉球国王尚宁的谒见是一国之君的谒见，

---

① 上里隆史：『琉日戦争一六〇九』，那霸：ボーダーインク，2009，第240–285页。
② 上原兼善：『島津氏の琉球侵略』，宜野湾：榕樹書林，2009，第282页。

而且是通过军事手段得以实现的，其政治意义明显不同。所以，琉球国王尚宁的谒见得到了江户幕府异乎寻常的重视。9月3日，德川秀忠宴请琉球国王尚宁和岛津家久，席间德川秀忠向尚宁表示，江户幕府并无以他姓取代中山王之意，保证琉球王国的国家延续[1]，并令岛津家久速将尚宁送还回国。

1610年9月15日，琉球国王尚宁等人离开江户，12月24日回到鹿儿岛。但是，岛津家久并未允许尚宁一行回国。1611年9月19日，萨摩藩向尚宁提出琉球王国必须遵守的15条基本法律"铁律十五条"（掟十五カ条），其中，包括对琉球王国对外贸易和航海自由的限制、对琉球王国人事权的限制、对琉球王国年贡税收的规定以及对琉球王国社会治安管理的规定等直接干涉琉球王国内政的内容，要求琉球王国君臣发誓永远效忠萨摩藩，并割让奄美诸岛等苛刻条件。在萨摩藩的武力威胁下，琉球国王尚宁及众臣被迫在"起请文"（起誓书）上签字画押。只有谢名亲方利山厉斥萨摩藩的强盗行径，拒绝签字效忠。9月19日下午四时许，63岁的谢名亲方利山在鹿儿岛遭斩首示众。1611年12月15日，琉球国王尚宁及众臣被释放回国[2]。

第三节　萨摩藩入侵琉球与东亚各国的反应

一　明王朝的无奈与默认

1589年1月，尚宁继位后一直未向明王朝请求正式册封。万历朝鲜战争前后，日本的江户幕府和萨摩藩对琉球王国不断施压，要

---

① 木村高敦：『武德編年集成』，大阪：名著出版，1976，第134页。
② 上里隆史：『琉日戦争一六〇九』，那霸：ボーダーインク，2009，第315页。

求琉球臣服于日本。尚宁认为成为丰臣秀吉的家臣是一件可耻的事，于 1591 年 7 月派人秘密将丰臣秀吉计划入侵朝鲜等动向上奏明朝。万历十九年，"癸未大学士许国等题昨得浙江福建抚臣共报日本倭奴招诱琉球入犯……"[①]。甲午"福建巡抚赵参鲁奏称琉球贡使预报倭警"[②]。同时，尚宁出于国家安全的考虑，多次向明王朝请求册封。但是，由于倭寇骚扰东海，颁封事务一拖再拖，直到尚宁继位 17 年后的 1606 年 6 月，明朝政府才派遣夏子阳为册封使出使琉球，正式册封尚宁为琉球国王。

1606 年 6 月至 11 月，夏子阳在琉球滞留期间，看到许多佩刀的日本商人在那霸横行霸道。"我众与倭各卫其舟，致有争竞。倭伤首役一人，血流淋漓；众遂大怖，扶归哀诉，状颇仓皇。……先是，辛酉之使，前导驱倭不退，以鞭鞭之；倭怒，操利刃削其鞭立断，然亦未尝伤人。"[③]夏子阳也了解到琉球王国为了防范倭寇的骚扰，在冲绳岛北部的今归仁地区部署了 1000 守军。夏子阳回国后一直担心琉球的安全受到日本的威胁。当琉球王国的谢恩使毛凤仪请他转呈琉球国王尚宁为解决经济困境要求扩大对明贸易的请愿书时，夏子阳认为琉球王国对明贸易的扩大可能会导致日本的侵略，当即予以拒绝[④]。但是，夏子阳担心的日本对琉球王国的侵略不久便成为事实。

册封尚宁国王三年后，萨摩藩对琉球王国发动侵略战争，国王尚宁被俘，成为萨摩藩的人质，被扣押了两年零六个月之久。尚宁被日本扣押期间，临时负责琉球王国政务的三司官名护亲方良丰（马良弼）于 1609 年 10 月派遣郑俊出使明朝通报"倭乱"。1610 年 1 月，又派遣进贡使毛凤仪来到福州，通过福建巡抚陈子贞等官员将"倭乱"之事禀报给神宗皇帝[⑤]。神宗皇帝下旨召毛凤仪等进京。毛凤

---

① 《明实录·神宗显皇帝实录》卷二百三十八，台北："中央"研究院历史语言研究所，1962，第 854 页。
② 《明实录·神宗显皇帝实录》卷二百三十九，台北："中央"研究院历史语言研究所，1962，第 856 页。
③ 夏子阳：「使琉球録」，原田禹雄訳注，宜野湾：榕樹書林，2001，第 403 页。
④ 西里喜行：「薩摩の琉球侵攻と東アジア（上）」，『沖縄タイムス』2009 年 1 月 22 日（8）。
⑤ 《明实录·神宗显皇帝实录》卷四百九十八，台北："中央"研究院历史语言研究所，1962，第 1826–1827 页。

仪当面向神宗皇帝禀报萨摩藩出兵进攻琉球王国，俘虏了国王尚宁，萨摩藩强迫琉球王国割让土地，纳贡称臣，国王尚宁被迫接受了萨摩藩的要求，不久便可回国等情况。神宗皇帝听后非常震惊，令毛凤仪等转达对蒙受"倭乱"的琉球国王尚宁的安抚，同时要求福建官员将"倭乱"的细节再度上报。之后，福建巡抚陈子贞收集了大量关于"倭乱"的资料，整理后上奏神宗皇帝。至此，琉球王国遭受"倭乱"的消息在明朝官员中迅速传开 [①]。

对于萨摩藩入侵琉球，明王朝的许多官员最初认为"倭乱"导致琉球王国被日本兼并 [②]。但是，后来逐渐认识到琉球王国并未灭亡，只是既接受明朝的册封，又臣服于萨摩藩，既向明朝进贡，也向日本进贡，成为中日两国共同的附属国 [③]。

明王朝最终没能在舆论上和军事上援助琉球，其主要原因有三。其一，从内政外交上看，明王朝国内天灾人祸不断，"朋党之争"导致政权腐败，人心涣散，北方女真族的崛起使得明王朝自顾不暇。其二，从国防安全的角度上看，明王朝海洋意识淡薄，重视陆防、轻视海防，认为琉球与朝鲜不同，在明王朝国防安全上的地缘战略意义并不重要。其三，从国家实力的角度上看，明王朝在万历朝鲜战争中国力耗尽，财政疲惫，没有掌握足够的制海权，无力出海援助远离中国大陆的琉球。

二 朝鲜王国的关心与忧虑

朝鲜王国与琉球王国之间通过进贡使的往来保持着良好的藩属国之间的交往。万历朝鲜战争以后，朝鲜国王在给琉球国王的信件中表达了希望两国交好、共同防范日本的意愿。"我国与贵邦世敦信睦，缘海道辽夐，以致多年疏旷。今王思维先君之好，专使来聘，

---

① 西里喜行：「薩摩の琉球侵攻と東アジア（上）」，『沖縄タイムス』2009 年 1 月 22 日（8）。
② 《明实录·神宗显皇帝实录》卷五百零一，台北："中央"研究院历史语言研究所，1962，第 1848 页。
③ 西里喜行：「薩摩の琉球侵攻と東アジア（下）」，『沖縄タイムス』2009 年 1 月 29 日（8）。

仍惠礼，更示以交通往来之义。寡人深用喜谢，庶坚此心，以永终誉，岂不美哉。"[1]"又报贼酋死亡消息，厚意郑重，无以为报，所据关贼罪盈恶积，天降之罚。此非但敝邦之幸，实是天下之幸。余贼蚕食者亦已俱被官兵驱剿过海去讫。烦乞贵国日后凡有贼情，不拣缓急，须径报天朝以转示敝邦。"[2]

萨摩藩入侵琉球后，朝鲜国燕行使郑士信在日记中叙述了与琉球国使节毛凤仪会见，并送上朝鲜国王的书简和礼品的细节。当询问"倭乱"之事时，毛凤仪等告知："万历三十六年（1608年），德川家康令琉球春秋两次修贡，琉球国王不从，家康遂命萨摩藩出兵征讨。琉球国王言罪在己身，不可连累无辜民众，舍身萨摩军前被俘。家康念王爱民之志，自赴国难，称王乃天下义主，欲将其送还回国。"[3]至此，"倭乱"的消息在朝鲜王国传开。1612年，琉球国王尚宁致信朝鲜国王，通报了"倭乱"之事。"吾与阁下同受天朝册封。国家蒙受外国侵略，生灵涂炭，痛苦不堪，被迫离国三年。虽与倭议和，得以还朝。今后倭贼可能随时来袭，理应加固防备，为防不测。"[4]

朝鲜王国对琉球王国的命运深感忧虑，担心"倭乱"再次祸及朝鲜时不能得到宗主国明王朝的保护。于是，开始积极改善与日本的关系。1609年3月，朝鲜王国与日本缔结了《己酉条约》，恢复了朝鲜王国与日本之间的外交关系和贸易往来。朝鲜王国与日本恢复邦交后，琉球王国与朝鲜王国之间的关系逐渐冷淡，1638年以后朝鲜与琉球王国断绝了交往。

三 琉球王国的挣扎与努力

"倭乱"使得琉球王国面临着生死存亡的危机。虽然在当时的

---

① 《歷代宝案》第一集第三十九卷，沖縄県歴代宝案編集委员会，2002，第4~5页。
② 《歷代宝案》第一集第三十九卷，沖縄県歴代宝案編集委员会，2002，第79~80页。
③ 西里喜行：「薩摩の琉球侵攻と東アジア（上）」，『沖縄タイムス』2009年1月22日（8）。
④ 西里喜行：「薩摩の琉球侵攻と東アジア（下）」，『沖縄タイムス』2009年1月29日（8）。

东亚地缘政治格局下，因江户幕府极力避免在琉球问题上与东亚盟主明王朝之间的外交摩擦，并希望通过琉球王国来改善日本与明王朝之间的外交关系，恢复日本与明王朝之间的贸易往来，琉球王国的国家体制才得以延续，但是，琉球王国的国家主体性已经受到极大的伤害。虽然在形式上琉球王国依然是东亚地区一个独立的国家，但实际上国家的命脉牢牢地掌握在江户幕府和萨摩藩的手中。历史上，经历"倭乱"后的琉球王国在恢复国家主体性方面曾作出过积极努力，但是，由于江户幕府和萨摩藩的严格控制以及明王朝的冷落，这些努力都付诸东流。

1612 年 1 月，琉球国王派遣进贡使柏寿、陈华出使明朝，奉表入贡。但是，贡品中掺杂着一些日本土特产品，柏寿、陈华等对此解释说"倭乱"使得琉球国民生活贫困，贡品准备不周。明王朝首辅叶向高怀疑琉球王国已被日本兼并，日本人在暗中操控琉球的朝贡贸易，并从中受益，因而主张拒收琉球王国的贡品。针对朝廷内部的议论，神宗皇帝接受礼部的建议，命福建布政司向柏寿、陈华等人转告圣意。"琉球新经残破，财匮人乏，何必间关远来？还当厚自缮聚，俟十年之后物力稍完，然后复修贡职，未为晚也。"① 命琉球王国十年一贡。但是，十年一贡意味着贸易机会的减少，对琉球王国的经济打击很大。1614 年 9 月，琉球国王尚宁派遣吴鹤龄、蔡坚出使明王朝，提出恢复两年一贡要求。明王朝怀疑琉球王国恢复贡期的要求是受到萨摩藩的指使，因此予以拒绝。1617 年 6 月，琉球国王尚宁又派遣毛继祖、蔡坚出使明王朝，再次提出恢复两年一贡要求，仍被明王朝所拒绝。直到 1623 年，明王朝才批准琉球五年一贡，但两年一贡的旧制一直未能恢复。

明王朝出于对萨琉关系的戒备多次拒绝了琉球王国恢复贡期的要求，使得江户幕府意识到利用琉球王国这一中介改善与明王朝的

① 蔡铎、蔡温、郑秉哲：《中山世谱》，袁家冬校注，北京：中国文史出版社，2016，第 116 页。

外交关系、恢复与明王朝贸易的希望十分渺茫。为了迷惑明王朝，江户幕府要求萨摩藩在处理琉球关系问题时小心谨慎，处处制造假相。萨摩藩要求琉球王国的"谢恩使"赴江户朝贡时必须身着唐装，蓄中国式胡须，一路敲锣打鼓，演奏中国音乐，列队行进，演出外国使节朝贡的场面[①]。为了攫取琉球王国对明朝贡贸易的利益，萨摩藩一方面在已经成为萨摩藩直辖地的奄美大岛和德之岛设置"大岛代官所""大岛奉行所"等机构，加强对奄美诸岛的控制，一方面要求琉球王国向奄美诸岛派驻官员，在形式上依然保留琉球王国的独立，制造奄美诸岛仍归琉球王国管理的假象。1624 年 8 月 20 日，萨摩藩决定放宽对琉球王国的人事权、裁判权、祭祀权的控制，允许琉球王国保留一定的自治权[②]。随着长期压抑体制的缓和，琉球王国的国家意识逐渐恢复，并通过身份制度的建立、行政机构重组等一系列的改革来强化王府的政治和行政管理职能。这些改革虽然使琉球王国的国家主体性得到一定的恢复，但是，根本无法脱离日本"幕藩体制"大的政治框架。琉球王国终究无法摆脱江户幕府和萨摩藩为其设定的"虚构的异国"的宿命。

第四节　萨摩藩入侵琉球对东亚地缘政治格局的影响

一　明王朝的衰落与"华夷秩序"的动摇

历史上，传统的东亚地区国际秩序主要是建立在封贡体制下的"华夷秩序"。从西汉时期起，古代中国的外交通常都是基于《诗经》

---

① 赤嶺守：『琉球王国』，東京：講談社，2000，第 116 頁。
② 赤嶺守：『琉球王国』，東京：講談社，2000，第 110 頁。

所述的"普天之下，莫非王土；率土之滨，莫非王臣"的皇权理念，按照宗主国和藩属国的君臣关系来处理与中国地缘关系密切、历史交往久远的周边国家的外交关系。被称为华夏的中国作为宗主国以王者自居，被称为四夷的周边国家作为藩属国以臣子侍候。中国皇帝通过对藩属国国王的册封，彰显其至高无上的皇权，而藩属国的国王则通过得到中国皇帝的册封，来提高自己的权威，证明其国内统治地位的合法性。接受册封的藩属国需定期向中国皇帝进贡，表示臣服与忠诚[1]。

　　这种宗藩关系表面上看是一种以小事大的不平等关系，但实际上这种宗藩关系只是维系古代中国与周边国家友好关系的一种形式，并不具有统治和被统治的实质性内容。虽然古代中国作为宗主国负有帮助藩属国维护国家安全和统治秩序的责任，但是，历代中国皇帝通常都是以"王者不治夷狄，来者不拒，去者不追"的态度对待藩属国，原则上并不干涉藩属国的内政。此外，中国皇帝为了显示其"天朝上国"的富有与大度，总是本着"薄来厚往"的原则，以贡品价值的数倍乃至数十倍的物品赏赐给朝贡者，并允许朝贡者在中国从事贸易活动。因此，来华朝贡又被称为"朝贡贸易"，作为一种重要的贸易渠道为各藩属国带来巨大的经济利益。但有时为了减轻国家的财政负担，中国皇帝也对各藩属国来华朝贡的时间和规模作出种种限制和规定。

　　这种由古代中国主导、建立在封贡体制下的宗藩关系是维护封建时期东亚地区国际秩序的基础。历史上，朝鲜、琉球、缅甸、越南（安南）、老挝（南掌）、泰国（暹罗）、印度尼西亚（爪哇）、菲律宾（吕宋、苏禄）、马来西亚（满喇加）等诸多周边国家都曾经是古代中国的藩属国。日本在室町时代（1336–1573 年）之前也曾经是这个封贡体制中的一员。日本南朝的征西大将军怀良亲王和室町

---

①　何慈毅：《明清时期琉球日本关系史》，南京：江苏古籍出版社，2002，第45–46页。

幕府第三代将军足利义满都曾接受过明朝皇帝的册封。但是，1547年室町幕府遣明使最后一次入明后，日本断绝了与明王朝之间的宗藩关系。不可否认，"华夷秩序"在很长一段时间对于维护东亚地区的稳定与安全发挥了重要作用。但是，随着明王朝的衰落，在萨摩藩征服琉球王国后开始产生动摇，建立在"华夷秩序"上的东亚国际秩序受到挑战[①]。

二　萨摩藩的琉球统治与琉球中日两属关系的确立

萨摩藩征服琉球王国后，急于确立萨摩藩与琉球王国之间的主从关系，立即将日本"幕藩体制"中的"知行"制度引入琉球。为了确定琉球王国的纳税标准，岛津家久派遣萨摩藩总管伊势贞昌率队先后在冲绳诸岛、先岛诸岛和奄美诸岛实施"检地"（耕地测量）。根据"检地"结果，萨摩藩规定琉球王国每年必须向萨摩藩进贡大米十二万三千七百石[②]。其中，被强行编入萨摩藩直辖地的奄美诸岛每年向萨摩藩进贡大米四万三千二百五十七石，琉球王国所属的冲绳诸岛和先岛诸岛每年向萨摩藩进贡大米八万零四百四十三石[③]。通过对琉球的征服，萨摩藩的财力增至九十万石，成为日本国内仅次于加贺藩的第二大藩。

1629年以后，萨摩藩为了直接控制琉球王国的政治和经济，建立了"在番奉行"制度，派遣萨摩藩家臣常驻琉球王国各主要附属岛屿，直接掌管各地的行政。1629年，萨摩藩在宫古列岛首先设置了"宫古岛在番奉行"；1631年，在冲绳岛设置了"琉球在番奉行"；1632年，又在八重山列岛设置了"八重山岛在番奉行"。这样一来，萨摩藩对琉球王国的统治由早期的间接统治转变为直接统治[④]。1634

---

①　堀敏一:『中国と古代東アジア世界：中華の世界と諸民族』，東京：岩波書店，1993，第81頁。
②　赤嶺守:『琉球王国』，東京：講談社，2000，第97頁。
③　上里隆史:『琉日戦争一六〇九』，那覇：ボーダーインク，2009，第313頁。
④　琉球新報社、南海日日新聞社:『薩摩侵攻400年：未来への羅針盤』，那覇：琉球新報社，2011，第134–135頁。

年，江户幕府决定将琉球王国编入萨摩藩的直辖领地，并禁止琉球国王使用"中山王"的称号，改称"琉球国司"①。至此，琉球王国正式沦为萨摩藩的附庸国。在江户幕府的授权下，萨摩藩通过"铁律十五条"在政治上和经济上对琉球王国实行严格控制。琉球王国每次向中国派遣进贡船以及进贡船归国、册封使来港等外交大事，都要遣使向萨摩藩通报。萨摩藩对琉球群岛的资源进行疯狂掠夺。琉球王国的硫黄、蔗糖等重要产品的生产、流通都被萨摩藩控制；琉球王国对明王朝朝贡贸易的丰厚利润被萨摩藩攫取；萨摩藩在琉球群岛征收人头税，使琉球人民深陷苦难②。

　　萨摩藩征服琉球王国后，琉球国王尚宁在提交给萨摩藩的誓词中无奈地承认了"琉球自古以来为萨州岛津氏的附庸"③。但是，琉球王国依然接受明王朝的册封，并向明王朝进贡。直到近代琉球王国被日本强行吞并前，琉球王国一直保持着与中国和日本两属关系的平衡，寻求着本国独立自主的发展④。琉球王国同时附属中国和日本的两属性质反映了当时东亚地区两强相争的地缘政治格局特征。必须指出的是，萨摩藩入侵琉球后，明王朝与琉球王国之间的关系属于较为松散的封贡关系。几十年一次的新王登基册封以及十年一贡或五年一贡的规定疏远了明朝与琉球的关系。而萨摩藩与琉球王国之间的关系则较为紧密。每当萨摩藩和江户幕府发生主君更替、公子诞生、婚丧嫁娶等大事的时候，琉球王国都要向日本派遣使者。日本发生重大自然灾害时，琉球也遣使慰问。琉球每年还要向萨摩藩派遣"年头使"庆祝新年。这种建立在日常交往基础上的交流使得萨琉关系越来越密切，琉球王国也逐渐接受了作为萨摩藩附庸的现实。

---

① 上里隆史：『琉日戦争一六〇九』，那覇：ボーダーインク，2009，第98-99页。
② 新城俊昭：『琉球・沖縄史』，糸満：東洋企画，2008，第126-127页。
③ 『旧記雑録後編4』，鹿児島県歴史史料センター，1984，第862页。
④ 高良倉吉：『アジアのなかの琉球王国』，東京：吉川弘文館，1998，第164页。

三 中日对峙地缘政治格局的形成

早在室町时代末期，日本就已经开始谋求对明王朝的对等外交关系，退出了明王朝构建的封贡体制下的"华夷秩序"。这是历史上日本第一次"脱亚"，与明治维新时期福泽谕吉提出的"脱亚论"一样，背后都隐藏着侵略扩张的目的①。丰臣秀吉统一日本后，发动了两次侵略朝鲜的战争，挑战东亚地区传统的国际秩序。江户幕府纵容萨摩藩入侵琉球，继续向明王朝主导的东亚地区传统的"华夷秩序"提出挑战。萨摩藩征服琉球王国后，江户幕府试图通过琉球称臣和朝鲜来朝，在东亚地区构建一种与明王朝对抗、以日本为中心的新的国际秩序。有学者认为这种以日本为中心的新的国际秩序也是建立在传统的华夷思想基础上，因此，将其定义为"日本型华夷秩序"②。虽然建立在"日本型华夷秩序"基础上的国际秩序是否存在还值得商榷，但是"日本型华夷秩序"对于解释日本在 17 世纪初试图构建一种新的国际秩序的尝试不失为一个很有意义的学术观点。必须指出的是，"日本型华夷秩序"与建立在封贡体制下重视礼仪、不干涉内政传统的"华夷秩序"有着本质上的区别。"日本型华夷秩序"是建立在极端民族主义基础上的，宣扬殖民扩张，干涉内政，变弱小国家为保护国的强权政治的产物③。

1614 年，江户幕府令萨摩藩起草一封书信，让琉球王国的进贡使以德川家康的名义转交给明王朝派驻福建的军政当局。由于琉球王国违背贡期的规定擅自入贡，进贡使被拒绝入境，这封书信未能送达。但是，书信中所表达的内容对于研究江户幕府的对外政策很有帮助。书信中谈到日本与中国的交流历史悠久，因万历朝鲜战争

---

① 何慈毅：《明清时期琉球日本关系史》，南京：江苏古籍出版社，2002，第 41 页。
② 荒野泰典：「近世日本と東アジア」，東京：東京大学出版会，1988，第 106 页。
③ 松岛泰胜：「日本型華夷秩序観における沖縄と琉球」，『早稲田経済学研究』1995 年第 40 卷，第 11–25 頁。

中断了联系，德川家康夺得政权后，"抚育诸岛，左右文武，经纬纲常，遵往古之遗法，鉴旧时之烔戒，邦富民殷，尔积九年之蓄，风移俗易，而追三代之迹，其化之所及，朝鲜入贡，琉球称臣，安南、交趾、占城、暹罗、吕宋、西洋、柬埔寨等蛮夷之君长酋帅，各无不上书输宾。由是益慕中华，尔求和平之意无忘于怀"①。此外，信中还表达了江户幕府准备与明王朝恢复贸易往来，"欲修遣使之交"，希望明王朝不废"中华以大事小之意"，以博爱之心善待海东的黎民百姓之意。一部分学者认为，这封书信表明了德川家康为了能够重新加入以明王朝为中心的封贡体制一直在做不懈的努力。但是，美国学者罗纳德·托比（Ronald P. Toby）指出，这封书信虽是写给明王朝驻福建的军政当局，但是书信完全采用外交文书的格式和汉语文体，足以说明江户幕府是按照当时东亚地区的外交礼节行事，江户幕府认为这封书信必然会转呈给明朝皇帝，所以书信末尾盖上了江户幕府最高统治者德川家康的朱印。但是，书信中未使用明王朝的年号，说明发信者并没有表现出对明朝皇帝应有的尊敬。书信中关于"朝鲜入贡，琉球称臣，安南、交趾、占城、暹罗、吕宋、西洋、柬埔寨等蛮夷之君长酋帅，各无不上书输宾"的表述，无疑是江户幕府公开向明王朝表明日本在外交上与明王朝的地位平等，以及模仿古代中国创建"华夷秩序"，正在建立以日本为中心的新的东亚地区国际秩序，欲与明王朝在东亚地区的地缘政治格局中分廷抗争的态度②。

日本列岛人口众多，资源有限，决定了日本对外扩张的本性。实际上，江户幕府积极推动的"善邻外交"只是日本对外扩张的国家战略的一个重要组成部分。在日本的国家实力还没有强大到能够征服亚洲大陆时，日本需要改善与明王朝的外交关系。但是，修复邦交、睦邻友好是假，恢复贸易、从中获利是真。因此，当日本希

---

① 林羅山：『林羅山文集』上巻，東京：ぺりかん社，1979，第130–131頁。

② Ronald P. Toby. *State and Diplomacy in Early Modern Japan: Asia in the Development of the Tokugawa Bakufu*, California: Stanford University Press，1984. p.182.

望借助琉球王国修复对明关系，重启对明贸易的企图被明王朝识破后，江户幕府开始摸索在东亚地区构建一个能够与明王朝对抗的新的国际秩序——"日本型华夷秩序"。

在江户幕府的构图中，日本要取代明王朝成为新的盟主，琉球、朝鲜、虾夷（北海道）成为其中的一员。萨摩藩入侵琉球正是日本为构建东亚地区新的国际秩序所迈出的重要一步。萨摩藩征服琉球王国后，强迫琉球王国纳贡称臣，确立了萨摩藩与琉球王国之间的主从关系。江户幕府之所以允许琉球王国保留形式上的王权体制，就是想利用琉球王国的来朝提高江户幕府的地位。随着万历朝鲜战争后朝日关系的缓和，朝鲜王国经常派遣通信使与日本交流，朝鲜通信使带来的礼品也被江户幕府当作贡品加以夸大，其目的是对外宣传"日本型华夷秩序"的确立。同一时期江户幕府开始向虾夷扩张。从上述种种迹象不难看出"日本型华夷秩序"的雏形。随着"日本型华夷秩序"的建立，东亚地区中日两强对峙的地缘政治格局逐渐形成。

第五节　结论与讨论

明王朝的衰落和日本的崛起打破了东亚地区的力量平衡。日本于万历年间发动了两次侵略朝鲜的战争，对以明王朝为中心、建立在封贡体制下传统的东亚国际秩序提出挑战，给东亚地区带来巨大的动荡。日本对明王朝与朝鲜半岛建立在地理位置接近性上的特殊地缘政治关系的认识不足和对自身实力的过高估计，导致了日本在万历朝鲜战争中的失败。这一失败使得日本意识到，以日本的实力还不足以撼动明王朝在东亚大陆传统的盟主地位。于是，日本将战略目标转移到远离明王朝权力中心的琉球王国。地处琉球群岛的琉球王国是明王朝封贡体制中另一个重要成员国，作为宗主国的明王朝理应承担起维护琉球王国国家安全的责任。但是，由于明王朝对琉球群岛地缘战略意义重要性的认识不足，海洋意识淡薄，海防力量薄弱，加上国内战乱四起，政局不稳，财力不足等原因，明王朝无意也无力向琉球王国提供道义上和军事上的援助，使得日本在琉球群岛有机可乘，最终将琉球王国纳入日本的势力范围。

萨摩藩入侵琉球的军事胜利增强了日本的自信。萨摩藩通过对琉球王国的控制，获得了巨大的政治和经济利益，使得萨摩藩的实力大增，最终成为日本国内强大的政治实体。1868 年"明治维新"的成功极大地推动了日本的现代化进程，萨摩藩在明治维新运动中发挥了巨大作用。西乡隆盛、大久保利通、西乡从道、大山严等萨摩藩出身的政治家成为倒幕维新的核心。直到第一次世界大战结束前，被称为"萨摩阀"的政治势力在日本的国家政治中举足轻重，一直占据着政府、军队、警察的领导地位，并主导了后来的"琉球处分"、甲午战争、"日韩并合"等对东亚地区地缘政治格局变化产生重要影响的历史进程。因此，萨摩藩入侵琉球并成功实现了对琉球王国的征服和控制，对日本在东亚地区的崛起所产生的重要影响不可低估。如果说一个国家的崛起表现在该国家在政治、军事、经济、文化等领域的对外扩张对原有国际秩序的挑战，那么，从这个意义上说，萨摩藩对琉球王国的军事征服正是日本对明王朝主导的东亚地区国际秩序的挑战，此时明王朝正走向衰落，而日本正逐步崛起。

必须指出，明王朝在对待萨摩藩入侵琉球问题上态度十分消极。对琉球王国未能承担丰臣秀吉侵略朝鲜时的宗主国对藩属国的责任，提供道义上和军事上的援助。对日本除了贸易制裁外，缺乏更有效的反制手段。特别是对待琉球王国中日两属外交的容忍，更加纵容了日本对琉球群岛进一步扩张的野心，最终导致近代日本对琉球王国的强行吞并。

第 八 章

近代日本对琉球群岛的强行吞并

第一节 "牡丹社事件"与近代日本侵台

一 "牡丹社事件"

1868 年日本明治维新以后，在对内进行改革的同时，其对外扩张的野心也昭然若揭。日本明治政府甚至认为吕宋、琉球、满洲、朝鲜"皆可为皇国之藩屏也"，"满清可交，朝鲜可伐，吕宋、琉球可唾手而取也"①。日本明治政府趁着清王朝的衰落，开始逐步实施蓄谋已久的吞并琉球的计划。中日两国在琉球归属的问题上明争暗斗，两国国家利益上的冲突愈演愈烈。而后来发生的"牡丹社事件"，为日本侵略台湾、吞并琉球提供了机会。

1871 年 11 月 30 日，琉球王国两艘贡船从宫古岛出发，运送年贡去首里城，返回途中在海上遭遇台风，漂流到台湾南部高山族聚居的牡丹社地区，其中"八重山"号船获救，45 名船员被地方当局和当地居民护送到台湾府城。另一艘"太平山"号船在台湾南部北瑶湾触礁沉没，69 名船员中 3 名溺死，其余 66 名船员泅水上岸后与当地高山族部落发生冲突，结果 54 名船员被杀害。生存下来的 12 名船员得到了清朝官员保护，被营救至府城，与那里的"八重山"号船员一起经由福建福州被送回琉球②。近代史上，这一事件被称为"牡丹社事件"。1872 年 5 月，日本驻北京公使将此事件报告给日本政府。日本政府认为台湾、琉球自古以来就是中国的领土和附属国，"牡丹社事件"是中国的内政，当时并未作出任何反应。但是，后来这一事件的发展竟然彻底改变了琉球王国的地位。

1872 年 9 月，"牡丹社事件"过了 10 个多月以后，日本鹿儿岛县参事官大山纲良向日本外务省提出派遣军舰到台湾的建议，日本

---

① 日本外务省:「日本外交文书」第三卷，日本外务省，1963，第 139–140 頁。
② 中国第一历史档案馆:《清代中琉关系档案选编》，北京: 中华书局，1993，第 1080 頁。

国内开始讨论"征讨"台湾的问题。时任日本陆军驻鹿儿岛部队司令，后来成为日本驻台湾第一代总督的桦山资纪大力支持派兵"征讨"台湾，并积极开展针对日本政府内部鹿儿岛派要人的劝说工作。但是，日本明治政府认为，尽管琉球王国接受鹿儿岛县的管辖，可是，琉球王国自古以来就是中国的附属国，目前仍保留着与中国的宗藩关系，而且台湾更是中国的领土，"征讨"台湾涉及许多外交问题，不可造次。

但是，日本关于"征讨"台湾的想法引起了美国的兴趣。实际上，台湾当地土著人与外国人以前也发生过多起冲突。其中，"罗发号事件"一直令美国愤愤不平。1867 年 3 月 12 日，美国商船"罗发号"自汕头驶赴牛庄，在台湾洋面突遇飓风，在红头屿附近沉没。14 名船员乘舢板至琅峤尾龟仔角鼻山登陆后，被当地的土著人杀害，仅一名华人水手侥幸逃脱，乘船至高雄报案。时任美国驻厦门领事李仙得（C. W. Le Gendre）闻此事件后，立即赶赴福州，与闽浙总督吴棠及福建巡抚李福泰进行交涉，请求依据中美《天津条约》，责令台湾地方官员营救幸存人员，并严惩凶手。按照当时的国际法，李仙得的要求是正当的。但是清政府地方官几次以"番地为化外"为由推托，并不认真查办。最后李仙得避开清朝官员，利用英国商人，通过当地熟番头人的关系，与生番酋长面议了和约。"罗发号事件"使通晓国际法的李仙得从"番地为化外"的用语中找到了台湾为"无主之地"的借口，并开始产生觊觎台湾的野心。此后 5 年间，李经常随同美舰赴台，与生番直接交流，成为著名的台湾通。

由于李仙得通晓台湾事务，美国驻日本公使德朗（C. E. de Long）约见日本外务卿副岛种臣时，建议日本就"牡丹社事件"直接与台湾生番酋长交涉，并将李仙得介绍给副岛。李仙得对副岛说，台湾虽然归清朝管辖，但是清政府对生番之地并不能实施有效管理，所以生番之地是无主之地，直接与生番酋长交涉不会引起清政府的抗议。甚至李仙得还建议日本占领台湾。日本政府接受了李仙得的建议，派遣桦山资纪对台湾进行"考察"。1872 年 11 月，副岛上奏明治天皇，建议日本占领台湾生番的土地。这一建议对于当时的日本国力来说可谓过于大胆，时任日本大藏大臣助理井上馨等人从日本国家财政的角度提出了反对意见。"征讨"台湾最终演变为惩罚一下当地土著人。副岛开始了对清政府的外交交涉。为副岛种臣出谋划策的李仙得因此被日本政府以两倍于副岛种臣的工资而聘用。

1873 年 3 月，日本政府派外务卿副岛种臣以"派遣特命全权大臣"的身份出使中国，针对琉球人遇害事件试探清廷的态度。随员柳原前光到清政府总理衙门询问琉球漂流民被杀事宜。柳原前光提出："贵国台湾之地……，贵国所施治者仅及该岛之半，其东部土番之地，贵国全未行使政权，番人仍保持独立状态。前年冬我国人民漂流至该地，遭其掠杀，故我国政府将遣使问罪。"清廷总理衙门大臣吏部尚书毛昶熙及户部尚书董恂表示："番民之杀琉民，既闻其事……，夫二岛俱我属土，属土之人相杀，裁决在我。我恤琉人，自有措置，何预贵国事而烦过问？"柳原前光争辩说，琉球为日本的国土，清政府应惩罚杀害琉球人的番民。毛昶熙说："杀人者皆生番，故且置化外……。皆不服王化。"柳原前光说："生番害人，贵国舍而不治，我却将问罪岛人。"[①]

清政府官员表示，遇害的琉球人皆已接受中国之抚恤及遣返处理，此事件与日本无关。副岛种臣则力争琉球为其属地，又陈述琉球漂流民遇害的详情，并且责问清朝为何不惩办台番。清政府官员则以"生番系我化外之民，问罪与否，听凭贵国办理"予以推搪。这正中副岛种臣之下怀，"化外之民"的说法成为日本出兵台湾的借口和依据。

二　日本入侵台湾

1874 年 2 月 6 日，日本明治政府通过"台湾番地处分要略"，

[①] 日本外务省：「日本外交文書」第六卷，日本外务省，1963，第 178–179 頁。

以惩办伤害"日本属国难民"的台湾"生番"为由正式决定出兵"征讨"台湾。日本为"征讨"台湾做了周密的准备。首先，在外交上做好了准备，如果清政府提出抗议，则通过交涉赢得时间，以取得军事上的胜利，并见机和解。在交涉中先不流露占领台湾的意思，根据情况的发展逐渐实现占领台湾的既定目标。其次，通过对杀害琉球船员的当地生番实施惩罚，向清政府强硬表示日本对琉球的"主权"。并设立了"台湾藩地事务都督"，由侵略军司令陆军中将西乡从道兼任，陆军少将谷干诚和海军少将赤松则良任副职。参议员大隈重信任"台湾藩地事务局长官"，负责处理有关事务。

为了"征讨"台湾，日本政府还雇用了几名通晓台湾事务的外国人。但是，英国驻日本公使巴夏礼（H. S. Parkes）宣布中立，拒绝了日本雇用英国人的要求。巴夏礼以前担任过英国驻华公使，他认为如果日本侵台将会给中英贸易带来负面影响。由于巴夏礼的反对，其他国家也开始批评日本。一直支持日本台湾政策的美国驻日本公使德朗（C.E.de Long）也被调回国，他的后任宾汉（J. A. Bingham）受巴夏礼的影响也开始批评日本的台湾政策。日本政府不得不电告正在长崎积极备战的西乡、大隈二人，责令延缓"征讨"台湾的计划。大隈准备服从命令，但是西乡拒绝服从。1874 年 4 月 27 日，载有第一梯队 270 名海军陆战队炮兵部队官兵的"有功丸"号从长崎港出发。由于英美两国的干涉，为运输侵略军借来的外国船只无法出海，"有功丸"号严重超员。

1874 年 5 月 7 日，日军在台湾南部的琅峤登陆 [①]。日军登陆前与当地的小麻里部落和猪劳束部落交涉时虚张声势地称 25000 人的大军随后即到，实际上日本投入的兵力只有 3568 人。当地的小麻里部落和猪劳束部落分别向日军表示和好。第二天日本军队开始征用当地居民修建营地，5 月 10 日，日军后续部队到达后，陆续登陆成

---

① 波平恒男：『近代東アジア史のなかの琉球併合』，東京：岩波書店，2014，第 205 頁。

功。在整个登陆过程中，日本侵略军并没有遇到实质上的抵抗。

登陆后，日本侵略军派人与高山族部落进行接触。5 月 11 日，日军会见杀害琉球船员的牡丹社酋长，要求逮捕犯人，但遭到拒绝。5 月 17 日，日军派出 10 名士兵侦察地形，有 6 名士兵遭到伏击，班长北川直征被击毙。5 月 21 日，前去调查北川直征死亡现场的日军调查队进入大山深处，遭到大约 50 名高山族战士的袭击，其中 2 名日军士兵受伤。日军派出部队增援，但是，高山族战士巧妙地利用地形不断进行反击，最后撤离战场。5 月 22 日，日军深入前一天高山族战士撤离方向的山区。日军由第 19 大队的部分兵力、海军陆战队炮兵部队及少量通信兵和鹿儿岛志愿兵大约 500 人组成。这些日军在通往牡丹社的石门地区与 70 名当地高山族战士遭遇，并展开激战。石门地区左右是山，正面是一个悬崖峭壁，地形十分险恶。当地高山族战士在日军看不到的地方向日军射击，但是日军武器装备优良，并登上左侧的山崖，从后面发动袭击，最后取得了战斗的胜利。在这次战斗中高山族战士共有 12 人牺牲，日军则有 6 名士兵战死，20 余名士兵受伤。在此次战斗中牡丹社酋长阿禄父子战死，日军残忍地将他们的头割下，挑在竹竿上。

之后，受连日大雨的影响，日军暂停进攻。6 月 1 日，日本侵略军对牡丹社部落发动了大规模的进攻。据日军事先侦察掌握的情报，牡丹社部落约有 250 名高山族战士，加上地形十分复杂，所以日军进攻前格外小心。进攻部队出发的当天，由于前几天天降大雨，河水暴涨，有 1 名日军士兵在渡河时溺死。日军分成三个连队发起冲锋，主力部队由西乡从道指挥，右翼部队由赤松少将指挥，左翼部队由谷干诚少将指挥，总兵力为 1700 人。武器装备配备了大炮和重机枪，主力部队和左翼部队负责进攻牡丹社部落，右翼部队负责进攻高士佛社部落。6 月 3 日，日军向牡丹社和高士佛社两部落发起最后进攻。在攻防作战中虽然发生了一些小规模的战斗，但大部分高山族战士均被打散。日军最终攻占了牡丹社，并以龟山为基地建立了"都督府",修建了医院、营房、道路,准备长期占领。此后,高山族战士一直在坚持游击战,抗击日军。

三 清政府的应对

对于日本入侵台湾,清政府的反应十分迟钝。起初,清政府对日本的侵台计划一无所知,直到 1874 年 4 月 19 日才从英国驻华公使托马斯·韦德(Thomas F. Wade)处得知此事。之后总理衙门才开始准备对日外交交涉。"除由臣衙门照会该国外事务省确实诘问外,臣等公同悉心商酌,此时该国动兵与否,尚未明言,固未便操之过急,而事必期于有备,……拟请钦派开望素者,熟悉洋情之大员,带领轮船,前往台湾生番一带,察看情形,妥筹办理。"① 5 月 22 日,闽浙总督李鹤年代表清政府正式向日本提出抗议,严正声明台湾为中国领土,日军侵台违反了中国与日本于 1871 年 9 月 13 日签订的《清日修好条约》中关于领土互不侵犯的条款,要求日本立刻撤兵。但是,日本对此未予理睬。在与日本外交交涉无果的形势下,清政府任命沈葆桢为钦差,办理台湾等地的海防兼理各国事务,全权处理台湾事务。

1874 年 6 月 14 日,沈葆桢同福建布政司潘霨、台湾道台夏献纶等人从马尾分乘军舰前往台湾。沈葆桢等人到台后,立即开始与侵台日军进行交涉。6 月 19 日,潘霨、夏献纶等乘舰前往琅峤。6 月 21 日,潘霨、夏献纶代表清政府与西乡从道交涉退兵事宜。潘霨、夏献纶指出,台湾在清政府的统治之下,日本通告出兵台湾时应邀请清政府派遣军队协助日本,对日本未提出邀请深表遗憾,并问西乡从道今后作何打算。西乡从道回答说,作战还在进行中,细节不便透露。清政府官员要求日本立即撤兵,台湾的秩序将由清朝军队来维持,遭到西乡从道的蛮横拒绝。但是,西乡从道此时一再

---

① 宝鋆编:《筹办夷务始末》卷九十三,北京:中华书局,2008,第 28 页。

表明日本无意侵犯清朝的领土，日本无意占领台湾。日军"征讨"台湾的目的只是希望在当地建立清朝没有能力建立起来的安全秩序。因为日本军队帮助清朝在台湾维护安全秩序，所以清朝应当向日本支付相应的费用。如此会谈三次，未得结果。

对于日本人的蛮横无理，清政府照会欧美各国，指责日本出兵台湾是违反国际法的行为，并得到了多数国家的支持。同时，清政府也做好了军事准备。沈葆桢一边与日本人交涉，一边积极着手布置台湾全岛防务。他在台湾府城与澎湖增建炮台，安放西洋巨炮；在安平厦门间装置海底电线；增调淮军精锐武毅铭字军 13 营 6500人入台，部置于凤山。陆上防务北路由台湾镇总兵负责，南路由台湾兵备道负责。海上防务方面，以扬武、飞云、安澜、清远、镇威、伏波六舰常驻澎湖，福星舰驻台北，万年舰驻厦门，济安舰驻福州；同时大力开通部落地区的道路，派员招抚各处"番社"加以训练，组成了"义勇军"①。清政府也相继运来洋炮 20 尊，洋火药 4 万磅，火药 3 万磅，士气民心为之大振，军事、外交形势十分有利。与此同时日军中疾病流行，孤立无援，进退两难。但是清廷担心"兵连祸结"，宁愿出钱也不愿意打仗，想早早结束战争②。

四　《北京专约》的签署

进入七八月份以后，台湾南部天气炎热，因水土不服，侵台日军中恶性疟疾流行，每天都有士兵病死。9 月至 11 月，为了保持战斗力，日军派出驻熊本步兵第 11 大队、第 22 大队和驻东京步兵第1 大队接替侵台日军，但是，日军士气依旧低落。日本见战事不利，提出"和谈"，不得不寻求外交解决的途径。1874 年 7 月，日本外务大臣柳原前光来到北京谈判，总署告曰："我两国唇齿比邻同文之

① 王元穉：《甲戌公牍钞存》，台北：大通书局，1957，第 107 页。
② 陈文学：《试析 1874 年日本对台湾的侵略》，《湖南大学学报》2006 年第 2 期，第 113–117 页。

邦，无论谁家胜负，总不是我两国之利。既明此道理，即不必辩论，今日肺腑的话是讲了结。今日之事，我中国不肯令贵国下不了场，贵国亦不可令中国下不了场。"① 1874 年 8 月，日本政府决定派遣大久保利通作为全权代表与清政府议和。9 月，大久保利通偕顾问李仙得到达北京。在前后七次谈判中，日方顽固坚持台湾是"无主野蛮"之地，对此清政府予以严厉驳斥。大久保利通认识到，只有在清政府所坚持的"番地属中国版图"的前提下，才能和平解决日本侵台问题。当时清政府的内政外交也面临很多困难，于是在英国驻华公使托马斯·韦德和法美等国公使的出面调停下，清政府决定作出让步，并于 10 月 31 日签订了《北京专约》和互换凭单。《北京专约》签订后，日军于 1874 年 12 月 1 日撤出台湾。日本在这次侵台战争中，出动舰船 18 艘，兵员 3568 人，其中，11 人战死，1 人溺死，561 人死于疟疾，另有 120 名人夫死于疾病。军费支出 771 万日元。

《北京专约》是一项丧权辱国的条约。对于日本的侵略行径，愚蠢的清政府竟然以"抚恤"及支付"修道、建房"费用为名向日本侵略者赔偿 50 万两白银。更为甚者，约中竟有"兹以台湾生番曾将日本国属民等妄为加害"，日本出兵乃为"保民义举，清国不指以为不是"之语。这种苟且偷安的做法，不仅为日本吞并琉球提供了借口，而且极大地纵容了日本侵略者觊觎中国领土的野心。

第二节　"琉球处分"与琉球王国的灭亡

一　第一次"琉球处分"——"废国置藩"

1871 年 8 月，日本明治政府开始在日本全国实施"废藩置县"

---

① 陈在证：《"琉球处分"的历史——从历史评价的角度》，《第九届中琉历史关系国际学术会议论文集》，北京：海洋出版社，2005，第 268 页。

的行政改革。1872 年 9 月，日本明治天皇趁琉球使节团赴东京庆贺日本王政一新之际突然宣布："朕应上天景命，克绍万世一系之帝祚，奄有四海，君临八荒。今琉球近在南服，乞类相同，文言无殊，世世为萨藩之附庸。而尔尚泰，能致勤诚，宜与显爵，着升为琉球藩王，叙列华族，咨尔尚泰，其任藩王之重，立于众庶之上，切体朕意，永辅王室。"[1] 册封琉球国王尚泰为藩王。同时，日本明治政府向琉球国谕示："肃清与中国之关系，在那霸港内，设置镇台分营，其余刑法教育等等，顺次改革。"[2] 之后，日本明治政府向欧美各国通告了废除琉球王国、设置"琉球藩"的决定，宣布今后琉球王国的一切外交事务由日本外务省接管，并希望得到欧美各国的认可。为了避免与清政府发生外交冲突，日本政府没有将此事通报清政府。

二　第二次"琉球处分"——"废藩置县"

1875 年 7 月 10 日，日本内务省大书记官松田道之等前往琉球宣告日本政府的决定，强迫琉球改制，改奉日本年号，禁止向中国纳贡、派遣使节或清帝即位时派遣庆贺使之惯例规定[3]。"为确实刑法定律的施行，选派二三人上京；藩王需上京为日本之台湾出兵谢恩；设置镇台分营等。"[4]

面对社稷崩塌和亡国的危机，琉球王国始终努力抗争，反复与松田道之交涉，要求保持琉球的国体与政体。1875 年 8 月 5 日，琉球国王尚泰致书松田道之，上书说："一、本藩往昔政体礼仪不备，诸多不便，故而从属皇国与中国，承蒙两国指导，渐成政体。……两国实为父母之国，举藩上下，莫不仰奉。深愿万世不替，以励忠

---

① 指原安三：『明治政史』，東京：慶応書房，1943，第 367 頁。
② 『大久保利通文書』卷六，日本史籍協会，1927，第 237—239 頁。
③ 下村富士男：『明治文化資料叢書』第四卷（外交編），東京：風間書房，1962，第 104—107 頁。
④ 赤岭守：《琉球归属问题交涉与脱清人》，《第九届中琉历史关系国际学术会议论文集》，北京：海洋出版社，2005，第 331 頁。

诚……。弃绝父子之道，忘却中国累世之厚恩，失却信义，实乃心痛。请凉察前情之实，允许向中国进贡，派遣庆贺使节，以及接受中国册封等一如既往。……二、本藩之事，有如前述，因从属皇国与中国，故而恳请对皇国使用皇历，对中国使用中国历法，年中礼仪按照两国格式……，其他恳请一如既往。三、职制之事，乃是应乎国情，顺乎民心而定……，但谓国体、政体永久不变，藩内一同闻知，难得之安宁……，请与内地有别，一如既往。"① 对此，松田大为恼火，"怒声呵斥，嫉妒苛责，宛如对待三尺儿童。众官吏被松田斥责，夜不能寝，昼不能息。每日从早到晚进行协议，心急如火，肝胆皆裂，食不能咽"②。

1879 年 1 月 25 日，松田第二次出使琉球，威逼"对另纸通知书之答复，当限定为下月三日，过期仍不回答，则视为不予从命"③。2 月 3 日，琉球国王仍然不答应日本的要求。2 月 4 日，松田离开琉球返回日本。此时琉球国的命运已牢牢掌握在日本人的手中，日本吞并琉球只是时间的问题，琉球王国的命运已经在劫难逃。

1879 年 2 月 18 日，日本明治政府向第三次派遣琉球的松田指令"琉球处分"事项。主要内容包括：向琉球国王宣布废藩决定，交出有关土地等文书，下令琉球国王尚泰移居东京④。4 月 4 日，日本政府宣布改"琉球藩"为"冲绳县"，任命日本人锅岛直彬为第一任县知事。5 月 27 日，尚泰王与其他王室重要成员乘坐日本东海丸号离开那霸港，前往东京，被封为侯爵。琉球国从此灭亡。

在琉球官员发往清政府的告急文书中描述了日本在琉球的暴行。"敝国惨遭日本侵灭，已将国主世子执赴该国。屡次哀请回国，不肯允准……。多被日人劫至各处衙置，严行拷审，或有固执忠义，自

---

① 下村富士男：《明治文化资料丛书》第四卷（外交编），东京：风间书房，1962，第 118 页。

② 米庆余：《近代日本"琉球处分"的历史》，《第九届中琉历史关系国际学术会议论文集》，北京：海洋出版社，2005，第 37 页。

③ 下村富士男：《明治文化资料丛书》第四卷（外交编），东京：风间书房，1962，第 189 页。

④ 下村富士男：《明治文化资料丛书》第四卷（外交编），东京：风间书房，1962，第 219–222 页。

刿而死者。又将诸署所有簿册暨仓库所藏钱粮，一概胁取，且驰赴诸郡，迫以投纳赋税，即行严责，复将所积米谷，擅行劫去……既吞国执主，复囚官害民，苛责掠夺，无所不至。"①虽然与琉球保持宗藩关系的清政府对此不予承认，但由于在《北京专约》中，清政府承认日本出兵台湾"原为保民义举起见，中国不指以为不是"，已经造成了清政府与日本在琉球问题交涉中的不利地位。

第三节　中日关于琉球问题的交涉

一　琉球问题交涉的本质

面对日本政府对琉球王国的吞并和琉球人民反抗的意愿，历史上与琉球王国保持宗藩关系的清廷内部有两种不同处理意见。以驻日公使何如璋为代表的强硬派建议对日本采取强硬的反制措施。他认为，"日本阻贡不已，必灭琉球"，"琉球既灭，行及朝鲜……又况琉球迫近台湾，我苟弃之，日人改为郡县，练民兵，球人因我拒绝，甘心从敌，彼皆习劳苦耐风涛之人，他时日本一强，资以船炮，扰我边陲，台澎之间将求一夕之安不可得"②。同时，他还提出了对付日本反制手段的上、中、下三套方案："一为先遣兵船责问琉球，征其入贡，示日本以必争；一为据理与言，明约琉球，令其夹攻，示日本以必就；一为反复辩论，徐为开导，若不听命，或援万国公法以相纠责，或约各国使臣与之评理要于必从而止。"③后来甘肃学政陆廷黻还呈上"请征日本以张国威折"，列举征讨的理由：一为岂有大国

---

① 王芸生：《六十年来中国与日本》第四卷，香港：大公报社，1932，第131–132页。
② 《李文忠公全集》卷八（译署函稿），光绪乙巳刊本，第3032页。
③ 故宫博物院文献馆：《清光绪朝中日交涉史料》卷十三，故宫博物院，1932，第24–25页。

甘受小邦之侵侮之理；一为不服日本难以复琉球；一为明代倭患的惨剧不能重演 ①。

然而以李鸿章为代表的一派却认为"日本近在肘腋，永为中土之患"，"笼络之或为我用，拒绝之则必为我仇"②。但是，考虑到日本人会得寸进尺，进而对朝鲜虎视眈眈，也考虑到清政府对琉球的宗主义务以及清政府的大国面子，因此，琉球"若拒之过甚，转恐泰西诸国，谓我不能庇护属邦"③。还认为"日本自台湾事结后，尚无别项衅端，似不宜遽思用武。再四思维，自以据理诘问为征办"④，并指示何如璋等照此办理。自 1880 年开始，清政府与日本明治政府反复谈判，最终也未能改变琉球王国的命运。在琉球亡国后，琉球人不断前往中国请愿，并发誓"生不愿为日国属人，死不愿为日国属鬼，虽糜身碎骨亦所不辞"⑤。

可以看出，在对待琉球的问题上，中日两国的外交本质截然不同。日本对琉球是一种武力的扩张，是为了实现"国威耀于海外"的对外扩张政策，对领土、经济利益、海洋权益的要求是日本的根本目的。而清政府则完全不同，清政府对待琉球的基本原则在于维护琉球王国的国家延续。对此何如璋曾明确表示："琉球南部各岛乃太平洋来往要道，中国应自管理。但球王不敢接受，由中国占有，未免有义始利终之嫌，反而分日人之谤。如果听其自治，则片土不足自保，万一为列强窃据，以其逼近台澎，恐又有卧榻鼾睡之忧。不妨先将南部诸岛声明归属中国，以绝欧美各国占地之意。然后再觅球王亲族治理，则中国无贪其土地之名，球王亦可分衍其支派。"⑥因此，面对琉球王国的生死存亡，清政府的正义与日本的非正义形成了鲜明对比。

---

① 故宫博物院文献馆：《清光绪朝中日交涉史料》卷二，故宫博物院，1932，第 19–20 页。
② 《李文忠公全集》卷十七（奏稿），光绪乙已刊本，第 600 页。
③ 故宫博物院文献馆：《清光绪朝中日交涉史料》卷一，故宫博物院，1932，第 12 页。
④ 故宫博物院文献馆：《清光绪朝中日交涉史料》卷一，故宫博物院，1932，第 13 页。
⑤ 西里喜行：「琉球救国請願書集成（二）」，『琉球大学教育学部紀要』1987 年第 31 卷，第 247–292 页。
⑥ 戴东阳：《何如璋与早期中日琉球交涉》，《清史研究》2009 年第 3 期，第 63–76 页。

二 "分岛改约"案的出台

日本对琉球强行吞并之时，清政府正在应对"伊犁问题"——俄国对其北部边疆的压迫，在琉球问题上捉襟见肘。因此，李鸿章寄托于西方列强对此事的干涉，但是列强都表示，"中国之事，亚洲之事，与欧洲各国无干"①。正当清廷一筹莫展之时，美国前总统格兰特于 1879 年 5 月来华，恭亲王奕䜣和李鸿章先后会晤格兰特，希望他出面调解中日关于琉球的争端。格兰特提出了"分岛方案"，即把琉球王国分为三个部分，北部诸岛归日本，中部诸岛让琉球立国，南部的宫古岛和八重山岛划给清朝。此后，竹添进一郎作为日本政府的代表，来华提出日本愿意把琉球西南部的宫古列岛和八重山列岛划给清朝，但是清政府必须承认日本对琉球其余部分领土的合法占有。同时，日本还提出修改 1871 年的《中日修好条约》，容许日本与西方各国享有同样的优惠待遇。显然，日本企图以贫瘠荒凉的先岛诸岛换取清政府对日本吞并琉球王国的承认，并要取得在中国与列强一样的地位和权益②。

面对日本人的"分岛改约"方案，清廷一片茫然。由于俄国在"伊犁问题"上的压力与日俱增，担心日俄联合对中国的围堵，李鸿章表明："事已至此，在日本已算退让，恐别无结局之法。"③众多大臣也认为，"以南两岛重立琉球，俾延一线之祀，庶不负存亡继绝初心，且可留为后图"④。1880 年 11 月，总理衙门急于了结"球案"，便草草签订了"球案草约"，接受了日本所提出的无理要求。

---

① 《李文忠公全集》卷八（译署函稿），光绪乙巳刊本，第 3034 页。
② 谢必震：《中国与琉球》，厦门：厦门大学出版社，1996，第 312–313 页。
③ 故宫博物院文献馆：《清光绪朝中日交涉史料》卷十五，故宫博物馆，1932，第 35–36 页。
④ 故宫博物院文献馆：《清光绪朝中日交涉史料》卷二，故宫博物馆，1932，第 31 页。

三　琉球问题交涉的搁置

随着中俄"伊犁交涉"局势的缓和，"联日抗俄"已无必要，清政府对日的态度转变为强硬。但是，由于清政府对日本的外交政策没有一个明确的方向，李鸿章等清廷重臣虽然否定了分岛方案，却无良策。因此，李鸿章提出了"延宕之法"。李鸿章认为："今则俄事方殷，中国之力暂难兼顾，且日人多所要求，允之则大受其损，拒之则多树一敌，惟有用延宕之一法最为相宜。"[①]李鸿章寄希望于未来，希望数年之后，清政府水师精良，国力昌盛，则"球案"迎刃而解。因此，清政府拒绝批准总理衙门和日本签署的"球案草约"。延宕之法虽然拒绝了日本企图取得与西方列强一样的权益，以及否定日本对琉球群岛的合法占有，但是造成了日本非法占有琉球群岛的现实长期持续下去。从 1881 年到 1886 年，日方多次派遣使节来中国重新提起琉球，而清政府则是能拖就拖，能敷衍就敷衍。之后中法战争爆发，清政府已经无暇顾及琉球，琉球归属交涉被搁置下来。1894 年甲午战争爆发，清政府战败。1895 年清政府与日本签订了《马关条约》，清政府将台湾、澎湖列岛割让给日本。清政府丧失了与日本交涉琉球问题的实力与底气。在此后的 100 多年间，琉球群岛的归属问题开始逐渐被世人遗忘。

第四节　结论与讨论

近代，日本利用清王朝的衰落，开始一步步地实施吞并琉球的

---

①　故宫博物院文献馆：《清光绪朝中日交涉史料》卷二，故宫博物馆，1932，第 27 页。

计划。从利用"牡丹社事件"入侵台湾到"废国置藩""废藩置县"，步步紧逼，环环相扣。面对日本的扩张，清政府不但没有有效的反制手段，反而寄希望于"联日抗俄"，结果却是姑息养奸，一次次在对日外交中处于被动。面对日本对琉球的吞并，中国并没有宗主国应有的表现，在与日本的交涉中，只是一味息事宁人，希望用钱来解决领土问题。清政府的无能导致日本在对华外交上屡占上风，最终强行吞并了琉球群岛，将琉球王国变为"冲绳县"。琉球王国灭亡，使得清政府在周边藩国的威望逐渐淡去，中国逐渐失去世界强国的地位。日本的海外扩张导致琉球王国的灭亡是近代中国对日外交最大的失败。日本对琉球群岛的非法吞并，并没有得到国际社会的普遍认可。但是，100多年来，琉球群岛的归属问题似乎被世人遗忘。

第 九 章

美国对琉球的军事占领与"冲绳归还"日本

第一节　美国对琉球群岛的早期军管

一　"冲绳战役"

1945 年初，第二次世界大战接近尾声。此时，美军已牢牢控制了太平洋战场上的制空权和制海权，先后攻占了吕宋岛和硫黄岛，并准备对日本本土发动攻击。盟军最高司令部认为，夺取琉球群岛的机场和港口不仅可以建立向日本本土和中国大陆进攻的基地，而且可以阻断日本西南方向的海上和航空运输线路，攻占琉球群岛的战略意义十分重要 [①]。因此，早在 1944 年 10 月，盟军指挥部便制定了"冲绳战役"的两栖登陆作战计划 [②]，并任命美国第十军团司令巴克纳中将（Simon Bolivar Buckner, Jr.）为冲绳岛登陆作战部队的司令 [③]。

1945 年 3 月 14 日，美军组成了由 16 艘航母组成的第 58 航母编队向日本本土发起攻击。为了阻止日军的反击，3 月 18 日，美军派出 B-29 轰炸机开始对九州岛和濑户内海地区的机场和港口进行空袭，同时，在关门海峡等海域进行布雷作战。日军以第 5 航空舰队为主要力量进行了反击。经过 4 天的激战，日军虽然重创了美军 3 艘航母，但是，第 5 航空舰队损失过半。而美军航母编队的损失则由于英国机动部队的加入很快得到恢复 [④]。

3 月 23 日，美军航母编队开始对冲绳岛进行空袭，第一天就出

---

① Roy E. Appleman, James M. Burns, Russell A. Gugeler, John Stevens. *OKINAWA: The Last Battle. United States Army in World War II: The War in the Pacific*, Washington DC: United States Army Center of Military History, 1947. pp.6–7.

② Roy E. Appleman, James M. Burns, Russell A. Gugeler, John Stevens. *OKINAWA: The Last Battle. United States Army in World War II: The War in the Pacific*, Washington DC: United States Army Center of Military History, 1947. p.4.

③ Roy E. Appleman, James M. Burns, Russell A. Gugeler, John Stevens. *OKINAWA: The Last Battle. United States Army in World War II: The War in the Pacific*, Washington DC: United States Army Center of Military History, 1947. p.23.

④ Roy E. Appleman, James M. Burns, Russell A. Gugeler, John Stevens. *OKINAWA: The Last Battle. United States Army in World War II: The War in the Pacific*, Washington DC: United States Army Center of Military History, 1947. pp.46–49.

动战机 2000 架次。24 日，美军航母编队对冲绳岛南部地区进行了大规模的舰炮射击[1]，并对登陆预定海域进行了扫海作业[2]。同时，美军的作战舰只 1500 艘、运输船 450 艘，总兵力 54.8 万人开始向冲绳岛周边集结。

3 月 26 日，美国陆军第 77 师开始在庆良间诸岛实施登陆作战。日军并未预想到美军在庆良间诸岛登陆，并未在这些岛屿上布置足够的地面部队，仅靠数量很少的海军进行了有限的抵抗[3]。3 月 29 日，美军占领了庆良间诸岛的全部岛屿。据美军统计，此次登陆作战日军 530 人战死，121 人被俘，美军 31 人阵亡，81 人负伤[4]。3 月 31 日，美军在庆良间诸岛的庆伊濑岛上建立了炮兵阵地，24 门 155 毫米加农炮将冲绳岛南部的日军阵地纳入射程范围[5]。

4 月 1 日，美国陆军第 7 师、第 96 师和海军陆战队第 1 师、第 6 师在冲绳岛中部地区实施登陆作战[6]。由于日军第 32 军将主要防御力量布置在宜野湾以南地区，冲绳岛中部地区只有贺谷支队一个大队和一个特遣连队，日军的防御力量十分薄弱[7]，因此，美军登陆部队在舰炮的掩护射击下迅速占领了读谷机场和嘉手纳机场[8]。由于日

---

① 戸部良一ほか：『失敗の本質——日本軍の組織論的研究』，東京：中央公論新社，1991，第 239 頁。

② Roy E. Appleman, James M. Burns, Russell A. Gugeler, John Stevens. *OKINAWA: The Last Battle. United States Army in World War II: The War in the Pacific*, Washington DC: United States Army Center of Military History, 1947. p.51.

③ Roy E. Appleman, James M. Burns, Russell A. Gugeler, John Stevens. *OKINAWA: The Last Battle. United States Army in World War II: The War in the Pacific*, Washington DC: United States Army Center of Military History, 1947. p.52.

④ Roy E. Appleman, James M. Burns, Russell A. Gugeler, John Stevens. *OKINAWA: The Last Battle. United States Army in World War II: The War in the Pacific*, Washington DC: United States Army Center of Military History, 1947. p.56.

⑤ Roy E. Appleman, James M. Burns, Russell A. Gugeler, John Stevens. *OKINAWA: The Last Battle. United States Army in World War II: The War in the Pacific*, Washington DC: United States Army Center of Military History, 1947. p.57.

⑥ Roy E. Appleman, James M. Burns, Russell A. Gugeler, John Stevens. *OKINAWA: The Last Battle. United States Army in World War II: The War in the Pacific*, Washington DC: United States Army Center of Military History, 1947. p.72.

⑦ Roy E. Appleman, James M. Burns, Russell A. Gugeler, John Stevens. *OKINAWA: The Last Battle. United States Army in World War II: The War in the Pacific*, Washington DC: United States Army Center of Military History, 1947. p.69.

⑧ 戸部良一ほか：『失敗の本質——日本軍の組織論的研究』，東京：中央公論新社，1991，第 244 頁。

军放弃了滩头防御，6万美军在冲绳岛中西部地区登陆成功。4月3日美国陆军第7师横穿冲绳岛，到达东海岸的中城湾，将日军32军分断成南北两个部分[①]。

4月6日，日军实施"菊水作战"，出动520架次的特攻机和以"大和"战列舰为旗舰的第1游击舰队对美军航母编队进行反击。日军以损失战机200架和"大和"战列舰被击沉的沉重代价，击沉了6艘美军舰艇[②]。4月8日至12日，日军贺谷支队和负责主阵地防御的第62师团以及负责第2战线防御的第24师团所属的步兵第22连队在首里附近开始对美军进行反击，战斗持续了约50天。其间，在第32军参谋长长勇的策划下，日军对美军开展了大规模的夜袭[③]。但是，在美军强大的火力面前，日军第62师团所属的两个大队全部被歼，使得日军的战斗力迅速被消耗[④]。

4月16日，美军第77步兵师在伊江岛登陆，遭到日军第44旅第2步兵队第1大队650人和2000人的特设部队（当地召集的防卫队）的顽强抵抗，4月21日，美军占领了伊江岛[⑤]。在这次登陆作战中，日军4706人阵亡，3人被俘。美军218人阵亡，902人负伤[⑥]。4月18日，美国海军陆战队第6师对守卫冲绳岛北部的日军第44旅团第2步兵大队发起攻击，经过4天的激战，日军全部被歼，美军完全控制了冲绳岛北部地区。在这场战斗中，美国海军陆战队第6师阵亡243人，负伤1061人[⑦]。

---

① Roy E. Appleman, James M. Burns, Russell A. Gugeler, John Stevens. *OKINAWA: The Last Battle. United States Army in World War II: The War in the Pacific*, Washington DC: United States Army Center of Military History, 1947. p.76.

② 防衛研修所戦史室：『沖縄方面海軍作戦』，東京：朝雲新聞社，1968，第106頁。

③ 八原博通：『沖縄決戦 高級参謀の手記』，東京：読売新聞社，1972，第181頁。

④ 戸部良一ほか：『失敗の本質——日本軍の組織論的研究』，東京：中央公論新社，1991，第255-256頁。

⑤ サミュエル・E・モリソン：『モリソンの太平洋海戦史』，東京：光人社，2003，第433頁。

⑥ Roy E. Appleman, James M. Burns, Russell A. Gugeler, John Stevens. *OKINAWA: The Last Battle. United States Army in World War II: The War in the Pacific*, Washington DC: United States Army Center of Military History, 1947. p.182.

⑦ Roy E. Appleman, James M. Burns, Russell A. Gugeler, John Stevens. *OKINAWA: The Last Battle. United States Army in World War II: The War in the Pacific*, Washington DC: United States Army Center of Military History, 1947. p.148.

5月4日至5日，日军第32军的炮兵向美军阵地进行了大规模的炮击，第24师团和第27坦克连队在普天间附近向美军发动攻击，同时，日本海军第23、第26、第28连队在日军"菊水5号作战"和"第6次空中攻击"的掩护下，开始海上出击，试图进行逆登陆。但是，完全掌握制空权的美国空军对日军炮兵阵地进行了有效的攻击，击毁日军野战炮59门[1]，日军第27坦克连队的轻型坦克也全部被歼[2]。日军第32军约7000人战死。美军以伤亡714人的代价击溃了日军的反击[3]。

5月11日，美军以海军陆战队第6师、第1师和陆军第77师、第96师为主攻部队，以第7师为预备部队，开始对日军发起总攻击。5月12日至5月18日，海军陆战队第6师渡过安谢川，向防卫首里城西侧安里高地的日军第44旅团发起进攻，但是，遭到日军的顽强抵抗。最终美军以伤亡2662人的代价于5月19日夺取了安里高地[4]。在美军强大的攻势下，日军第32军的兵力消耗了80%。5月24日，第32军司令部决定向冲绳岛南部撤退。5月27日至30日，日军在冲绳岛南部的津嘉山和摩文仁一带建立起新的防御阵地。5月30日，美军占领了首里城[5]。

5月26日，日本陆军司令部决定放弃琉球群岛的防御作战。但是，海军司令部依然固执地坚持抗战，甚至派出教练机继续进行自杀式"菊水作战"。6月4日，美国海军陆战队第6师在冲绳岛南部

---

[1] Roy E. Appleman, James M. Burns, Russell A. Gugeler, John Stevens. *OKINAWA: The Last Battle. United States Army in World War II: The War in the Pacific*, Washington DC: United States Army Center of Military History, 1947. p.296.

[2] Roy E. Appleman, James M. Burns, Russell A. Gugeler, John Stevens. *OKINAWA: The Last Battle. United States Army in World War II: The War in the Pacific*, Washington DC: United States Army Center of Military History, 1947. p.295.

[3] Roy E. Appleman, James M. Burns, Russell A. Gugeler, John Stevens. *OKINAWA: The Last Battle. United States Army in World War II: The War in the Pacific*, Washington DC: United States Army Center of Military History, 1947. p.302.

[4] Roy E. Appleman, James M. Burns, Russell A. Gugeler, John Stevens. *OKINAWA: The Last Battle. United States Army in World War II: The War in the Pacific*, Washington DC: United States Army Center of Military History, 1947. pp.322-323.

[5] Roy E. Appleman, James M. Burns, Russell A. Gugeler, John Stevens. *OKINAWA: The Last Battle. United States Army in World War II: The War in the Pacific*, Washington DC: United States Army Center of Military History, 1947. p.400.

迂回登陆，对日军最后的防御阵地进行包围。日本海军少将大田实在无法突围的情况下，于 6 月 3 日在丰见城的海军司令部自杀身亡。6 月 14 日，日本陆军第 44 旅团全部被歼。6 月 15 日，日军第 32 军第 62 师团为了阻止美军对第 32 军司令部的进攻，向美军发动反击，但是，在美军的绝对优势面前战斗力消耗殆尽，负责防御喜屋武地区的第 24 师团也完全丧失了抵抗能力，6 月 17 日，冲绳岛日军各防御战线均被美军突破[1]。

6 月 18 日，美国第十军团司令巴克纳中将在喜屋武半岛前线视察时，遭到日军炮击阵亡，成为美国军事史上军衔最高的阵亡将领。6 月 23 日，日军冲绳岛守备军最高指挥官第 32 军团司令牛岛满中将和参谋长长勇中将在日军司令部自杀，冲绳守军司令部的高级参谋八原博通大佐被俘，航空参谋神直道少佐逃出冲绳岛，作战参谋长野英夫少佐、情报参谋药丸兼致少佐、通信参谋三宅忠雄少佐、后勤参谋香月大辉中佐等人在指挥残余日军向冲绳岛北部突围的战斗中全部战死。日军的指挥系统彻底瘫痪，6 月 24 日，日军残余的步兵第 22、第 89 连队全部被歼。6 月 25 日，日本军部宣布日军在冲绳岛有组织的防御作战以失败告终[2]。

但是，由于牛岛满在自杀前命令日军战斗到最后的一兵一卒，日军残存部队仍在进行顽强的抵抗，在冲绳岛各地零散的战斗仍在继续。直到日本政府宣布无条件投降的两周之后 8 月 29 日，日军第 24 师团所属的步兵第 32 连队的两个大队一直在进行抵抗，直到 9 月 7 日，残存下来的冲绳岛日本守军才在嘉手纳正式向美军缴械投降[3]。

据统计，冲绳战役中，日军共有 116400 兵力参战，其中，陆军 86400 人，海军 10000 人，当地召集的"防卫队""预备役"和"铁血勤皇队"20000 人。而美军的参战兵力达 55 万人之多。冲绳

① 防衛研修所戦史室:『沖縄方面陸軍作戦』，東京:朝雲新聞社，1968，第 615 页。
② 沖縄タイムス社:『鉄の暴風 沖縄戦記』，那覇:沖縄タイムス社，1993，第 89 页。
③ 上原正稔:『沖縄戦トップシークレット』，那覇:沖縄タイムス社，1995，第 34 页。

战役中约有 20 万美军、日军和琉球平民死于战争。其中，美军有 12520 人阵亡。日本方面死亡人数达 188136 人，其中，日军阵亡 65908 人，琉球出身的军人和防卫队、铁血勤皇队等阵亡 28228 人，琉球平民有 94000 人死亡 [1]。

在"冲绳战役"中，有大量的琉球平民被迫卷入这场战争，成为日本军国主义覆灭的牺牲品。日军利用琉球平民作为人盾抗击美军，日军还以从事间谍活动为由，杀害了约 1000 名琉球人 [2]。许多琉球平民在被日军强迫下进行集体自杀。《琉球新报》2007 年 4 月 1 日的一篇报道中写道："有很多琉球人作证说，日军指示他们自杀。还有一些人也作证说，许多琉球人被日军士兵投掷的手榴弹炸死。"[3] 一些琉球平民在日军的宣传诱导下认为，美军士兵是一群野蛮残暴的人，为了避免被俘，许多人杀害了自己的家人后自杀，还有一些人和家人一起跳下悬崖自尽。但是，当琉球民众被美军收容后，看到美军并不像日军所宣传的那样奉行酷刑、强奸和杀害平民的政策 [4]，反而受到比较人道的对待时感到非常惊讶 [5]。在"冲绳和平纪念馆"里记录着这样一句话："有些人被炮弹炸断，一些人发现自己陷入了无望的绝境而被迫自杀，有一些人被饿死，有一些人感染疟疾而死，而其他人在日军撤退时被杀。"[6]

二　美军早期军管区范围的划定

第二次世界大战末期，美国政府根据《大西洋宪章》"不追求领土和其他方面的扩张"的原则，开始考虑战后对日政策和琉球

---

① 戸部良一ほか：『失敗の本質——日本軍の組織論的研究』，東京：中央公論新社，1991，第 238 頁。

② J. Brooke. *Okinawa Suicides and Japan's Army: Burying the Truth*，New York Times，2005-06-21(6).

③ Onishi N. *Japan's Textbooks Reflect Revised History*，New York Times, 2007-04-01(23).

④ Matt Allen. *Islands of Discontent: Okinawan Responses to Japanese and American Power*，NY: Rowman & Littlefield Pub Inc, 2003. p.18.

⑤ Michael S. Molasky. *The American Occupation of Japan and Okinawa: Literature and Memory*，NY: Routledge, 2001. p.16.

⑥ Roy E. Appleman, James M. Burns. Okinawa: *The Last Battle the War in the Pacific*, CA: University Press of the Pacific, 2005. p.462.

群岛未来地位问题。1943 年 11 月 22 日至 26 日，美国总统罗斯福（Franklin D. Roosevelt）、英国首相丘吉尔（Winston L. S. Churchill）和国民政府主席蒋介石在埃及首都开罗举行国际会议，讨论制定联合对日作战计划和解决远东问题。会议期间，三国首脑就滇缅对日作战、远东战后安排、剥夺日本窃取的太平洋上的岛屿、将日本侵占的中国领土归还中国等问题达成共识。中美两国也对琉球群岛归属问题进行了非正式讨论[①]。1943 年 12 月 1 日，会议以中、美、英三国首脑的名义发表了著名的《开罗宣言》。其中，对于领土问题的战后安排作出如下规定："剥夺日本自从 1914 年第一次世界大战开始后在太平洋上所夺得或占领之一切岛屿；使日本所窃取于中国之领土归还中华民国；其他日本以武力或贪欲攫取之土地，亦务将日本驱逐出境；使朝鲜自由与独立。"[②] 但是，由于日本单方面废除琉球王国，设置琉球藩，强行吞并琉球群岛发生在 1879 年，根据宣言中 1914 年的时间限定，《开罗宣言》并未剥夺日本对琉球群岛的权利。1944 年 10 月，美国日本问题专家休·博顿（H. Borton）向美国国务院提交了一份关于琉球群岛战后处理的咨询报告。该报告无视琉球群岛与中国的历史渊源，从历史、地理、文化等方面片面强调日本与琉球群岛的关系。这从一个侧面反映了当时一部分美国人同情日本的态度。

与此相反，美国军方则认为，琉球群岛战略地位十分重要，反对将琉球群岛归还给中国或日本，希望由美国单独占领[③]。1945 年 7 月 17 日，同盟国在德国柏林近郊的波茨坦召开了美国、英国、苏联

---

① 汪晖：《琉球：战争记忆、社会运动与历史解释》，《开放时代》2009 年第 3 期，第 6–23 页。

② 英文原文："The Three Great Allies are fighting this war to restrain and punish the aggression of Japan. They covet no gain for themselves and have no thought of territorial expansion. It is their purpose that Japan shall be stripped of all the islands in the Pacific which she has seized or occupied since the beginning of the first World War in 1914, and that all the territories Japan has stolen from the Chinese, such as Manchuria, Formosa, and The Pescadores, shall be restored to the Republic of China. Japan will also be expelled from all other territories which she has taken by violence and greed. The aforesaid three great powers, mindful of the enslavement of the people of Korea, are determined that in due course Korea shall become free and independent."

③ Nicholas Evan Sarantakes. *Keystone: The American Occupation of Okinawa and U.S.–Japanese Relations*, College Station: Texas A&M University Press, 2000, p.66.

三国首脑会议，讨论对日作战以及对日本的战后处理政策。会议期间，同盟国在共同致力于战胜日本以及敦促日本无条件投降等问题上达成了共识。中国虽然没有派代表参加会议，但会议达成的共识事先均征得了蒋介石的同意。1945 年 7 月 26 日，会议以中、美、英三国首脑的名义发表了对日最后通牒式公告——《波茨坦公告》。该公告共 13 条。其中，第 8 条是关于日本领土主权的规定："日本之主权必将限于本州、北海道、九州、四国及吾人所决定其他小岛之内。"① 根据《波茨坦公告》第 8 条对日本主权地域范围的限定，日本对琉球群岛的统治权被剥夺。

必须指出，《开罗宣言》和《波茨坦公告》均未明确谈及琉球群岛的战后处理问题。这说明美国国务院和军方存在意见分歧，使得美国政府在处理琉球问题上摇摆不定。针对国务院与军方在琉球群岛未来地位问题上的分歧，美国国务院开始进行政策咨询。1945 年 12 月，美国亚太问题专家、哈佛大学教授爱默生也向美国国务院提交一份题为《琉球群岛的处置》的报告。该报告刻意抹杀琉球群岛与中国之间传统的历史关系，建议美国政府反对中国对琉球群岛提出全部或部分主权的要求，反对中国对琉球群岛的托管，但不反对日本保留对琉球群岛的主权。

1947 年 5 月，美国国务院任命乔治·凯南（G. F. Kennan）为政策计划委员会主任，负责制定战后美国对日占领政策。凯南认为，应当从东西方的冷战对抗以及日本国内局势变化的角度出发，重新考虑对日政策及琉球未来地位问题。凯南于 1948 年 3 月 25 日向美国国务院提交了题为《关于美国对日政策的建议》的咨询报告，提出采用"遏制战略"来处理战后对日政策和琉球群岛未来地位问题。美国国务院同意了凯南的报告，并于 1948 年 10 月 9 日发布了"国家安全委员会"（NSC）第 NSC13-2 号文件，明确表示美国应该长

---

① 英文原文："The terms of the Cairo Declaration shall be carried out and Japanese sovereignty shall be limited to the islands of Honshu, Hokkaido, Kyushu, Shikoku and such minor islands as we determine."

期保持在北纬 29 度以南琉球群岛上的各种军事设施，并在适当时机使国际社会承认美国对琉球群岛的长期战略控制权[1]。至此，美国政府确立了保留日本对琉球群岛的所谓"剩余主权"，由美国实施长期军事占领的战后处理琉球群岛问题的基本政策。

1945 年 4 月 5 日，美军在冲绳岛登陆后，以美国太平洋舰队司令尼米兹（C. W. Nimitz）的名义发布了《美国海军军政府公告第一号》，宣布停止日本政府对吐噶喇列岛以南琉球群岛的统治，并在读谷村成立了琉球群岛美国军政府（United States Military Government of the Ryukyu Islands）[2]。8 月 15 日，日本宣布无条件投降。8 月 20 日，在美国军政府的支持下，"琉球咨询会"成立，之后，又在先岛诸岛成立了"宫古支厅"和"八重山支厅"，取代了日本统治时期的行政管理机构（见图 9–1）。

1946 年 1 月 29 日，盟军最高司令部发布了第 677 号训令（SCAPIN 677），对日本的领土主权范围和日本政府的行政权限作出了相关规定，剥夺了日本对琉球群岛的统治。第 677 号训令共有 8 条。其中第 3 条规定："日本的领土范围限定在北海道、本州、四国、九州四个主要岛屿以及包括对马诸岛、北纬 30 度以北的约 1000 个相邻小岛。并将以下岛屿排除在日本的领土范围之外：（a）郁陵岛、竹岛、济州岛；（b）北纬 30 度以南的琉球（西南）群岛（包括口之岛）、伊豆诸岛、南方诸岛、小笠原诸岛、硫黄诸岛以及包括大东诸岛、冲之鸟礁、南鸟岛、中鸟岛在内的其他太平洋上的全部岛屿；（c）千岛列岛、齿舞群岛（包括水晶、勇留、秋勇留、志发、多乐岛）、色丹岛。"[3]

---

[1] Eldridge D.Robert. *The Origins of the Bilateral Okinawa Problem :Okinawa in Postwar U.S.–Japan Relations, 1945–1952*, NY: Garland Pub., 2001, p.31.

[2] 安里進ほか：『沖縄県の歴史』，東京：山川出版社，2004 年，第 302 頁；金城正篤ほか：『沖縄県の百年』，東京：山川出版社，2005，第 236 頁。

[3] GHQ/SCAP：Governmental and Administrative Separation of Certain Outlying Areas from Japan，Supreme Command for Allied Powers Instruction Note 677（SCAPIN677），東京：国立国会図書館憲政資料室，1946，第 1041–1042 頁。

　　1946年2月2日，盟军总司令部宣布对琉球群岛实施军事管理。军管区范围包括吐噶喇列岛、奄美诸岛、冲绳诸岛和庆良间诸岛、大东诸岛、先岛诸岛。钓鱼岛及其附属岛屿也被错误地划入美国的军管区范围之内。1947 年 4 月 2 日，联合国安理会在美国的操纵下通过决议，颁布了《关于前日本委任统治岛屿的协定》，把北纬30 度以南的琉球群岛置于联合国托管制度之下，由美国进行军事占领。1950 年 12 月 15 日，琉球群岛美国军政府改组成琉球群岛美国国民政府（United States Civil Administration of the Ryukyu Islands，USCAR）。1950 年 11 月 4 日，美军在奄美诸岛、冲绳诸岛、宫古列岛、八重山列岛组建了四个琉球民政府。1951 年 4 月 1 日，又设置了"琉球临时中央政府"。1952 年 4 月 1 日，各群岛的民政府被取消，取而代之的"琉球政府"正式成立[①]。

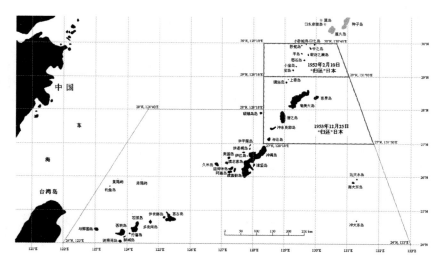

图 9-1　美国早期的琉球群岛军管区范围

[①]　宫城悦二郎：『沖縄占領の 27 年間：アメリカ軍政と文化の変容』，東京：岩波書店，1992，第 32–34 頁。

第二节　联合国对琉球群岛的托管

一　旧金山对日媾和

1951 年 9 月 8 日，日本与美国在旧金山签订了《对日和平条约》，通称《旧金山和约》，这是第二次世界大战后同盟国各国与日本签订的和平条约。包括日本在内的 46 个国家的代表在这份和约上签字，该和约于 1952 年 4 月 28 日正式生效。这份和约的起草人为当时的美国国务卿顾问杜勒斯（John F. Dulles）。

该和约主要是为了解决第二次世界大战责任所衍生的国际法律问题和战后日本处理问题。和约的第 2 条声明，日本承认朝鲜独立、放弃台湾、澎湖、千岛群岛、库页岛南部、南沙群岛、西沙群岛等岛屿的主权权利。关于琉球群岛的地位问题，和约第 3 条规定：日本政府同意美国对北纬 29 度以南之西南群岛（含琉球群岛与大东诸岛）、孀妇岩南方之南方各岛（含小笠原群岛、西之岛与火山群岛）和冲之鸟礁以及南鸟岛等送交联合国之信托统治制度提议。在此提案获得通过之前，美国对上述地区、所属居民与所属海域拥有实施行政、立法、司法之权力①。该条款确认了日本对上述岛屿的"剩余主权"，也使美国实现了对琉球群岛的军事占领，并赢得了在琉球群岛的驻军和特权。

《旧金山和约》是身为战败国的日本确立战后再次崛起和确立国家走向的决定性和约。因《旧金山和约》签订时，身为主要战胜国之一的中国被美国、英国、法国等国排除在外，故中华人民共和国政府至今未承认过《旧金山和约》的合法性。

旧金山和会后，日本在美国的支持下变被动为主动，积极开展

---

① 孔晨旭：《战后美国对冲绳长期驻军政策的形成》，《历史教学问题》2011 年第 4 期，第 65—72 页。

对华外交。日本政府一方面积极与台湾的蒋介石谈判，一方面派出民间代表团与大陆的中华人民共和国政府积极接触，争取在签订双边和约时获得最大利益。朝鲜战争爆发后，美国欲放弃蒋介石当局的态度有所转变。日本担心如果与中华人民共和国政府签订双边和约，美国国会可能不批准《旧金山和约》，加上蒋介石当局为当时世界多数国家所承认，并保有在联合国代表中国的常任理事国的席位，使得日本最终选择与蒋介石签订双边和约[①]。而蒋介石当局也亟欲通过《旧金山和约》的签署向世人宣示其政权代表中国的"合法性"。因此，日本与蒋介石当局于 1952 年 4 月 28 日也就是《旧金山和约》正式生效前签订了《日华和约》[②]。蒋介石当局于《台北和约》议定书第 1 条（b）款中自动放弃《旧金山和约》第 14 条（a）款所规定的日本国所应供应之服务之利益，以示对日本人民表示宽大与友好之意。对此，中华人民共和国政府于 1952 年 5 月 5 日发表声明，对于美国所宣布生效的非法的单独对日和约，是绝对不能承认的，对于公开侮辱并敌视中国人民的吉田、蒋介石和约，是坚决反对的，并且指责蒋介石当局放弃对日战争赔偿要求的允诺是"慷他人之慨"，中华人民共和国政府和人民绝对不予承认。

《旧金山和约》签订之时正值中华人民共和国政府建政之初，虽然有苏联的支持，但在国际上缺乏广泛的承认。在美国的强力排斥之下，中华人民共和国政府未能参加对日和约商议和签署。因此，中华人民共和国政府于 1951 年 8 月 15 日和 1951 年 9 月 18 日两次发表声明，指出《旧金山和约》是非法的、无效的、绝对不能承认的[③]。今天，中华人民共和国对于《旧金山和约》的态度依旧坚决。2013 年 5 月 30 日，中国外交部发言人洪磊在例行记者会上表示，中国政府认为《旧金山和约》是非法和无效的，因而绝不能承认。

---

① 田桓、纪朝钦、蒋立峰：《战后中日关系文献集（1971–1995）》，北京：中国社会科学出版社，1996，第 117 页。

② 余子道：《旧金山和约和日蒋和约与美日的"台湾地位未定"论》，《抗日战争研究》2002 年第 4 期，第 126–162 页。

③ 梁文：《中国放弃日本战争赔款的来龙去脉》，《晚霞》2006 年第 8 期，第 54–57 页。

二　美国对琉球群岛的军事占领

在美国军事占领期间，美军于 1952 年 11 月颁布了"关于军用土地契约权"第 91 号法令，该法令指出："美军军用土地由美军民政府与琉球政府签订租用契约，再由琉球政府分别与地主签约，租金由美军统一付给琉球政府。"[①]美军民政府为了进一步征用土地，于1953 年颁布了《土地征用令》，而且在琉球各地镇压当地农民的抵抗，以达到强制性征收土地的目的。

《土地征用令》的颁布，标志着美军强制征地的开始。美国军政府对于琉球人民解释强制征地的理由是："美军驻扎琉球的唯一目的是为了防止共产主义的侵略。在琉球列岛建立战略要塞，要达到这一目的，今后必须实施这个军事建设计划。……土地所有者不予以配合，甚至强硬拒绝了军方所能支付的最高租借款的契约。……任何事情都不得阻碍军事建设。"[②]

1956 年，美国国会议员普赖斯（M. Price）率美国国会军事委员会考察团赴琉球群岛考察。6 月 9 日，考察团向美国政府提交了"普赖斯报告"。这份报告提出，美国军队要无条件、无期限地使用冲绳美军基地。第一，应将冲绳美军基地建设成核基地；第二，应将冲绳美军基地建设成美军应对亚洲地区动荡的战略据点；第三，如果日本、菲律宾的亲美政权倒台，美国应当在冲绳美军基地保持军事[③]。"普赖斯报告"有悖于琉球人民的意愿，因此在岛内激起了琉球人民更强烈的抗议。琉球的地方政府及民众抵抗的斗争，以及后来泛岛运动的影响，使得美军的征地政策受到了冲击。

不可否认的是，在 1945 年至 1972 年美军占领琉球群岛的 27 年

---

① 宮里政玄:「アメリカの沖縄統治」，東京：岩波書店，1966，第 32 頁。
② 沖縄タイムス社:「沖縄から　米軍基地問題ドキュメント」，東京：朝日文庫，1997，第 24 頁。
③ 宮里政玄:「アメリカの沖縄統治」，東京：岩波書店，1968，第 95 頁。

间，美军在冲绳也采取了一系列的积极措施，对琉球群岛社会经济的发展带来许多积极的影响。冲绳美军基地中的军人、文职人员及其家属的生活需求，为当地居民创造了许多工作机会，解决了部分失业问题，刺激了冲绳本地的消费，形成了所谓的"基地依存"型经济。在给当地带来种种经济利益的同时，美军推行的义务教育也极大地推动了琉球群岛的社会进步，使得琉球人很快走出了战争的阴影。

但是，大规模的美军基地建设也给当地居民的生活带来了巨大的不便。美军的冲绳基地面积达 245 平方公里，占冲绳岛的 20%。美军基地建设不但破坏了冲绳岛的自然环境，美军日常训练的噪音也严重干扰了当地居民的生活。单一的"基地依存"型经济，阻碍了其他产业的发展，强制的土地征用也加重了当地人民的经济负担。所以，当地民众一直在为美军驻冲绳军事基地的存续问题进行长期不懈的抗争。

第三节　日本恢复对琉球群岛的统治

一　东西方冷战背景下的美国对日政策调整

艾森豪威尔（Dwight D. Eisenhower）执政时期，美国的全球战略进入调整时期。冷战成本过高影响了美国国内经济的发展。据统计，美国在安全方面的支出在 1950 年是 223 亿美元，在 1952 年是 440 亿美元。美军过多的军事支出使得美国经济不堪重负。1952 年 9 月 25 日，艾森豪威尔在总统竞选讲演中指出："军事力量的基础实质上是经济力量，一个破产的美国比一个在战场上被征服的美国更是苏联的目标。……我们的国防计划无须也绝不能把经济推向崩溃。"①艾森豪威尔重视经济发展的政策最终使他在竞选中获胜。因此，艾森豪威尔总统第一任期时美国开始对全球战略进行调整。

首先，美国开始逐步减少驻日美军，并扶持日本发展自己的武装力量，分担驻日美军在安全领域承担的责任，用以对抗以苏联为首的社会主义阵营，让日本成为美国在远东的桥头堡。在美国冷战战略调整和日本重新武装政策的相互作用下，1955年以后日本加速了重新军事化进程。1959年，岸信介内阁的防卫厅长官赤城宗德提出了日本总体防卫思想的"赤城构想"，日本开始制定依靠自己的武装力量进行防卫的战略。20世纪50年代，美日同盟体制处于磨合阶段，通过不断磨合，美国逐步认识到，在冷战背景下，只有提升日本在美日同盟体制中的地位，强化日本的军事力量以及日本处理国际事务的能力，加强美日两国在同盟体制中的军事合作，才能维持美日同盟体制的稳定。让日本发挥其遏制苏联和中国的战略作用，美国的亚太战略才能更加有效实施并进一步发展。

二 《美日安保条约》与美日同盟关系的建立

1951年，美日两国在签订《美日安保条约》时，作为战胜国、占领国和自由世界领袖的美国与作为战败国、被占领国的日本的地位不同，这从根本上决定了美日同盟的不对等性。因此，在《美日安保条约》和《美日行政协定》的制定过程中，尽管日本处在一个相对不平等的位置上，但是急需美国帮助的日本在东西方冷战背景下还是默认了这种地位上的不平等。朝鲜战争结束后，随着东西方冷战环境的相对稳定，日本经济的复兴和民族主义的复燃，日本民众和政界要求修改美日同盟体制的不平等地位和反对驻日美军特权的呼声也就越来越高。日本要求修改《美日安保条约》，删除《美日

---

① 刘同舜、姚椿龄:《战后世界历史长编1953》，上海：上海人民出版社，1992，第8—9页。

安保条约》中"驻日美军可以镇压日本国内暴乱和骚乱","不经美国同意，日本不得给予第三国以驻军、演习及军队通过的权利"等屈辱性条款。20世纪50年代后期，修改《美日安保条约》成了美日同盟体制调整的主要目标。

1960年1月19日，美日双方在华盛顿签订了《美日相互合作与安全条约》，简称《新美日安保条约》。与旧条约相比，《新美日安保条约》限制了驻日美军的特权，也增加了日本的安全系数。这主要表现为：第一，删除了美军可镇压日本内乱、美国对第三国军队进入日本拥有否决权的条款；第二，通过明确美国负有保卫日本的义务，增强了日美安保体制的可靠性；第三，通过未规定日本有保卫美国的义务，以及规定在日本的安全或远东的国际和平和安全受到威胁时，应任何一方的请求进行协商，减少了日本人自动卷入战争的可能性。

总之，此次《美日安保条约》的修订，增强了美日同盟体制的稳定性，一定程度上缓和了自1951年以来日本政界和公共舆论对驻日美军和美日同盟的不满情绪，使驻日美军能在相对稳定的环境中继续存在。通过此次《美日安保条约》的修订，美日两国建立起了新同盟体制结构，美国给予了日本对驻日美军一定的控制权，规定了驻日美军防卫日本的任务，删去了一些在美日同盟体制中危害日本主权的规定，并且把经济合作纳入了美日同盟体制中，从而深化了美日同盟体制，淡化了美日同盟的军事色彩。但是新同盟体制并没有减少驻日美军在远东的安全任务，在一些实质性权力上，如协防朝鲜半岛，驻日美军基地的核武器部署等对驻日美军有重大影响的问题，美国的控制权并没有松动。在新美日安保体制下，美日军事同盟针对的依然是中苏两大社会主义国家。日本联合美国遏制中国和苏联。1962年末，美国公然介入越南战争，逐步升级的越南战争使得美日安保体制得到进一步强化，日美两国不断加强安全磋商机制。与此同时，美国开始鼓吹"中国威胁论"，美日两国开始联手遏制中国。佐藤荣作担任日本首相后，更加积极地支持美国的对华遏制政策，强化美日同盟。

三 琉球群岛"归还"日本的历史过程

日本恢复对琉球群岛的统治是从恢复吐噶喇列岛和奄美诸岛的行政权开始的。1951 年 12 月，盟军司令部根据《旧金山和约》第 3 条的规定，发布了第 677-1 号训令（SCAPIN 677-1），对日本领土主权范围作出了相应修正，将 SCAPIN 677 号训令中排除在日本领土范围之外的北纬 30 度至北纬 29 度的吐噶喇列岛重新划入日本的领土主权范围[①]。1952 年 2 月 10 日，美国正式将吐噶喇列岛的行政权"归还"给日本。1953 年 8 月，杜勒斯又发表了奄美诸岛"归还"声明："美国政府准备放弃《旧金山和约》第 3 款对奄美诸岛的权力，一经和日本政府形成必要的安排，日本将可以重新获得这些岛屿的权力。"[②]11 月 27 日，美日两国就奄美诸岛"归还"的会谈在东京举行，经过短暂的协商，美日两国于 12 月 24 日签订了《美日关于奄美诸岛的协定》。协定第 1 条第 1 款规定："关于奄美诸岛，美国放弃在 1951 年 9 月 8 日签署的旧金山对日和平条约第 3 款规定的所有权利和利益……日本承担对奄美诸岛领土、居民所有行政权、立法和司法权的全部责任和权力。"奄美诸岛"归还"后，日本政府又把"归还"琉球群岛全部岛屿的行政权列入议程[③]。

1960 年 12 月，越南战争爆发。琉球群岛的美军基地作为美军重要的后方支援基地，其在东西方冷战加剧背景下战略地位的重要性日显突出。出于遏制共产主义阵营的考虑，20 世纪 60 年代初期，美国驻日大使赖肖尔（E. O. Reischauer）等建议将琉球群岛"归还"

[①] GHQ/SCAP, *Governmental and Administrative Separation of Certain Outlying Areas from Japan, Amends SCAPIN677.* Supreme Command for Allied Powers Instruction Note 677-1（SCAPIN677-1），东京：国立国会图书馆宪政资料室，1946，第 1043 页。

[②] Robert D. Eldridge. *The Return of the Amami Islands: The Reversion Movement and U.S.-Japan Relations*，NY: Lexington Books, 2004, p.105.

[③] 大田昌秀：『占領下の沖縄』，東京：岩波書店，1977，第 297 頁。

日本，但当时并未得到时任美国总统肯尼迪（J. F. Kennedy）的支持。约翰逊（L. B. Johnson）继任美国总统后，在 1967 年 11 月与日本首相佐藤荣作举行的首脑会谈中，承诺将在两三年后将琉球群岛"归还"给日本。1969 年 1 月，尼克松就任美国总统后，受美国国内经济的影响，开始调整美国的对外政策。一方面，开始在全球实施战略收缩，削减海外驻军，同时要求盟国在地区防卫上承担更多的责任。美国认为，盟国的安全"完全是一个共同体，一个相互理解和相互援助的共同体，在这个共同体中，随着经济力量的增强，军事防卫也要相协调……在这个共同体中，日本要发挥越来越大的作用，发挥其与其经济大国力量相配的作用。"[1] 由于日本与美国的政治需要，琉球群岛"归还"日本被正式列入议事日程。1969 年 11 月，美国总统尼克松与日本首相佐藤荣作举行首脑会谈。美日两国达成了以延长《美日安保条约》为条件，将琉球群岛的施政权"归还"给日本的共识。1971 年 6 月 17 日，美日两国签署了《美日关于琉球群岛和大东诸岛的协定》。该协定规定："从本协定生效之日，以往日本国和美利坚合众国之间缔结的条约及其他协定均适用于琉球群岛、大东诸岛"；"根据 1960 年 1 月 19 日在华盛顿签署的《美日相互合作与安全条约》以及有关协定，日本国同意在本协定生效之日让美国使用在琉球群岛、大东诸岛上的设施和区域"等。同时，日本政府向美国支付 32000 万美元。其中，17500 万美元用于购买琉球给排水公司、琉球电力公司、琉球开发金融公司，补偿美军建设琉球政府大楼、那霸机场、航空安保设施、航空标示等费用。由此可见，琉球群岛"归还"日本并没有影响驻日美军的继续存在以及美国在日继续使用设施和区域的权力。1972 年 5 月 15 日，该协定正式生效，美日就琉球行政权问题完成"返还"交接。琉球群岛"归还"日本后，冲绳基地在美国西太平洋中的战略地位并没有改变。

---

① 资中筠：《战后美国外交史——从杜鲁门到里根》上册，北京：世界知识出版社，1993，第 206 页。

根据《美日关于琉球群岛和大东诸岛的协定》，一些次要军事基地被取消或交给日本自卫队使用。从此日本全面恢复了对琉球群岛的统治权，并且建立了新的美日同盟体系。

第四节　结论与讨论

对于琉球群岛的处置问题是第二次世界大战以后涉及美、中、日等国关系的重大问题。琉球群岛是在近代被日本以武力强行吞并的，所以琉球处置问题从属于对日战后处置问题，直接受到同盟国各国政府对日政策的影响。战后错综复杂的国际关系经过了剧烈的调整，美国主导的琉球处置在风云变幻的国际关系中直接受到波及，其方案随着东亚地缘政治格局的变化而变化，反映了当时多国力量的角逐，一定程度上也反作用于当时的国际局势。

在琉球问题上，中国从占有主动的外交优势到失去发言权，其间的过程令人深思。日本利用冷战背景下美国的遏制战略和国共之间的斗争，让战胜国中国丧失了处理琉球事务的机会，使日本成为琉球问题的最大受益者。琉球权益的丧失使中国的海洋权益受到了极大的威胁，钓鱼岛问题、东海划界问题都由此而来。中国的钓鱼岛主权与东海海洋权益受到极大的侵犯。

日本在20世纪70年代恢复对琉球群岛"统治"的法律依据是《旧金山和约》以及《美日关于琉球群岛和大东诸岛的协定》。但是，这两个文件的国际法基础都存在缺陷。从程序和内容上看，《旧金山和约》是美国单独操纵的对日和约，违背了同盟国一致通过的《开罗宣言》和《波茨坦公告》的精神。中国代表缺席会议，中国政府对《旧金山和约》公开声明表示反对，表明《旧金山和约》对中国并无法律约束性。因此，《旧金山和约》中对琉球群岛的处置是无效的。至于美日之间的"冲绳归还协定"更是缺乏国际法依据。琉球群岛并非美国或者日本的领土，美国无权将琉球群岛的主权"归还"给日本。因此，从法理上讲，日本并不构成对琉球群岛的主权。美日之间对琉球群岛的最终处置并不能构成日本合法占有琉球群岛的有效国际法依据。

第 十 章

东亚地缘政治变化与琉球群岛的
法律地位

第一节　琉球群岛地缘关系格局变化趋势

一　中国的崛起

中国的崛起是指近年来，中华人民共和国在全球经济、政治、军事、科技及国际地位等各方面实力的增长。自改革开放以来，中国在克服各种艰难险阻的过程中，经济保持高速增长势头，军事力量不断增强，综合国力明显增强，全球政治影响力迅速扩展，国内发展和国际合作稳步推进，可以说，中国逐渐找到了一条适合本国国情、中国特色的社会主义道路，并取得了举世瞩目的成就。步入21世纪后，中国更是充分利用国际环境的有利条件，对内通过改革创新积极促进国家社会经济的发展，提高人民生活水平；对外积极融入国际社会，维护和促进世界和平与发展。特别是在2010年，持续发展的中国经济创造了世界经济史上的一个奇迹——中国以国内生产总值不到六年平均翻一番的速度一跃成为继美国之后的全球第二大经济体，并且连续五年成为美国的最大债权国，外汇储备也为世界之最。与此同时，政治力量和经济影响力也一同显现，中国在国际舞台上彰显着大国的风采。中国的崛起正在以不可阻挡之势，改变着世界现有的面貌和格局。

近年来，中国的快速崛起引发了世界范围的广泛关注。在这样一个关键且特殊的发展阶段，面对并存的机遇与挑战，中国需要以一个全新的视角来审视自己的任务，确定自己的战略目标。有学者认为，"中国的实力地位已经开始进入逐渐发生质变的阶段，中国正从一个在国际政治天平上起砝码作用的国家向起天平托盘作用的国家转换，在这一转换过程中，中国需要对其对外策略做相应的调整，中国维护国家利益的策略应从选择加入哪个托盘向争取更多砝码加入自己这个托盘转变"①。这就意味着，中国目前的实力地位已经使中国的任何战略立场转变都会影响国际政治的稳定，而这一实力地位的变化就要求中国的崛起需要采取主动有所作为的策略去维护自己迅速扩展的国家利益，在壮大自己力量突破周边国家设置障碍的同时，维护亚洲乃至世界的和平发展，推动国际秩序的持久和谐。

不同于多数大国崛起相伴而来的是国际体系的动荡和战争，中国崛起的过程选择了"和平崛起"模式，其实是希望将和平作为崛起的最基本奋斗目标。和平崛起是中国对世界的庄严承诺，这是因为历史上的中国就是一个爱好和平的国度，悠久的和平主义是这个内向型国家的传统文化，况且，广袤的领土与富饶的自然资源早已奠定了中国和平崛起的基础。所以，这里的"和平"包括两层含义：一是中国的崛起是以不改变世界秩序的基本格局为目标的；二是中国将会以和平作为基本国策处理国际问题，尤其是与周边国家、地区的关系。中国和平崛起的核心价值是：协商、合作、和平、发展，其最终目的是实现共同繁荣。

总之，中国的崛起是和平的崛起，是自力更生、艰苦创业的崛起，更是绿色与和谐的崛起。中国有为其他国家认可、尊敬的目标和行为准则。中国的崛起将会使亚太地区的和平更有保障，将会使世界更加文明，更会为世界带来前所未有的繁荣。

二　美国亚太地区战略的调整

美国的亚太战略是美国在亚太地区为实现国家利益所进行的谋划，是其全球战略的重要组成部分。一直以来，美国的战略重点多放在欧洲，但这并不表示美国无视亚太地区、甘愿放弃在亚太地区的"领导责任"。随着冷战结束后国际局势的转变，亚太地区的迅速

---

① 阎学通、孙学峰等：《中国崛起及其战略》，北京：北京大学出版社，2005，第104页。

发展使其在国际战略格局中的重要性日益凸显，同时，亚太地区存在诸多不可预测的不稳定因素带来的挑战以及美国在亚太地区拥有日益增多的战略利益，使得美国越来越看好这一地区的潜力，对这一地区的重视程度也日益提升。

2008 年美国次贷危机引发的全球金融危机加速了世界经济贸易态势的转变，而中国等新兴市场国家保持了迅猛发展的势头并在全球范围内扮演着越来越重要的角色。面对国际格局的深刻变革和国内经济的严峻挑战，美国加快了对外战略重心调整的步伐。自奥巴马 2009 年上台伊始高调提出"重返亚太"以来，美国在我国周边活动日益频繁，目前正积极构筑以其为核心的亚太安全体系，强化在亚太地区的影响力。2010 年 1 月 12 日，国务卿希拉里·克林顿（Hillary D.R.Clinton）在夏威夷就美国的亚洲和太平洋地区政策发表演讲称："美国的前途与亚太地区紧密相连，而这个地区的前途有赖于美国。"[1] 2011 年 11 月 17 日，奥巴马在澳大利亚国会发表演讲时提出，美国的目的是在亚太地区"扮演更大和更长远的角色，以便重塑亚太地区和它的未来"。在谈及美国军费削减时，他也承诺不会削减在亚太地区的军事存在[2]。2012 年 1 月 5 日，美国国防部发布了题为《维持美国的全球领导地位——21 世纪国防的优先任务》的新军事战略报告。新战略暗示美国将缩减陆军规模，并减少在欧洲的军事存在，转而加强在亚太地区的军事存在，以维护亚太的"安全与繁荣"。其实，无论是发表讲话、发布报告，还是"金砖四国"之行，以奥巴马为首的美高层高频度、高姿态地涉足亚太，无非是加紧推进其"重返亚太"战略。可以看出的是，美国当下的种种努力，应该是整合旧资源、运用新方法、施展巧实力，"重新凸显"美国在亚太地区的战略存在及其主导优势，通过重构亚太地

---

① 阎学通：《中国崛起的实力地位》，《国际政治科学》2005 年第 2 期，第 1—25 页。

② President Barack Obama, "Remarks by President Obama to the Australian Parliament", http://www.whitehouse.gov/the-press-office/2011/11/17/remarkpresident-obama-australia-n-parliament.

区的安全同盟体系、经济体系和多边机制确保美国在该地区的领导地位①。

目前，美国"重返亚太"这一集政治、军事和经济的多层次综合战略已经进入实质性阶段，美国在政治上，全面参与亚太地区多边机制和构架，密切与该地区国家的联系；在军事上，加强与传统盟国合作，并建立"新的伙伴关系"，调整军事部署，确认和巩固其在亚太地区的主导地位；在经济上，通过推动《跨太平洋伙伴关系协定》作为参与亚太投资与贸易自由化进程的重要手段，建立以其为中心的泛太平洋经济区②。事实上，美国的亚太战略调整，不仅反映了美国想要重新回归亚太、与亚太国家建立多边机制关系，而且也表明了美国欲保持和加强其在亚太地区领导权的决心。正如希拉里所说："不管我们到哪里，我们的最终目的就是保持和加强美国在亚太地区的领导地位、改善地区安全形势、推进地区繁荣、推广美国价值观。"③

美国"重返亚太"这一战略堪称是"全方位回归"战略，该战略给东盟邻国、中国及美国自身带来多方面的影响。在当前东亚地缘政治格局转变中，东盟需要美国来抗衡日本、中国、印度等国在亚太地区的影响力，以防出现一国独霸的局面。美国"重返亚太"能减少东盟国家对中国迅速崛起的担心。同时，美国"重返亚太"战略也确有防范、遏制中国的考虑，美国可能会继续干涉中国的内政。对于美国自身，"重返亚太"战略将有利于美国国内经济的复苏，并且会进一步提升美国在东南亚地区的地位④。

对于美国的亚太战略调整，中国一方面需要保持"太平洋足够大，可以容得下中美两个大国"的平稳心态，长期谋划，以我为主，

---

① 赵明昊：《重返还是重构：试析当前美国亚太战略调整》，《当代世界》2012年第12期，第55–58页。
② 金灿荣、戴维来：《冷静看待美国重返亚洲》，《当代世界》2012年第4期，第19–23页。
③ 《美国"重返亚洲"战略基本成型》，http://news.sina.com.cn/o/2010–12–30/163621735920.shtml。
④ 李莉：《美国重返亚太战略及对中国的影响（上）》，《铁军》2013年第1期，第33–36页；李莉：《美国重返亚太战略及对中国的影响（下）》，《铁军》2013年第2期，第28–32页。

谋求共赢地处理中美关系；另一方面，更需要努力发展，提高自己的"硬实力"和"软实力"，未雨绸缪，有所行动，提升综合国力①。

三　日本新民族主义的盛行

自日本首相小泉纯一郎上台后，中日关系因历史问题、李登辉访日以及日本首相正式参拜靖国神社等出现波折。舆论普遍认为，在日本政府领导人这些强硬言行的背后，表现为美化侵略历史、鼓吹皇国史观、放弃和平宪法和拒绝国外批评的行为，是日趋增强的新民族主义思潮的盛行②。

日本的新民族主义，概括而言，就是 20 世纪 90 年代以来，在全球化的冲击和后现代社会转型时期，日本民族国家认同出现危机背景下兴起的民族主义。日本 20 世纪 90 年代的基本背景，一是冷战结束后，日本在海湾战争中遭到以美国为首的西方社会的强烈抨击，这严重冲击了日本长期以来形成的国家观念，动摇了日本对以和平宪法为标志的和平国家认同。二是全球化的迅猛发展，不断蚕食着民族国家的主权领域，引起其某种程度上的危机。三是国内社会结构的转型。20 世纪 90 年代以后，在经济全球化的影响下，日本自 20 世纪 80 年代中期开始的企业多国籍化进程也迅速加快，战后形成的企业社会模式被冲垮。而结构转型带来了社会分化和日益严峻的人口问题，使国民共同体的同一性、均等性出现严重分裂。另外，此时的日本国内经济萧条、国际地位相对下降以及周边地区中国的崛起和朝鲜的导弹试射，给日本人造成了严重的心理压力，这对自 20 世纪 80 年代提升起来的民族自信心和自豪感是一个沉重的打击。并且，随着战后"国家"和"民族"分离的状态重新合一，天皇对国民的凝聚作用明显不足。由此，为了重新获得民族同一性、

---

① 朱锋：《奥巴马政府"转身亚洲"战略与中美关系》，《现代国际关系》2012 年第 4 期，第 1–50 页。
② 杨夏鸣：《日本新民族主义及其兴起的原因与影响》，《世界经济与政治论坛》2004 年第 2 期，第 59–63 页。

一致性的认同感和心理安慰，为了弥补国民已经提升起来的大国心理在"泡沫经济"破灭后遭遇的挫败感以及原有企业社会共同体瓦解带来的不安感，为了从民族历史中寻找自尊自信的源泉，为了寻找重建认同的核心来整合个人主义、四分五裂的现代日本社会精神同时来平衡对资本主义"普世价值"的过于认同，日本的新民族主义应运而生①。

目前，日本不断蔓延的新民族主义情绪愈演愈烈，已经占据了日本政治思潮的主流地位，值得引起广泛关注。带有明显侵略扩张性质的新民族主义表现为：第一，强调国家权威的建立和实现"政治大国"的愿望；第二，支持重新军事化；第三，不少新民族主义者演变为右翼分子或与右翼分子相结合。在新民族主义的驱动下，日本的内外政策会进一步趋于强硬：如日本可能修改宪法第九条、首相及其政要会继续参拜靖国神社、减少对华官方发展援助、更多的自卫队被派遣到海外、发展核武器的呼声进一步高涨等。同时，日本国内也会加大经济改革和结构调整的力度，使日本经济尽快走出低谷②。但即使是经济出现复苏，日本新民族主义也不会大幅减弱，仍蕴含着危险性，需要警惕。

四　琉球人的"民意张力"

2013 年 5 月 8 日，《人民日报》发表一篇题为《论〈马关条约〉与钓鱼岛问题》的文章，作者提出了"琉球问题再议"的主张③。2013 年 5 月 15 日后，"琉球民族独立综合研究学会"在琉球成立，回应了世界舆论对琉球归属问题的热议。实际上，无论是"再议琉

---

① 李寒梅：《日本民族主义形态研究》，北京：商务印书馆，2012，第 264–266 页；李寒梅：《日本新民族主义的基本形态及其成因》，《外交评论》2013 年第 1 期，第 91–109 页。
② 吉嘉伍："新民族主义"的中日比较》，《海南大学学报》（人文社会科学版）2008 年第 26 卷第 2 期，第 223–229 页；杨夏鸣：《日本新民族主义及其兴起的原因与影响》，《世界经济与政治论坛》2004 年第 2 期，第 59–63 页。
③ 张海鹏、李国强：《论〈马关条约〉与钓鱼岛问题》，《人民日报》2013 年 5 月 8 日，第 9 版。

球"论，还是支持"琉球独立"论，都存在一个严重的问题，那就是不了解或者盲目定论琉球人民的民意。历史上琉球法律地位长期未定，自 19 世纪末被日本非法占有以来，琉球群岛的命运几经变迁，琉球人民饱受苦难和战争折磨，因此，只有琉球民众自己才有资格决定其未来命运，只有琉球人民的意愿以及自主决定权才能够真正成为琉球未来地位走向的重要依据。

琉球人对于日本、中国与琉球的关系以及中国民众支持琉球独立均持有自己的看法。对于日琉关系，琉球民众认为，日本对待琉球，要么是如同第二次世界大战时当作战争的牺牲品，要么是战后当作换取本土和平稳定的筹码，完全把琉球当作自己的物品。日本人的"琉球歧视"带给了琉球民众深刻的心理创伤。而对于中琉关系，尽管琉球人对中国有亲近感，然而这种情感主要是历史上与文化上的，并非现实。历史上，中国与琉球关系密切，琉球也是众多藩属国中对中国最忠诚的。琉球文化中融入了大量的中国文化要素，即使是现在的琉球人也都明白琉球的许多传统文化来自中国，因此对中国有一份特殊的感情。不过，这种感情并不意味着琉球人有归属中国的意识。实际上，琉球主流社会并不乐见中国热议"琉球独立"。

"琉球民族独立综合研究学会"的成立是琉球人独立意愿的一种表达，也为琉球人追求独立自主提供了一种选择和可能。就目前客观情况来看，"独立"对目前的琉球仍是一个比较极端的选项。但是，至少当前琉球民众在"回归"日本后对日本本土和日本人逐渐失望的过程中形成了一种集体潜意识，即维护琉球人的尊严，赢得世人对琉球的尊重。

回顾琉球历史，根据琉球人的意愿，今后中国倘若要善意地支持琉球人民追求自己的未来前途，在提出"支持琉球独立"之前，应该用心理解琉球人经历过的历史，尤其是近代史，弄清楚琉球人的内心世界，充分尊重琉球民众的民意。否则，"支持琉球独立"的结果只能适得其反，不但会扼杀这些容易被日本右翼贴上"配合中国侵略冲绳阴谋"标签的民间运动，也可能给琉球民众带来灾难。

第二节　中、日、美三国对琉球群岛法律地位的态度

一　历届中国政府对琉球群岛法律地位的态度

琉球作为一个在传统的东亚国际秩序中向中国朝贡的藩属国，在被日本强行吞并之前，始终与中国保持密切的朝贡、册封和商业文化关系。长久以来，中国虽为争取琉球独立自主作了不同程度的努力，但一个基本事实是琉球至今仍被日本强行占领。关于对琉球群岛法律地位的态度，历届中国政府从未真正公开承认日本对琉球的合法主权。以前中国关心琉球问题，只是希望以宗主国的身份设法保护一个忠诚的朝贡国，还琉球一个合法、独立的主权。

（一）清政府与日本关于琉球群岛法律地位问题的交涉

1871 年的"牡丹社事件"为日本进犯台湾、吞并琉球提供了很好的机会，积弱的清政府担心"兵连祸结"，日本亦想通过外交手段了结此事。于是，经过中日双方十余次的谈判，最终在英国公使托马斯·韦德的积极斡旋下，于 1874 年签订了《北京专约》。此后，日本又提出了处置琉球的新建议：禁止琉球向中国朝贡和接受册封，奉行明治年号，实行藩制改革等。琉球方面眼看亡国形势加剧，尚泰王一方面于 1876 年派姐婿紫巾官向德宏等向闽浙总督何璟和福州巡抚丁日昌递交密咨，另一方面向国际社会求援，递交文书投诉于西方各国驻日公使。得知美国公使表示要将此事报告本国政府后，日本加快了吞并琉球的步伐。1879 年，日本明治政府派遣"琉球处

分官"松田出使琉球，督责其断绝与中国关系，并且向日本交接裁判事宜[①]。由于琉球王拒不从命，日本决定"处分"琉球。同年4月4日，日本宣布将琉球改名"冲绳县"，5月27日，尚泰王抱病前往东京，琉球国灭亡。面对日本国的强行吞并和琉球的求援，出于宗主国对藩属国保护的义务，以驻日公使何如璋为首的清政府官员主张对日采取强硬政策。何如璋出使日本后，经过一段时间考察，提出对付日本人的上、中、下三套方案："一为先遣兵船责问琉球，征其入贡，示日本以必争；一为据理以言，明约琉球，令其夹攻，示日本以必救；一为反复辩论，徐为开导，若不听命，或援万国公法以相纠责，或约各国使臣与之评理。"[②]而李鸿章一派却持反对意见。最后，考虑到1871年《中日修好条约》中规定的两国所属邦土不可侵越，担心日本人得寸进尺，祸及朝鲜，而且顾及对琉球的义务和清政府的体面，总理各国事务衙门听从李鸿章决定采纳何如璋的下策。根据清政府指示，从1878年9月起，何如璋与日本外务省卿寺岛宗进行了反复的交涉，日方政府对此严重不满，派"处分官"前往琉球，勒令尚泰王不得再向中国及其他各国乞援，并于1879年4月宣布废琉球王国，设置"冲绳县"，强行接管琉球国。具有悠久历史的琉球王国遂告灭亡。

日本吞并琉球后，琉球国王多次派人前往中国呼吁求援。1879年7月，向德宏抵达天津二次上书李鸿章，发誓"生不愿为日国属人，死不愿为日国属鬼，虽糜身碎骨亦所不辞"。请求清政府尽早出兵，他自愿充当先锋，还表示琉球官民仰仗天朝兵威，必能齐心协力，尽逐日兵出境，自无不可者。同年10月，琉球王国耳目官毛精长等亦抵北京，泣血吁请，要求迅赐救存，以复贡典[③]。

此时由于受制于中俄伊犁问题，自顾不暇的清政府面对琉球

---

① 下村富士男：『明治文化資料叢書』第四卷（外交編），東京：風間書房，1962，第189頁。
② 故宫博物院文献馆：《清光绪朝中日交涉史料》卷十三，故宫博物院，1932，第30页。
③ 西里喜行：「琉球救国陳情書集成（一）」，『琉球大学教育学部紀要』1987年第30卷，第69—126頁。

第十章　东亚地缘政治变化与琉球群岛的法律地位

琉球群岛的地缘关系

的求援十分为难。李鸿章将希望寄托在其他各国上，但是各国驻华领事认为此事事不关己，均不打算参与其中，只是袖手旁观而已。1879 年 5 月，美国前总统格兰特来华游历，奕䜣、李鸿章请他出面调停中日之间的琉球争端。格兰特提出将琉球一分为三的"分岛方案"，即北部诸岛归日本，中部诸岛归琉球国，西南部诸岛归中国。但是，由于格兰特是以私人身份提出的方案，并不能代表美国政府的立场，而且在调停前，日美已达成协议，日本保证不损害美国在琉球的权益，美国政府对中日的"琉球交涉"保持中立。因此，日方政府并不接受格兰特的"分岛方案"，反而提出琉球群岛北部和中部诸岛归属日本、西南部诸岛归中国的"分岛方案"。

1880 年 2 月，日本外务省派遣竹添进一郎来华交涉，提出"愿将南岛归于中国，而欲更改约章，增内地通商各款"①。日方欲将琉球两分，即宫古和八重山划归中国，其余归日本，但条件是修改《中日通商条约》，允许日本商人到中国内地通商。事实上，日本想充分利用俄国战舰云集长崎港、威逼中国沿海、中俄关系紧张这个时机，以两个贫瘠的小岛换取清政府对日本拥有琉球主权的承认，并且要获得与欧洲列强相同的在华地位与权利。清政府总理衙门考虑再三，决定同意日本的"分岛改约"方案。10 月，总理衙门与日本草签了《球案条约》。

但是，清政府内部对于分岛改约方案看法不一，议论纷纷。清廷重臣内阁学士兼礼部侍郎陈宝琛上书痛陈改约不宜轻许，他指出日方提出的两分琉球以及修改通商条约会导致严重后果，甚至可能引来列强瓜分中国之势，建议清政府采取"延宕之法"，先解决中俄问题，然后"与倭相持"。翰林院庶吉士张之洞主张先答应改约，而后联日制俄，事成之后反悔应允，全力解救琉球。还有人认为上述策略均不可取，担心最终更改合约后导致他国非议且丧失宫古、八

---

① 故宫博物院文献馆：《清光绪朝中日交涉史料》卷二，故宫博物院，1932，第 20 页。

重山二岛屿。鉴于此，清政府经过斟酌，密谕李鸿章制定一个万全之策。李鸿章认真考虑后，于 1880 年 11 月 9 日奏上"球案宜缓允摺"，绝不修改通商条约，分岛方案不可行，相比球案一事，中俄问题更加紧急。但此时《球案草约》和改约案稿已定，只待中方签约。日渐衰败的清政府接纳了李鸿章关于此约须"由御笔批准，于三个月限内互换"的提议，决定对球案采取拖延政策。1881 年 2 月，随着中俄《伊犁条约》签订，中俄关系逐渐缓和，李鸿章又重新提出"延宕之法"，拒绝批准与日方已草签的《球案草约》。

"延宕之法"虽然拒绝了日本希望享有与西方国家同样的在华权益的企图，表明了中国反对日本强占琉球的立场，却导致了日本对琉球群岛的长期非法占有。从 1881 年到 1886 年，日本又多次遣使来华交涉琉球问题，但由于此时清政府每况愈下、战事纠缠以及日本提出不允许琉球复国等条件，中日双方始终未达成共识，"球案事件"就这样不了了之地束之高阁了 ①。

（二）国民政府与琉球群岛法律地位问题

国民政府早在"九一八"事变后关于收复被日本侵占领土的表态中就提到了琉球问题。1933 年，蒋介石在一次演讲中指出："不但收复东三省，而且要收回台湾、琉球。"1934 年 4 月，他再次强调："不仅是东四省的失地我们要收复，而且朝鲜、台湾、琉球……这些地方都是我们旧有领土，一尺一寸都要由我们手里收回。"② 1938 年 4 月，蒋介石在国民党临时全国代表大会上表示："日本自明治维新以来，早就有一贯的大陆侵略计划。过去甲午之战，他侵占我们的台湾和琉球，日俄之战后吞并了朝鲜，侵占我们旅顺和大连……。"③ 此时正值全面抗日之际，以蒋介石为首的国民政府高层明确作出上述表态，反映了国民政府对琉球群岛主权地位的重视程度以及抗战到底

① 赖正维：《清代中琉关系研究》，北京：海洋出版社，2011，第 24—37 页。
② 秦孝仪：《总统蒋公思想言论总集》第十二卷，中国国民党中央委员会党史委员会，1984，第 67 页。
③ 中国第二历史档案馆：《中华民国史档案资料汇编》第五辑第二编，南京：江苏古籍出版社，1997，第 101 页。

的决心。

1942 年 1 月，在中、美、英结成反法西斯同盟后，国民政府外交部拟定了"修正拟定解决中日问题之基本原则"。该基本原则第四款"关于领土条款之原则"表示，琉球划归日本，但须受下列两项限制：第一，不得设防，并有军缩委员会设置分会加以监督；第二，对于琉球人民不得有差别待遇，一切应遵照少数民族问题原则处理①。这是国民政府首次对琉球地位作出的相关表态。可以看出国民政府外交部门仅仅是根据琉球对华朝贡历史，提出日本不能在该岛设防和平等对待琉球民众，并不非常清楚琉球群岛对于维护中国国家安全的地缘战略意义②。但是，国内民众对于政府的态度持反对意见，强烈呼吁收回琉球。时任外交部部长宋子文也表示战后要"收回琉球"。

1943 年的开罗会议期间，美国总统罗斯福数次提及琉球问题，并就台湾、琉球等涉及战后对日处置问题咨询蒋介石的意见。蒋介石主张台湾应归还中国，对于琉球问题蒋介石提出"愿意与美国共同占领琉球，并根据国际组织的托管制度，与美国共同管理该地"③。蒋介石的回答显然是考虑了对美关系中的制约因素。可无论出于何种斟酌，琉球法律地位问题最终再次被搁置。会议结束后，中、美、英联合发表的《开罗宣言》规定，"日本所窃取中国之领土，例如东北四省、台湾、澎湖列岛等，归还中华民国"，却只字未提琉球。此后的《波茨坦公告》规定《开罗宣言》必将实施"，但也没有涉及琉球。1945 年，日本方面接受了《波茨坦公告》，宣布无条件投降。所以，根据上述文件，至少可以得出判断：虽然琉球群岛的法律地位未定，但是日本不再拥有其主权，琉球群岛的未来主权将由反法西斯同盟国共同决定。

基于罗斯福总统的提议和中国作为战胜国的地位，第二次世界

---

① 中国第二历史档案馆：《中华民国史档案资料汇编》第五辑第二编，南京：江苏古籍出版社，1997，第 102 页。

② 张智丹、魏克威：《20 世纪 40 年代国民政府对琉球政策中的美国因素》，《天中学刊》2009 年第 24 卷第 6 期，第 108–111 页。

③ U.S. Department of State. *The Conferences at Cairo and Tehran，1943*，Washington D.C. United States Government Printing Office，1961. p.453.

大战后中国国内要求收回琉球的舆论高涨，1947 年 10 月 18 日，国民政府行政院院长张群就草拟的"对日和约"关于领土问题表示，琉球群岛与我国关系最切，琉球问题的解决途径不外乎中国收回、中美共管和联合国托管，但无论如何，都必须反对日本占领。事实上，张群已经给出了处理琉球问题的基本方向。同时，国民政府也就琉球问题开展了多次讨论，但都是众说纷纭，分歧重重。随着国民党高层忙于内战，无暇顾及此事以及过分寄希望于美国的帮助，琉球问题始终没有得到解决。1948 年之后，东亚地缘政治格局骤变，美国开始扶植日本，国民政府在对日媾和问题上追随美国的步伐，琉球问题随着冷战格局和中国国内政治格局的变化而变化。最终，国民政府不再有任何实力在琉球问题上有更多实质作为，中日之间的"琉球问题"随之转化为美日之间的"冲绳问题"①。

但是，国民政府长期坚持"琉球非日本"这一立场，并在之后台琉关系的日常运作中得以体现。另外，国民政府积极支持居住在台湾的琉球人成立"琉球青年同志会"。该学会成立于 1941 年，1948 年改名为"琉球革命同志会"，蔡璋是其灵魂人物。1958 年，蔡璋结合本土力量，成立了"琉球国民党"，该党在政治上主张"琉球独立自主"，且强调"在美国的支援下，建设新琉球"。不过该党最终因未能得到广泛支持而销声匿迹。台湾至今仍保留琉球王国时期使用的称谓——"琉球"。国民党当局虽无力阻止美日勾结控制琉球，却也自始至终向世人表明拒绝日本势力染指琉球这一鲜明的观点。

（三）中华人民共和国政府对琉球群岛法律地位的态度

中华人民共和国政府对琉球群岛法律地位的态度最早可追溯到拒绝承认《旧金山和约》的合法性。众所周知，琉球群岛托管给美国的根据是《旧金山和约》第 3 条："日本对于美国向联合国提出将北纬 29 度以南之南西诸岛（包括琉球群岛与大东群岛）、孀妇岩岛

---

① 王海滨：《中国国民政府与琉球问题》，《中国边疆史地研究》2007 年第 17 卷第 3 期，第 139–147 页。

以南之南方诸岛（包括小笠原群岛、西之岛与硫黄列岛）及冲之鸟礁与南鸟岛置于联合国托管制度之下，而以美国为唯一管理当局之任何提议，将予同意。"但是，由于该条约没有中华人民共和国政府的参与，中华人民共和国政府并不承认其合法性，所以《旧金山和约》对中华人民共和国政府没有约束力。

1971 年，美日签订了《美日关于琉球群岛和大东诸岛的协定》，该协定是日本政府声称拥有琉球群岛主权的法律依据。但是，在中国政府的强烈抗议下，美国政府澄清归还的仅为"施政权"。事实上，中华人民共和国政府认为美日私相授受不属于自己的领土本身就是非法无效的。但 1972 年在中日关系正常化时签订的《中日联合声明》中，关于琉球主权归属却只字未提。在中日恢复邦交的 40 多年来，中国政府官方未曾对琉球主权发表过任何异议，既没有承认也没有反对日本对琉球的"主权"。

二　日本对琉球群岛的"主权"要求

14–16 世纪中后期是琉球历史上最繁盛的时期，琉球人利用中国海禁政策造成周边国家对中国商品的渴求，大力发展海外贸易事业。其间，日本萨摩藩、幕府和琉球均有贸易往来，并且当时二者的关系基本上是对等的。明万历三十七年（1609 年），日本萨摩岛津氏在江户幕府的支持下出兵入侵琉球。无论是因日方所述琉球未在中日贸易中起媒介作用，还是礼仪怠慢、拒不从命于日本，其实最关键的是经济利益的驱使，是萨摩藩想彻底掌握琉球的贸易。转移经济贫困可能引起的萨摩藩内部矛盾和满足其与经济基础不相称的国家欲望的政治野心，是萨摩藩进攻琉球的根本动机①。萨摩藩征服琉球王国后，一方面，强行割占奄美诸岛，

---

① 袁家冬：《日本萨摩藩入侵琉球与东亚地缘政治格局变迁》，《中国社会科学》2013 年第 8 期，第 188–203 页。

强迫其纳贡，盘剥中琉间贸易利润；另一方面，出于琉球在明朝和日本的特殊位置考虑，江户幕府和萨摩藩决定把琉球纳入日本式"华夷秩序"中，但在对外关系中，对琉球王国的存在采取默认态度。这就开启了琉球王国中日两属的时代。

明治维新后，日本政府推行了一系列对外扩张的政策。1870 年，日本外务省官员佐田白茅在其"征韩论"中指出，若以日本为一大城池，那么，虾夷、吕宋、琉球、满洲、朝鲜"皆可为皇国之藩屏也"，"满清可交、朝鲜可伐，吕宋、琉球可唾手而取也"[①]。很快，日本就开始了侵占琉球的活动。日本政府通过鹿儿岛县向琉球国不断施压，时任大藏大辅的井上馨建议明治政府采取措施变琉球国为本国所属。1872 年 9 月 14 日，日本政府趁琉球使者在东京出席庆贺典礼之际，突然宣布改变日琉关系，册封琉球国王为藩王，并列入华族。1875 年，日本派遣内务大臣松田道之等抵达琉球，要求琉球断绝与清朝的朝贡关系、实行藩制改革。1876 年，日本遣使控制琉球司法制裁权。1879 年，"琉球处分"后不久，日本宣布改琉球为"冲绳县"，日人锅岛直彬为第一任县知事。面对日本的强行吞并，琉球国四处呼吁求援。1880 年，日本派遣外务省竹添进一郎来华提出"分岛改约"方案，实际上是想充分利用宫古、八重山这两个贫瘠的小岛换取清政府对其吞并琉球的承认，但该方案被清政府以"延宕之法"拒绝了，这就粉碎了日本妄想让中国承认其对琉球拥有主权的企图，但也造成了日本长期非法占有琉球，直至第二次世界大战战败。

1945 年 3 月爆发的冲绳战役日军惨败，美国占领了琉球群岛。但是，对于战后如何处理琉球问题国内看法不一。随着冷战的加剧和对日媾和政策提上日程，1951 年杜勒斯访日，在正式会谈时，日本首相吉田茂提出，希望美军驻扎琉球，但是日方要求拥有其主权，哪怕是名义上的也好。于是，《旧金山和约》规定美国是琉球群岛的唯

---

① 日本外务省：《日本外交文书》第三卷，日本外务省，1963，第 139–140 页。

一施政当局，日本拥有其"剩余主权"。1957 年，日本首相岸信介访美时，首次向美国正式提出返还琉球的要求，被美国婉拒。1961 年，日本外务大臣池田勇人访美时改变策略，没有直接涉及琉球主权，而是提出解决琉球民生问题。此后，日本经济和政治实力进一步提升，美国形势却每况愈下，肯尼迪上台后首次公开承认日本对琉球享有主权。1965 年 8 月，佐藤荣作在访美和冲绳诸岛时均提出了收回冲绳的强烈愿望。日本政府对收回冲绳的要求在 1967 年佐藤第二次访美时得到同意。1968 年，美日双方签署了《美日关于南方诸岛及其他岛屿的协定》，日本在收回冲绳的道路上取得了实质性成果。1969 年《美日联合声明》规定，"在不损害美国关于《美日安全条约》事先协商机制和不违背日本政府现行政策的前提下将冲绳归还日本"[1]。1971 年 6 月 17 日，美日签订了《美日关于琉球群岛和大东诸岛的协定》，琉球群岛在历经 27 年的美军占领后"回归"日本。琉球群岛施政权的收回，进一步增强了日本外交的独立性，提高了其在日美关系中的地位。

三　美国对琉球群岛法律地位的态度

美国对于琉球问题的介入始于清朝。侵占琉球，本为美国初期扩张的计划。但随着美日侵略伙伴关系的确立，美国先是怂恿和帮助日本占领台湾，《北京专约》签订以后，美日又开始共同采取措施完成日本对琉球的占领。1879 年，美国前总统格兰特在调停中日关于琉球"分岛改约"争端时暗中同日本勾结，加速了琉球并入日本版图。

事实上，美国对于琉球的历史心知肚明。开罗会议期间中美交涉琉球问题，美国总统罗斯福就多次向蒋介石提及琉球并且询问中国是否想要收回该群岛，鉴于多种考量，蒋介石最后表示希望将琉

---

① Roger Buckley. *US–Japan Alliance Diplomacy: 1945–1990*，NY: Cambridge University Press，1992. p.133.

球交由联合国托管或中美共同管理，中国很愿意与美国共管琉球。蒋介石的婉拒令罗斯福颇感意外。

随着珍珠港遇袭和太平洋战争的推进，尤其是冲绳之战，美国越来越认识到琉球群岛在东亚西太平洋和战后太平洋体系中的重要地缘战略价值。1945 年 10 月 JCS570/40 号文件明确提出，把琉球群岛置于美国单独战略控制之下，标志着美国军方正式把琉球群岛纳入美国太平洋军事基地体系之中①。随着冷战、朝鲜战争的爆发以及中国内战局势的变化，美国政府和军方意见逐渐在博弈中走向趋同，因此，美国政府也逐渐接受了军方提出的单独控制琉球的主张。

1951 年 9 月，在没有中国政府参与的旧金山对日媾和会议上，通过了《旧金山和约》，美国政府按照自己的意志安排，获得了对琉球群岛等岛屿的军事占领权和行政管辖权。在旧金山会议上，美国公开承认了日本对琉球群岛拥有"剩余主权"。同年 12 月，美国将北纬 29 度以北的吐噶喇列岛"归还"给日本。之后，为了扶植日本，美国背弃"对于日本收回琉球群岛任何部分的活动都坚定不支持"的承诺，于 1953 年将奄美诸岛的行政管辖权交给日本，于是日本的势力重新回到琉球群岛北部地区。1957 年，对于日本提出的返还琉球要求，美国表示，尽管日本对琉球拥有"剩余主权"，但是"只要在远东存在危险威胁和紧张状态，美国就有必要维持现状"②。

20 世纪 60 年代，美国国际影响力减弱，相反，苏联的军事实力和日本的经济实力与日俱增，第三世界国家也在迅速成长并且反帝反霸权斗争热情高涨，一系列的危机迫使美国开始反思外交政策。尼克松执政期间，认识到继续占领琉球不符合国家利益，同时日本国内收回琉球的呼声日益高涨。为了拉拢日本分担其在东亚的军事

---

① 孔晨旭：《战后美国对冲绳长期驻军政策的形成》，《历史教学问题》2011 年第 4 期，第 65–72 页。
② 石丸和人：『戦後日本外交史 第Ⅲ編』，東京：三省堂，1985，第 224 页。

费用全面展开与苏联的对抗，美国经过慎重考虑决定将琉球群岛的行政管辖权交给日本。1969 年日本首相佐藤荣访美，尼克松总统表示愿意于 1972 年将琉球的行政权交给日本，但保留琉球美军基地。1971 年 6 月 17 日，美日签订了《美日关于琉球群岛和大东诸岛的协定》。至此，美国不再拥有琉球群岛的管辖权，但继续无限期驻军。必须指出的是，美国将琉球群岛"归还"给日本，是鉴于经济地位衰落后为减轻军事开支和缓解当地居民反美情绪的考量。当初美国"归还"给日本的只是琉球群岛的行政管辖权，随着东亚地区地缘政治格局的变化，美国逐渐承认了日本对于琉球群岛的"主权"。

美国在琉球群岛法律地位问题上的立场是随着国际形势的变化而变化的。在美国国力强盛之时，它希望独占琉球甚至可能帮琉球争取独立，而随着亚太地区的繁荣和美国外交策略向理性和务实方向转变，美国政府处理琉球问题的思维方式已经不再是从单纯的美苏对抗角度出发，而是越来越倾向于从美日关系发展和美国在亚洲地区的利益这种多维角度决策出发。美国"归还"琉球的施政权，是美日同盟得以延续和加强的基石，在追求共同利益的同时也维护了各自国家的利益。美国对待琉球群岛法律地位的态度由暧昧转变为明晰，为之后琉球群岛的走向增加了不确定因素 [①]。

第三节　多种力量博弈下的琉球群岛未来法律地位走向

一　琉球地位未定论

19 世纪之前，以中国为中心的"华夷秩序"决定了亚洲主要的

---

① 王金辉、安成日：《二战后日美之间的冲绳行政权归还交涉》，《外国问题研究》2011 年第 2 期，第 49–55 页。

国际政治秩序，中国、朝鲜、日本和琉球在这个秩序下维持着东亚的稳定与繁荣。琉球王国从明朝初年接受明朝皇帝册封以来，整个明清时期都是中国的藩属国。而后，虽然这一秩序受到了日本的破坏，导致了琉球的"两属状态"，但从国际法的角度来看，琉球仍是一个独立自主的国家。

19 世纪中后期，在明治维新的推动下，日本国力增强。爆发于1871 年的"牡丹社事件"，以 1874 年《北京专约》的签订而告终。清政府原本以为花钱消灾此事就此作罢，但日本却以此为借口企图作为吞并琉球的法理依据。事实上，"牡丹社事件"与日本毫无关系，日本的介入可以说是干涉琉球内政并且侵犯了其主权。再者，从法理上考虑，日本故意曲解清政府意愿仅从条约表面文字解读《北京专约》，违背了条约的契约性，背离了条约应遵从缔约国真实意愿这一法理依据。因此，《北京专约》被日本人解读为中国政府间接承认琉球为日本领土，从国际法的角度来看是站不住脚的。

1880 年的"分岛改约"方案从本质上看，是对琉球群岛的割让条约，而没有琉球的参与，所以不产生法律效力；而且，从形式上看，"分岛改约"方案并没有得到清政府的最后签字，双方换约没有最终成功，所以条约草案缺乏生效的形式要件，任何国家都不能基于一个未生效的条约获得对琉球的主权，"分岛改约"方案这一交涉因甲午中日战争的爆发而终止。

1879 年到 1945 年，琉球群岛被日本强行占有。由于近代国际法承认通过征服，取得别国领土的合法性，所以日本理所当然地把琉球群岛当作日本的领土。但是，因为法律条约的支持，琉球群岛的法律地位一直存在争议。

1945 年 8 月，二战战败国日本签订投降书，投降书中明确规定其接受《开罗宣言》和《波茨坦公告》。至此，琉球群岛的主权已不属于日本。随后的 1951 年，在没有中国参与的情况下，美国操纵国际社会与日本签订了《旧金山和约》，将琉球群岛完全置于联合国托管制度之下。此后 20 多年的时间，琉球群岛本应在托管制度下走向独立。但是，在东西方冷战对抗加剧的背景下，琉球群岛的战略位置日显重要，美国在琉球群岛建立了亚洲最大的军事基地，成为美国全球战略中的一颗棋子[①]。

1971 年，美日签订了《美日关于琉球群岛和大东诸岛的协定》，美国将琉球群岛的"施政权"完全交给日本，这是日本直至今天掌握的对琉球合法权利的法律依据之一。事实上，美日单方面而非通过联合国安理会签订的"归还协定"并不具备法律效力，因为其违背了《联合国宪章》第 86 条关于"联合国关于战略防区之各项职务，包括此项托管协定条款之核准及其更改或修正，应由安全理事会行使之"的规定。违背了《联合国宪章》的规定当然不具备法律效力，所以日本对琉球群岛的主权主张是缺乏国际法基础的。虽然今天日本还非法占据着琉球群岛，美国在琉球群岛上设有亚洲最大的军事基地，但是，事实上从国际法的角度考虑，琉球主权地位至今未定。

二　琉球群岛独立的可能性

在美军基地持续盘踞琉球群岛的当下，"回归"日本的琉球并没有获得同本土居民对等的权利与自由。于是，取得独立自治已成为地位未定的琉球未来走向的一种可行性选择。

历史上琉球为争取独立国家主权，就开展了前赴后继的复国运动。早在"琉球处分"之后，不愿做亡国奴的琉球民众曾经奋力抵抗日本侵略，开展了轰轰烈烈的独立运动，内容包括：向中国求援、向驻东京各国使节求助、原琉球高官拒绝就任新职、原高级官员反对吞并的联署、罢工罢市、渗透到各地的"血判书"联署、暴动、流亡中国、殉国等，这些血泪书写的历史，是琉球民众为争取独立

① 王鑫：《从国际法的角度分析琉球法律地位的历史变迁》，《研究生法学》2009 年第 24 卷第 2 期，第 112–120 页。

自主的拼死抗争。第二次世界大战后，得益于美军"去日本化"的政治环境，琉球人民族意识高涨，再次掀起了新一轮的独立运动，他们批判日本政府，希望依靠美国的力量重新建立主权国家，"琉球青年同志会"一度成为最活跃、具有独立倾向的民间组织。进入冷战时期，美国在琉球强化军事占领并且逐步将其交给日本，对于"归还冲绳协定"，当地居民为表达不满曾"聚哭于闹市"、集会抗议等，到了20世纪90年代，琉球首次出现了官民共同推动的自立运动。1995年美军基地三名士兵强暴琉球当地少女一案再次将反美和"琉球独立"的民众心声推向高潮，这一前所未有的事态更加强了琉球民众想要获得自我决定权的愿望。事实证明，美国和日本对琉球"统治"的存在，为琉球人民带来了难以弥补的灾难和历史的创伤，直到现在都未能痊愈。追求独立自主已成为琉球当地社会的主流意识，有些党派已明确将"琉球独立"作为唯一目标。

尽管日本多年来一直推行同化政策，民族认同感驱使下的琉球民众仍然有追求主权独立的希望。2005年，琉球大学林泉忠副教授对18岁以上的琉球人作了电话调查，其中40.6%的琉球人认为自己是琉球种族而非日本种族，且有24.9%的琉球人支持独立运动[1]。琉球大学教授新崎盛晖在《现代日本与冲绳》一书中，针对琉球归属问题指出："当地居民的意见，一直是我觉得更为重要的事，去聆听冲绳当地居民想要的是什么，而不是被日本任意摆布，或是被强行决定领土范围，必须要由住在当地的人们来决定，这是我的主张。"[2]关于琉球未来法律地位的走向，琉球人最有发言权。因为"缺乏归属感，意愿遭忽视"是除了琉球人，任何人无法感同身受的伤痛。鉴于以上考虑，要想从根本上解决问题，只有完全独立才是最有效的方法。

琉球的历史和民意向世人述说着一个事实——琉球人永远不会是日本人。当然，琉球独立是一个长期的过程，并非仅有民众的意

---

[1]　林泉忠：「沖縄住民のアイデンティティ調査」，『政策科学国際関係論集』2009年第9卷，第105-147頁。

[2]　新崎盛暉：「現代日本と沖縄」，東京：岩波新書，1996，第76頁。

愿就可以决定，需要得到国际社会的普遍认同，中国作为琉球一衣带水的近邻，有责任也有义务在妥善处理中美、中日关系的前提下，对琉球民众走向独立自主的愿望提供道义上的支持。

三　琉球群岛融入日本的趋势

琉球群岛并入日本的这 130 多年来，在现代国家体系和现代国际体系的双重夹击下，历经了沧桑和苦难。从独立自主到融入日本新家庭，琉球民众在摸索认同的过程中经历了痛苦的身份转化。日本自明治维新之后在琉球当地推行的"民族同化"和"文化同化"政策，导致琉球社会结构发生了很大变化，认同感也发生了本质上的变化。目前认同自己是日本人和作为日本一部分的琉球人占很大比重，但这并不意味着法律地位未定的琉球融入日本这一趋势水到渠成，在现代人类社会追求"平等"与"自由"这一核心价值的驱使下，琉球与日本本土之间的隔阂与日俱增。

众所周知，琉球地处日本南部边陲，这个边陲，不仅仅是地理上的，也是心理上的；不仅仅是军事上的，也是政治与文化上的。当本土中心与边陲利益发生冲突时，为了维护本土而毅然选择牺牲边陲这种看似无可奈何的选择实则折射出一种不平等，对于琉球民众来说，这种不平等关系不仅源于日本本土，其实更是来自美国和日本本土的双重不平等。回想古代日本对琉球的武力征服，第二次世界大战期间日军在琉球群岛上惨无人道的所作所为，以及战后日本政府对美军在琉球暴行的包庇和无视琉球人的反抗强行通过《驻日美军地位协定》等做法，甚至现代在日本本土上还充斥着对琉球民众的种族歧视和侮辱言行，这一幕幕可恶的行径，造成了琉球民众对于日本的不信任和反感。

但是，在琉球人中也不乏希望融入日本的声音。事实上，目前日本强大的经济实力和日美同盟，留给琉球民众自主选择未来走向的权利空间微乎其微。不过未来日本政府如果继续对琉球身处水深火热困境熟视无睹和继续放任对其取而不予的贪欲，将会坚定琉球民众对"日本不是我们的祖国"这一固有认知的信奉，琉球融入日本也并非一帆风顺。

四 琉球群岛回归中华的误判

关于琉球群岛主权归属这一话题可谓一石激起千层浪，众说纷纭、莫衷一是，其中不免有一些人会发出让琉球群岛回归中华的声音。确实，历史上琉球群岛作为承载琉球王国的一个独立地理单元存在。17 世纪以前，琉球王国一直作为中国的藩属国从属于"华夷秩序"大家庭中尊享着繁荣与和平。1609 年，日本萨摩藩入侵琉球打破了这一稳态，导致了琉球的"两属状态"，而清政府对此事的高傲心态更加放任了日本的野心，直至 1872 年，中国作为琉球五百多年宗主国这一地位被迫告终，琉球完全沦为日本属地。其间，每当琉球遭到外族入侵时，琉球国王都会派人来中国求援，中国也会尽力帮助琉球走出困境，不过这些只能说明历史上中琉关系紧密。事实上，琉球也是众多藩属国中对中国最忠诚的国家，中国文化已成为琉球文化中的灵魂要素。即使是现在，琉球民众也明白他们的许多传统文化来自中国，因此对中国有一份特殊的情感。不过，这种情感并不意味着他们有自己是"中国人"或者想要回归中华的意思，他们对于中国没有归属感可言。所以，琉球对中国的亲近感仅仅是历史上的而非现实中的。在现实中，大多数琉球民众根本没有"回归中华"的意愿。

在开罗会议上美国总统罗斯福两次与蒋介石提及琉球归属问题，对此，蒋介石提出了中美共管的提议，但是没有得到美国的响应。从此历经风雨飘摇的中国再也无力顾及琉球群岛。再者，自日本非法占领琉球以来，不断强化的文化灭族和地区经济部署战略，已经淡化了琉球与中国的亲密关系。经历了百余年的历史变迁，如今的琉球已经不复存在对中国的归心。我们对琉球群岛这个历史上就不属于中国的独立国家不应有任何非分之想。

第四节　结论与讨论

中国与琉球王国自明朝初年建立宗藩关系后一直保持着良好的关系。1879 年 4 月，日本断然实施"琉球处分"，设置"冲绳县"，强行吞并了琉球群岛。对此，作为宗主国的清政府与日本多次进行琉球归属问题的交涉，但是，最终随着国势的衰弱无果而终。在第二次世界大战末期，琉球群岛再次成为地缘政治问题的焦点。1945 年冲绳战役日军惨败，美军登陆琉球群岛，并且逐步认识到琉球群岛在东亚地区和战后国际秩序中的重要地缘战略价值，遂将琉球群岛纳入美国亚太战略体系中，并根据 1947 年联合国《关于前日本委任统治岛屿的协定》，将琉球群岛置于联合国托管制度下，对琉球群岛实施军事占领。后来，在东西方冷战对抗加剧的背景下，为了维护美国在西太平洋的战略利益，美国出于对抗苏联和中国的战略需要开始扶植日本。1951 年，美国操纵国际社会对日媾和，并不顾中国政府和人民的反对，公开承认日本对琉球群岛拥有"剩余主权"。20 世纪 60 年代，随着苏联综合国力的增长，美国的国际影响力相对下降。美国政府为减少军事开支和缓解琉球当地居民的反美情绪，在日本政府的再三要求下，美日两国于 1971 年 6 月 17 日签订了《美日关于琉球群岛和大东诸岛的协定》，美国在日本同意美军继续驻军的条件下，将琉球群岛的施政权"归还"给日本。至此，日本恢复了对琉球群岛的"统治"。

琉球群岛"归还"日本是特定历史时期东亚地缘关系格局变迁的产物，但是，从国际法的角度考虑，琉球群岛的法律地位还未定。今天世界格局发生了翻天覆地的变化，琉球群岛在战略上的重要性日益增强，琉球的主权归属牵动着国际体系的和平与稳定。近年来，一些中国学者鉴于历史上中国与琉球王国的宗藩关系提出了"琉球问题再议"的主张。更有一些中国网民强烈呼吁中国收回琉球。作为琉球群岛历史上的宗主国，也作为琉球群岛的友邻，更作为一个负责任的大国，中国应该早日敦促日本正视琉球的国际地位问题，正确对待琉球人民独立自主的愿望，根据《联合国宪章》托管制度的相关规定，让琉球民众充分行使民族自决权，来决定琉球群岛的未来。

第 十 一 章

琉球群岛地缘关系中的钓鱼岛
主权问题

第一节 钓鱼岛问题的由来

一 钓鱼岛的地理与历史

（一）钓鱼岛的地理特征

钓鱼岛，又称钓鱼台诸岛，是分布在台湾东北部外海、中国东海大陆架边缘的无人岛。由钓鱼岛、黄尾屿、赤尾屿、南小岛、北小岛及其附近 3 个小岛礁等八个无人岛组成（见表 11–1）。绝对地理位置在北纬 25 度 40 分至 26 度、东经 123 度至 124 度 34 分，总面积为 6.344 平方公里，周围海域面积约为 17 万平方公里。相对地理位置距离温州市约 356 公里、福州市约 385 公里、基隆市约 190 公里，距冲绳岛约 417 公里。

表 11-1 钓鱼岛自然地理状况一览

岛屿名称	长（米）	宽（米）	面积（平方公里）	最高海拔（米）	地理位置
钓鱼岛	3641	1905	3.91	362	25° 44.6′ N, 123° 28.4′ E
黄尾屿	1293	1102	0.91	117	25° 55.4′ N, 123° 40.9′ E
赤尾屿	484	194	0.065	75	25° 55.3′ N, 124° 33.5′ E
南小岛	1147	590	0.45	139	25° 43.4′ N, 123° 33.0′ E
北小岛	1030	583	0.33	125	25° 43.8′ N, 123° 32.5′ E
北屿	193	142	0.02	24	25° 46.9′ N, 123° 32.6′ E
南屿	170	75	0.007	4.8	25° 45.3′ N, 123° 34.0′ E
飞屿	63	33	0.001	2	25° 44.1′ N, 123° 30.4′ E

资料来源：国家海洋局。

在地质构造上，钓鱼岛及其附属岛屿属于台湾大屯山及观音山山脉向东北延伸入海底的突出部分，与台湾岛东北部的花瓶屿、棉花屿、彭佳屿一脉相承。在地理位置上，隔冲绳海槽与琉球群岛自然分离[①]。钓鱼岛主岛呈番薯形，中央山脉横贯东西，地势北部较平

---

① 褚静涛：《钓鱼岛与琉球归属》，《江海学刊》2012 年第 6 期，第 128–137 页。

坦，东南部陡峭。岛上盛产山茶、棕榈、仙人掌、海芙蓉及珍贵中药材，栖息着大批海鸟，有"花鸟岛"的美称。钓鱼岛附近海域鱼类资源非常丰富，是我国渔民的传统渔场。此外，钓鱼岛周围的大陆架还拥有丰富的石油和天然气资源。黄尾屿是钓鱼台诸岛第二大岛，是近圆形的死火山，中央高周边低，东侧悬崖陡峭，陡崖处有直立状节理的岩石裸露。岛屿中央有一形似火山口的凹地，岛上遍布棕榈树和矮树丛，海岸边到处是大块的火山岩。因岛上鸟多，也被称为"鸟岛"。赤尾屿岛体为不规则三角形，主体呈尖塔形，海岸为基岩海岸，陡崖峻峭，岛屿北侧与西侧多礁石。南小岛岛体呈椭圆形，东南侧坡度较大，中间大部分为平地。因岛上蛇多，也被称为"蛇岛"。北小岛岛体呈近平行四边形，西北东南走向。北屿岛体呈三角形，地势西部较平坦。南屿岛体呈弯月形，岛上无植被生长。飞屿岛体略呈虾尾状，西南侧山石陡峭，岛上无植被生长[①]。

（二）钓鱼岛的历史

钓鱼岛是台湾的附属岛屿，是中国大陆的自然延伸，是中国的固有领土。曾有大量史料详述且划分了中琉边界。陈侃在《使琉球录》"使事记略"中记述自己作为册封使的航程："五月朔，予等至广石，大舟亦始至。二日，祭海登舟，守、巡诸君设宴为饯。是日，北风大作，昼昏如夕；舟人皆疑，予等亦有惧心。有爱之者，劝迟迟其行。迟而得已于行，姑少待焉可也；终不能已，迟之何益！今人既集矣，涣之恐难卒萃。舟不速行，器具易窬，有司费已侈；缓则更倍之。遂别诸君，慨然登舟。连日风逆，五日始发舟，不越数舍而止，海角尚浅。至八日，出海口，方一望汪洋矣。风顺而微，波涛亦不汹涌；舟不动而移，与夷舟相为先后。出舱观之，四顾廓然，茫无山际，惟天光与水光相接耳。云物变幻无穷，日月出没可骇；诚一奇观也。虽若可乐，终不能释然于怀。九日，隐隐见一小山，乃小琉球也。十月，

---

① 国家海洋局：《中国钓鱼岛地名册》，北京：海洋出版社，2012，第28—29页。

南风甚迅，舟行如飞；然顺流而下，亦不甚动。过平嘉山、过钓鱼屿、过黄毛屿、过赤屿，目不暇接，一昼夜兼三日之程；夷舟帆小，不能及，相失在后。十一日夕，见古米山，乃属琉球者；夷人鼓舞于舟，喜达于家。"[①] 这段文字叙述了嘉靖十三年（1534年）五月，明王朝第十二任册封使陈侃由福建闽江口外出洋，沿途经过小琉球（台湾）、平嘉山（彭佳屿）、钓鱼屿（钓鱼岛）、黄毛屿（黄尾屿）、赤屿（赤尾屿），日夜兼程，于11日下午，望见古米山，进入琉球疆界。同行的琉球使者欢声笑语，按捺不住回家的喜悦。陈侃的这段文字记载清楚地表明了钓鱼岛作为一个独立的地理单元与琉球群岛附属岛屿的严格区别[②]。嘉靖四十年（1561年），郭汝霖作为明册封使前往琉球，他在《重编使琉球录》中写道："闰五月初一日，过钓鱼屿。初三日，至赤屿焉。赤屿者，界琉球地方山也。再一日之风，即可望古米山矣。"[③] 郭汝霖指出，赤屿（赤尾屿）是中琉的分界山，赤屿以西诸岛属于中国，赤屿以东诸岛归属琉球。这与陈侃的观点一致。还有，夏子阳在明万历三十四年（1606年）的《使琉球录》中也有记载："二十二日早，过米山（古米山），有二巨鱼逐舟；……二十九日早，隐隐望见一船；众喜，谓有船，则去中国不远，且水离黑入沧，必是中国之界。……次日黎明，果见福宁州山。"[④] 夏子阳通过海水的颜色就能够判断出中琉的界线，只因琉球海槽水深的缘故，洋面呈黑色，与浅海处的绿色形成鲜明的对比，所以过了古米山海水的颜色由黑色变为绿色，即说明已到达中国的海域。关于中琉界线的划分并不只有册封使个人的记述，在国际上也达成了共识。1650年，琉球王国摄政羽地按司朝秀（向象贤）撰编的第一部正史《中山世鉴》全文转载了陈侃的《使琉球录》，可见他完全认同陈侃的观点。琉球大学者、紫金大夫程顺则在《指南广义》一书中多处提及钓鱼岛、黄尾屿、赤尾屿等

① 陈侃：《使琉球录》，国立北平图书馆嘉靖刻本影印本，嘉靖十三年（1534年），第16-17页。
② 郑海麟：《钓鱼岛列屿之历史与法理研究》，北京：中华书局，2007，第67页。
③ 郭汝霖：『重編使琉球録』，原田禹雄訳注，宜野湾：榕樹書林，2000，第108页。
④ 夏子陽：『使琉球録』，原田禹雄訳注，宜野湾：榕樹書林，2001，第346-348页。

中国岛屿，并在附图中将钓鱼岛、黄尾屿、赤尾屿连为一体，与古米山之间有一明显分界线。此外，朝鲜申叔舟于 1471 年所撰《海东诸国要记》所收"琉球国之图"、法国出版家及地理学家皮埃尔·拉比（Pierre Lapie）于 1809 年所绘"东中国海沿岸各国图"、1859 年美国纽约出版的现代中国地图"柯顿的中国"（Colton's China）、1877 年日本史地学家兼接管"冲绳县"的政府官员伊地知贞馨所著《冲绳志》附"冲绳岛全图"等都对中琉之间的分界线作了明确划分。

钓鱼岛拥有巨大的战略价值和经济价值。它位于美国围堵中国第一岛链的关键环节。同时，钓鱼岛在经济资源上也占有重要的地位。钓鱼岛附近海域蕴藏着丰富的石油资源，还有锰、钴、镍和天然气等。渔业资源也很富饶，大陆和台湾渔民长期在位于该区的东海鲭渔场捕鱼为生。

钓鱼岛由中国最早发现、最早命名以及最早记载。隋朝时期，隋炀帝曾派大臣朱宽出使琉球王国，召其归顺，又曾派陈棱、张镇周等率军出征琉球王国，行军途中便有经过钓鱼岛的记载[①]。明朝永乐元年（1403 年）的《顺风相送》中"福建往琉球"一节记载了从福建到琉球的航海路线，其中也提到钓鱼岛，这比日本人所谓"发现"钓鱼岛至少早三百多年。《使琉球录》和《筹海图编》等对钓鱼岛也均有记载[②]。此外，还有诸多史料证明中国通过多种形式对钓鱼岛实施着有效管理，拥有钓鱼岛的主权，符合国际法中关于"先占"的原则获取的合法领土。因此，无论是从地质、地理、历史还是法理上，钓鱼岛自古就属于中国固有领土是一个不可争辩的事实。

二 日本窃取钓鱼岛的历史过程

日本在明治维新之后逐步加快了对外侵略扩张的步伐，从控制

① 许森安：《关于钓鱼岛等岛屿主权归属的历史考证》，《亚非纵横》2006 年第 4 期，第 50~53 页。
② 李国强、侯毅：《论钓鱼岛及其附近海域自古以来就是中国疆域组成部分》，《人民日报》2013 年 5 月 10 日，第 11 版。

朝鲜、吞并琉球、侵占台湾到全面发动侵华战争，逐步扩张。其对钓鱼岛的窃取，则是从吞并琉球开始的。1879 年，日本在吞并琉球并改名为"冲绳县"后不久，便把侵占钓鱼岛列入议事日程。

1884 年，日本人古贺辰四郎首次登上钓鱼岛，指认该岛为"无人岛"，并向"冲绳县"知事提出开发申请。翌年，日本政府开展了秘密调查，试图侵占钓鱼岛。此时日本的图谋已经引起中国的警觉。1885 年 9 月 6 日（清光绪十一年七月二十八日），中国《申报》刊载消息："台湾东北边之海岛，近有日本人悬日旗于其上，大有占据之势。"由于顾忌中国的反应，日本政府一时未敢轻举妄动，而是继续派人调查。1885 年 9 月 22 日，"冲绳县"知事西村舍三在被"密令"调查后向内务卿山县有朋报告："盖久米赤岛（即赤尾屿）、久场岛（即黄尾屿）及鱼钓岛（即钓鱼岛）自古皆为本县所称之名。本县所辖之久米、宫古、八重山诸群岛比邻之无人岛屿，为'冲绳县'所属，绝无异议。然其与数日前所至之大东岛（位于本县与小笠原岛之间）地势相异，而与《中山传信录》中所载的钓鱼台、黄尾屿、赤尾屿相同，无置疑之处也。若果为一者，则已为清国册封之旧中山王使船所详悉，且各命其名，以为琉球航海之目标，故若效此次大东岛之行，勘察之后即立标桩，恐有所不妥。"同年 10 月 21 日，外务卿井上馨回复调查报告认为："此岛屿近清国之境……且清国已命其岛名。近日清国报纸等，风传我政府欲占据台湾近旁清国所属岛屿云云，对我国心怀猜疑，我国已屡遭清政府之警示。此时若公然骤施立国标诸策，则易为清国所疑。窃以为目下可暂使其实地勘察、细报港湾形状及有无开发土地、地物之望，建立国标、开发诸事可留待他日。"此外，井上馨还特意强调，"此次勘察之事，不宜见诸官报及报端为上，万望以之为念"[1]。此后，日本当局又多次调查，其结果仍是"该岛皆无属于我邦之明证据或口碑传说等"。

———
[1] 井上清：《钓鱼岛的历史与主权》，北京：新星出版社，2013，第 137—141 页。

对于"冲绳县"知事多次申请建立国标以划入其版图，日本政府依然没有答应。尽管如此，九年之后，终于等到了"见机而作"的机会。1894 年 7 月，日本军队对清政府军队不宣而战，实施偷袭，甲午战争爆发。同年 11 月底，日本军队占领中国旅顺口，清朝败局已定。日本明治政府认为此时夺取钓鱼岛的时机已经成熟。12 月 27 日，日本内务大臣野村靖致函外务大臣陆奥宗光，认为"今昔形势已殊"，要求将在钓鱼岛建立标桩、纳入版图一事提交内阁会议决定。1895 年 1 月 14 日，日本明治政府在与清政府签订《马关条约》三个月之前，对"久场岛（黄尾屿）、鱼钓岛（钓鱼岛）等无人岛"，以"因管理之需，故该县（冲绳）知事呈报建立标桩以示其为该县所辖。为准其为该县所辖，乃使建立标桩为要"[1] 为由，秘密批准将钓鱼岛编入"冲绳县"管辖[2]。1900 年，日本政府偷梁换柱地将钓鱼岛更名为"尖阁诸岛"[3]。

三 钓鱼岛问题中的美国要素

美国在钓鱼岛问题上一直以美国利益为中心，偏袒日本。第二次世界大战后，钓鱼岛及其附属岛屿本应在雅尔塔体制下归还中国，但此时美国政府出于冷战需要和国家利益的考虑，在其制定对日政策过程中，单方面与日本签订了《旧金山和约》和《美日关于琉球群岛和大东诸岛的协定》，擅自将钓鱼岛纳入托管范围，并且暗中勾结日本，背着中国将钓鱼岛的管辖权交给日本，严重侵犯了中国的领土主权，在钓鱼岛主权问题上埋下了祸根。随着日本对钓鱼岛的低调霸占到高调对中国国家核心利益提出挑战，美国的态度也逐渐由中立转为偏袒日本，但对于主权归属和冲突介入还是持模糊立

---

① 井上清：《钓鱼岛的历史与主权》，北京：新星出版社，2013，第 152 页。
② 钟严：《论钓鱼岛主权归属》，《人民日报》1996 年 10 月 18 日，第 8 版。
③ 李理：《近代日本对钓鱼岛的"践踏"及窃取》，《中国边疆史地研究》2012 年第 22 卷第 4 期，第 97-109 页。

场[1]。总体上讲，美国对于钓鱼岛的态度，可以用三句话概括：美国在钓鱼岛主权问题上不持立场，钓鱼岛问题适用于《美日安保条约》第五条，美国希望中日通过和平的方式解决争端。但是具体什么时候采取什么策略，这要根据美国掌握中日关系、掌握钓鱼岛局势的需要而定。

（一）对日战后处理中的钓鱼岛问题

1942 年 11 月，中国正式对日宣战，中国政府宣布废除一切中日不平等条约。1943 年 12 月 1 日，中美英三国首脑发表的《开罗宣言》明确规定："三国之宗旨，在剥夺日本自一九一四年第一次世界大战开始后，在太平洋上夺得或占领之一切岛屿，及使日本在中国所窃取之领土，如东北四省、台湾澎湖列岛等归还中华民国。其他日本以武力或贪欲所攫取之土地，亦务必将日本驱逐出境。"1945 年 7 月《波茨坦公告》第 8 条进一步规定："开罗宣言之条件必将实施，而日本之主权必将限于本州、北海道、九州、四国及吾人所决定其他小岛之内。"同年 9 月，日本政府在《日本投降书》中明确表示："天皇、日本政府及其继承者，承诺切实履行《波茨坦公告》的条款。"10 月 25 日，台湾对日受降典礼举行，中国政府收复台湾岛。根据以上事实，包括钓鱼岛在内的台湾及其附属岛屿本应正式回归中国。

（二）美国"误将"钓鱼岛纳入托管范围

1946 年之后，随着东亚局势急剧变化，美国为建立抵御苏联扩张的堡垒，实现实质性的军事存在，积极构建一个全球性的基地网络。从军事战略角度考虑，将琉球作为"战略托管区域"置于其战略托管之下，而未采纳国务院强调要归还琉球群岛给日本的提议，最终，该方案被提交联合国安理会并获得通过[2]。美国单方面将钓鱼岛划入其托管范围。

1949 年 10 月 1 日，中华人民共和国宣告成立。1950 年 6 月 25

① 吴泽林、钮维敢:《中日钓鱼岛争端中的美国因素》,《美国问题研究》2012 年第 2 期，第 110–127 页。

② Frederick S. Dunn. *Peace-Making and the Settlement with Japan*，NY: Greenwood Press, 1963. pp.56–57.

日，朝鲜战争爆发，东西方冷战对抗加剧，美日关系发生了根本性转变，美国意识到日本、琉球群岛以及被划入的钓鱼岛对于东亚反共战略实施的重要性。1951 年 9 月 8 日，美国操纵国际社会与日本签订了《旧金山和约》，同日，美日两国又签订了《美日安保条约》。根据《旧金山和约》第 3 条规定，北纬 29 度以南的"西南诸岛"交由联合国托管，而美国作为唯一的施政当局，拥有对该岛屿行使一切行政、立法及司法管辖的权力。根据后来美国国务院官员的说法，北纬 29 度以南的"西南诸岛"当时被认为包括钓鱼岛。《旧金山和约》使得琉球群岛由国际共管变为美国独管，完全背弃了《开罗宣言》和《波茨坦公告》达成的共识。因此，1951 年 9 月 18 日，周恩来代表中国政府郑重声明："旧金山对日和约由于没有中华人民共和国参加准备、拟制和签订，中央人民政府认为是非法的、无效的，因而是绝对不能承认的。"① 根据《美日安保条约》，美国获得了"在日本国内及周围驻扎陆、海、空军之权利。此种军队得用以维持远东的国际和平与安全和日本免受武装外来侵略之安全"。《美日安保条约》的签订，为美军在日本驻扎奠定了法律基础②。

为加强琉球群岛和钓鱼岛之间的联系，1953 年 12 月 25 日，陆军少将大卫·奥格登（David A. D. Ogden）代表美国琉球民政府发布了关于"琉球群岛地理界线"的"第 27 号令"，"误将"本不属于琉球群岛的钓鱼岛及其附属岛屿划入"琉球托管区域"范围③。

（三）美国再次"误将"钓鱼岛划入"冲绳归还"范围

1969 年，美国面临严峻的国际和国内形势，为了实施其遏制战略，美国需要日本在亚洲发挥更大的作用，并在日美安全体制中承担重要的角色。所以，尼克松当选美国总统后的第一件事，就是成立了一个委员会来专门研究冲绳"归还"日本的问题。同年 11 月，

---

① 中华人民共和国外交部：《周恩来外长关于美英对日和约草案及旧金山会议的声明》，《人民日报》1951 年 8 月 15 日，第 1 版。

② 世界知识出版社编辑部：《国际条约集 1950~1952》，北京：世界知识出版社，1959，第 389 页。

③ 吴泽林、钮维敢：《中日钓鱼岛争端中的美国因素》，《美国问题研究》2012 年第 2 期，第 110~127 页。

美日发表联合声明，约定美国在不损害《美日安保条约》的前提下准备将冲绳"归还"给日本。在此期间，日本已经对可能储藏着巨大海底油田的钓鱼岛表现出了浓厚的兴趣，先后发表了一系列关于钓鱼岛"主权"的声明①。

1971 年 6 月 17 日，美日签订《美日关于琉球群岛和大东诸岛的协定》，规定自条约生效之日起，美国将琉球群岛和大东诸岛的一切权力移交给日本。这其中就包括日本对钓鱼岛的"施政权"。这次非法的私相授受，是对中国主权的严重侵犯。同年 12 月 30 日，中国外交部发表严正声明："美日两国政府在'冲绳归还协定'中，把我国钓鱼岛等岛屿列入'归还区域'，完全是非法的，这丝毫不能改变中华人民共和国对钓鱼岛等岛屿的领土主权。"

面对中国政府和人民的强烈反对，美国政府于 1971 年 10 月表示："把原从日本取得的对这些岛屿的施政权归还给日本，毫不损害有关主权的主张。美国既不能给日本增加在他们将这些岛屿的施政权转交给我们之前所拥有的法律权利，也不能因为归还给日本施政权而削弱其他要求者的权利。……对此等岛屿的任何争议的要求均为当事者所应彼此解决的事项。"同年 11 月，美国国务院发表声明称，在中日关于钓鱼岛对抗性的领土主张中，美国将采取中立立场，不偏向于争端中的任何一方②。

（四）冷战后钓鱼岛争端中的美国阴影

冷战结束初期，美国对中日钓鱼岛争端仍然保持中立的态度，既不承认也不支持任何国家对钓鱼岛的主权主张，对于《美日安保条约》是否适用于钓鱼岛也未作明确表态。但是，乔治·布什（G.W.Bush）当选美国总统后，美国政府对钓鱼岛的态度与此前大不相同。随着美日同盟的强化，并将防范和制衡中国作为战略目标，

---

① 郭永虎:《关于中日钓鱼岛争端中"美国因素"的历史考察》,《中国边疆史地研究》2005 年第 15 卷第 4 期, 第 111–117 页。
② 侯毅:《美日私相授受钓鱼岛的历史考察》,《太平洋学报》2012 年第 20 卷第 12 期, 第 29–39 页。

美国对钓鱼岛争端的表态变得明晰，从表面中立渐渐转变为倾向支持日本。2001 年 12 月，美国国务院官员表示，钓鱼岛一旦受到攻击，美国有可能对日本提供支持。之后，美国政府一直坚持钓鱼岛在日本的行政管辖之下，因此适用于《美日安保条约》这一主张。另外，美国还与日本通过频繁的军事演习、情报共享和技术合作等试图威慑中国。

奥巴马当选美国总统后，美国政府对中日两国的钓鱼岛争端作出了明确表态。第一，对钓鱼岛主权归属仍然不持立场；第二，希望中日通过和平对话方式解决争端，但钓鱼岛为《美日安保条约》适用范围；第三，在军事和其他方面为日本提供保障；第四，对于美国是否会军事介入中日钓鱼岛争端可能引发的冲突采取模糊的态度[1]。

第二节　中日两国关于钓鱼岛主权问题的争端

一　钓鱼岛问题的现状

钓鱼岛问题一直是中日之间悬而未决的领土争议，也是中日之间随时可能发生摩擦的不稳定因素。近年来，随着国际环境和国内政治的发展，日本不断在钓鱼岛问题上制造事端。从右翼团体和个人的登岛活动，到日本政府宣布"购岛"，实施所谓"国有化"等，使中日两国矛盾不断升级，导致两国关系严重恶化[2]。在这一背景下，中国政府派出中国执法船频繁进入钓鱼岛海域巡航，宣示主权，完全属于正当行为，是对日方行为的有力回应。但是，中日双方在

---

① 吴泽林：《浅论"钓鱼岛争端"》，《中日关系史研究》2013 年第 2 期，第 29–37 页；高海宽：《日本为何不能在钓鱼岛问题上走出困境》，《中日关系史研究》2013 年第 2 期，第 11–21 页。

② 石家铸：《钓鱼岛问题的现状与中日关系》，《毛泽东邓小平理论研究》2004 年第 4 期，第 29–35 页；蒋立峰：《钓鱼岛问题与中日关系》，《日本学刊》2012 年第 5 期，第 32–48 页。

行动上都保持着一定程度的克制。

二　中国政府关于钓鱼岛主权问题的基本立场

关于钓鱼岛主权，中国政府的基本立场是，钓鱼岛自古以来就是中国的领土，在甲午战争中被日本窃取，后根据《马关条约》规定作为台湾附属岛屿被日本占领，第二次世界大战后美日对其私相授受，但这都是非法和无效的，我们有充分的证据证明中国对钓鱼岛列岛及其附近海域拥有无可争辩的主权。钓鱼岛问题发展到今天，根本原因是日本军国主义侵略扩张造成的，丝毫不能改变中国对钓鱼岛及其附属岛屿的领土主权。中国对维护领土主权的立场和意志是坚定不移的，但是，中国政府主张通过和平方式解决钓鱼岛问题，如果日方一意孤行，由此造成的一切后果只能由日方承担[①]。

1951 年 8 月 15 日，中国外长周恩来发表关于美英对日和约草案及旧金山会议的声明，认为英美两国政府所提出的对日和约草案是一件破坏国际协定、基本上不能被接受的草案。

1951 年 9 月 18 日，周恩来外长再次发表声明指出："美国政府在旧金山会议中强制签订的没有中华人民共和国参加的对日单独和约……中央人民政府认为是非法的、无效的，因而是绝对不能承认的。"

1970 年 12 月 29 日，在《人民日报》发表的一篇题为《绝不容许美日反动派掠夺我国海底资源》的文章中指出，"台湾省及其所属岛屿，包括钓鱼岛、黄尾屿、赤尾屿、南小岛、北小岛等岛屿在内，是中国的神圣领土。这些岛屿周围海域和其他邻近中国浅海海域的海底资源，都完全属于中国所有，绝不容许他人染指"。

1971 年 12 月 30 日，中国外交部就钓鱼岛主权问题发表声明，

---

① 张良福：《中国政府对钓鱼岛主权争端和东海划界问题的基本立场和政策》，《太平洋学报》2005 年第 13 卷第 8 期，第 61-70 页。

抗议美日将钓鱼岛划入"归还区域"，指出钓鱼岛历来就是中国领土，日本在甲午战争中窃取了钓鱼岛，就声称"拥有主权"，这完全是强盗逻辑。

1972 年 3 月 3 日，在联合国海底和平利用委员会会议上，中国代表安致远就"中国关于海洋权问题的原则和立场"发表演说："我代表中华人民共和国政府重申：台湾省及其所有附属岛屿，包括钓鱼岛、黄尾屿、赤尾屿、南小岛、北小岛等岛屿在内，是中国的神圣领土。这些岛屿周围海域和邻近中国浅海海域的海底资源，都完全属于中国所有，决不允许任何外国侵略者染指。"

1972 年 9 月 29 日，中华人民共和国政府和日本政府发表联合声明，实现中日邦交正常化。在谈判中，当日本首相田中角荣提及钓鱼岛问题如何处理时，周恩来总理提议把钓鱼岛及其附属岛屿的归属问题搁置起来，留待将来条件成熟时再予解决。双方就此达成口头共识。1978 年 8 月 12 日，中日签署和平友好条约。在谈判过程中，两国领导人就"搁置钓鱼岛争议"达成谅解和口头共识。

1992 年 2 月 25 日，中国颁布《领海及毗连区法》，规定"中华人民共和国的陆地领土包括中华人民共和国大陆及其沿海岛屿、台湾及包括钓鱼岛在内的附属各岛、澎湖列岛、东沙群岛、西沙群岛、中沙群岛、南沙群岛以及其他一切属于中华人民共和国的岛屿"。该法经中华人民共和国主席令第 55 号公布施行。日本提出了"抗议"，外交部重申，钓鱼岛属于中国。

2003 年 1 月 2 日，中国外交部发言人就日本政府"租借"钓鱼岛问题发表评论，称钓鱼岛及其附属岛屿自古以来就是中国的固有领土，日方对这些岛屿采取的任何单方面行动都是无效的。

2008 年 5 月 15 日，中国政府针对日本向联合国交存包含钓鱼岛"领海"的海图，向联合国秘书长提交了反对照会。

2008 年 12 月 8 日，"中国海监 46""中国海监 51"组成的编队到达钓鱼岛 12 海里内实施巡航。

2012 年 9 月 10 日，中国政府根据《领海及毗连区法》，公布了关于钓鱼岛及其附属岛屿的领海基线。同日，中国外交部发表声明，坚决反对和强烈抗议日本政府宣布"购买"钓鱼岛及其附属的南小岛和北小岛，实施所谓的"国有化"；指出钓鱼岛及其附属岛屿自古以来就是中国的神圣领土，日本政府所谓的"购岛"完全是非法的、无效的，丝毫改变不了中国对钓鱼岛及其附属岛屿的领土主权。

2012 年 9 月 11 日，《人民日报》发表了《中国钓鱼岛岂容他人肆意买卖》的评论员文章，详尽阐述了中国政府在钓鱼岛问题上的原则和立场[①]。

2013 年中共中央总书记习近平在北京人民大会堂会见日本公明党党首山口那津男时表示，中方在钓鱼岛问题上的立场是一贯和明确的，日方应正视历史和现实，以实际行动与中方共同努力，通过对话磋商，妥善管控和解决问题。以史为鉴，才能面向未来。日方应尊重中国人民的民族感情，正确处理历史问题。

三　日本政府关于钓鱼岛主权问题的基本主张

日本政府对于钓鱼岛主权的主张见于 1972 年 3 月 28 日发表的关于钓鱼岛所有权问题的基本见解，该"基本见解"称，自 1885 年以来，日本政府通过"冲绳县"当局等途径多次对钓鱼岛进行实地调查，确认钓鱼岛为无人岛，没有受到清朝统治的痕迹。在此基础上，于 1895 年 1 月 14 日在内阁会议上决定在岛上建立标桩，以正式编入日本领土之内。从那时钓鱼岛便成为日本领土南西诸岛的一部分，并且不包含在根据 1895 年 5 月生效的《马关条约》第 2 条由清朝割让给日本的台湾及澎湖诸岛之内。因此，钓鱼岛并不包含在根据《旧金山和约》第 2 条日本所放弃的领土之内，而是包含在根据该

---

① 纪国平：《中国钓鱼岛岂容他人肆意"买卖"》，《人民日报》2012 年 9 月 11 日，第 3 版。

和约第 2 条作为"西南诸岛"的一部分被置于美国托管制度之下，并且根据 1971 年 6 月 17 日签署的《美日关于琉球群岛和大东诸岛的协定》，将施政权归还给日本的地区之内。另外，钓鱼岛包含在根据《旧金山和约》第 2 条由美国施政的地区，中国对这一事实从未提出过任何异议，这明确表明当时中国并不视钓鱼岛为台湾的一部分。无论是中国政府还是台湾当局，都是到了 20 世纪 70 年代后半期，东海大陆架石油开发的动向浮出水面后，才首次提出钓鱼岛领有权问题。而且，中国政府及台湾当局从前提出过的，所谓历史上、地理上、地质上的依据等各类观点，均不能构成国际法上的有效论据来证明中国对钓鱼岛拥有领有权的主张[①]。

综上所述，日本政府的"基本见解"主要观点是：第一，钓鱼岛为"无主地"，不包含在《马关条约》规定的由清政府割让给日本的澎湖列岛和台湾及其附属岛屿的范围之内；第二，钓鱼岛不包含在《旧金山和约》第 2 条规定的日本所放弃的领土范围之内，而是包含在第 2 条规定的作为西南诸岛的一部分被置于美国托管制度之下，并根据《美日关于琉球群岛和大东诸岛的协定》将施政权"归还"日本的区域内；第三，中国没有将钓鱼岛视为台湾的一部分，对《旧金山和约》第 2 条规定的将钓鱼岛置于美国施政区域内从未提出过任何异议[②]。

事实上，钓鱼岛列岛并非"无主地"，早在明朝初期就已经成为中国的领土，这已成为国际上的共识，而且日方也承认，起码在 1895 年之前钓鱼岛及其附属岛屿不属于日本，所以日方无法利用所谓的"先占原则"作为其拥有主权的依据，而根据国际法规定，钓鱼岛及其附属岛屿应为日本战败后归还的土地。中国与琉球的地文分界标志就是赤尾屿和久米岛，所以钓鱼岛及其附属岛屿从来不是琉球群岛的一部分，钓鱼岛为台湾附属岛屿，属于中国固有领土的

---

① 日本外务省关于钓鱼岛的基本见解参见 http://www.mofa.go.jp/mofaj/area/senkaku/index.html。

② 钟声:《日本"先占"钓鱼岛实为窃取》,《人民日报》2012 年 9 月 21 日, 第 3 版。

一部分有历史事实、历史文献佐证①。钓鱼岛主权归属问题是中日双方之间的问题，没有中国的参与和同意，日本与任何第三方就此问题作出的安排都是无效的，对中国没有约束力。在处理战后领土归属问题上，日本只能严格遵守其接受的《波茨坦公告》和《开罗宣言》，美日之间的任何条约和协定都不能变更钓鱼岛的主权归属。中国大陆和台湾对于钓鱼岛及其附属岛屿主权的主张并不是在东海储藏丰富资源的调查报告之后，而是一直以来的主张，前述中国政府一贯以来的立场和声明是铁一般的事实，如果不是美日勾结侵犯中国主权，中国政府根本没有必要对原本属于自己的领土作任何声明主张。②基于以上认识，日本政府的"基本见解"严重违背历史事实，是完全站不住脚的。

四　中日两国政府关于钓鱼岛主权问题的交涉

1979 年，日本右翼团体在钓鱼岛上修建临时直升机停机坪，中国政府对此向日本政府提出抗议和严正交涉。1990 年 10 月 18 日，中国外交部发言人就日本右翼团体在钓鱼岛上设置航标答记者问时指出，钓鱼岛是中国的固有领土，日本右翼团体在钓鱼岛上设置航标是侵犯中国主权的行为，中国政府强烈要求日本政府立即采取有效措施，迅速制止右翼团体的上述活动并且防止类似事件再度发生。

2002 年 10 月，日本政府以每年 2200 万日元的租金向所谓日本岛民"租借"钓鱼岛等三个无人岛。2003 年 1 月 2 日，中国外交部就日本政府"租借"钓鱼岛问题发表评论，称钓鱼岛及其附属岛屿自古以来就是中国的固有领土，日方对这些岛屿采取的任何单方面行动都是无效的。

2010 年 9 月 6 日，日本海上保安厅巡逻船在钓鱼岛附近海域

---

① 郑海麟：《从历史与国际法看钓鱼台主权归属》，台北：海峡学术出版社，2003，第 3-13 页。

② 金永明：《批驳日本关于钓鱼岛列屿领有权基本见解的错误性》，《云南大学学报》（法学版）2011 年第 24 卷第 2 期，第 136-140 页。

冲撞一艘中国拖网渔船，随后日方又派出两艘巡逻船跟踪。13 时左右，日本海上保安官强行登上航行中的中国渔船，命令中国渔船停止航行，并以中国渔船违反日本"渔业法"为由，对渔船进行检查。9 月 7 日，中国渔船"闽晋渔 5179"号在钓鱼岛海域与两艘日本巡逻船相撞，随后日方强行登船检查，中国船长詹其雄被非法扣留。9 月 10 日，中国外交部部长杨洁篪召见驻华大使丹羽宇一郎，就日方在钓鱼岛海域非法抓扣中国渔船和渔民提出严正交涉和抗议，要求日方立即无条件释放包括船长在内的全体中国渔民和渔船。9 月 12 日凌晨，中国国务委员戴秉国就此事再次召见丹羽宇一郎，郑重表明中国政府的重大关切和严正立场，敦促日方不要误判形势，作出明智的政治决断，立即送还中国的渔船和渔民。9 月 13 日，中国政府包机安全接回被日方非法抓扣的 14 名中国渔民，渔船也已返航，但是船长仍被非法扣押，中方再次强烈敦促日方立即予以放还。9 月 25 日，被日方非法扣押的船长詹其雄乘中国政府包机安全抵达福州。当日，中国外交部发表声明指出，2010 年 9 月 7 日，日方在钓鱼岛海域非法抓扣中国 15 名渔民和渔船，并将船长扣押至 9 月 24 日。对这一严重侵犯中国领土主权和中国公民人权的行径，中国政府表示强烈抗议。日方对中国渔民、渔船的扣押、调查以及任何形式的司法举措都是非法和无效的。日方必须就此次事件向中方做出道歉和赔偿。

2012 年 1 月 3 日，石垣市 4 名右翼议员先后登上钓鱼岛，中国政府对此提出严正交涉和抗议，强调"钓鱼岛及其附属岛屿自古以来就是中国固有领土，中国对此拥有不可争辩的主权。中国政府捍卫领土主权的决心是坚定不移的"。

2012 年 7 月，针对日方"购买"钓鱼岛有关动向，中国外交部和驻日本使馆负责官员于 7 日和 9 日分别在北京和东京针对日方有关动向提出严正交涉，表明中国政府捍卫钓鱼岛领土主权的坚定立场，强调中方绝不允许日方对钓鱼岛及其附属岛屿采取任何单方面行动。中国政府将继续采取必要措施坚决维护对钓鱼岛及其附属岛屿的主权。

2012 年 8 月 15 日，日本海上保安厅以"非法入境"的罪名在钓鱼岛抓扣了 14 名中国香港保钓人士。据日本放送协会（NHK）报道，中国香港保钓人士在当地时间 15 日 16 时抵达钓鱼岛海域附近，7 名保钓人士排除日本海上保安官的阻挠，登上钓鱼岛，并升起中国国旗。日本海上保安厅抓扣了其中 5 人，此后，海上保安部在保钓船欲驶离钓鱼岛时又将其拦截并上船调查，对船上 9 人以"非法入境"嫌疑抓扣。当天，中国外交部副部长傅莹向日方提出严正交涉，再次申明中国对钓鱼岛及其附属岛屿拥有主权的立场，要求日方立即无条件安全释放保钓人士。同日，外交部表示，日方在拦截中方船只过程中采取了夹击等危险行为，中方对此表示强烈谴责和抗议。8 月 18 日，经中方多次交涉和努力，日方无条件放还了保钓人士和船只。

2012 年 9 月 2 日，日本东京都"调查团"乘坐海难救助船"航洋丸"抵达中国钓鱼岛周边海域，对钓鱼岛进行非法调查。中方就此向日本政府提出严正交涉。9 月 3 日，中国外交部发言人洪磊在例行记者会上表示，日方对钓鱼岛采取的任何单方面行动都是非法无效的，都改变不了钓鱼岛及其附属岛屿是中国固有领土的事实。中国外交部此前多次就钓鱼岛问题表态，指出钓鱼岛及其附属岛屿自古以来就是中国的固有领土，最早由中国人发现、命名和利用。日方对钓鱼岛采取任何单方面行动都是非法无效的，中方敦促日方切实处理好当前问题，避免对中日关系大局造成影响。

2012 年 9 月 10 日，日本政府宣布"购买"钓鱼岛、南小岛和北小岛，实施"国有化"。当天，中国政府声明，坚决反对和强烈抗议日本"购买"钓鱼岛及南小岛和北小岛，实施所谓"国有化"。中国政府指出，日本政府所谓的"购岛"完全是非法的、无效的。丝毫改变不了日本侵占中国领土的历史事实，丝毫改变不了中国对钓鱼岛及其附属岛屿的领土主权。

2012 年 9 月 25 日，中国外交部副部长张志军与日本常务副外长和相周夫在北京进行钓鱼岛问题磋商。张志军指出，日方公然对钓鱼岛采取所谓"国有化"的非法行动，是对中国人民、国际法理和历史事实甚至战后国际秩序的严重挑战，日方必须打消幻想，深刻反省，同中方相向而行。双方同意就钓鱼岛问题继续保持磋商。

第三节　琉球问题与钓鱼岛主权的关联

一　就钓鱼岛论钓鱼岛的局限性

近年来，随着中国海警船在钓鱼岛海域的巡航和海上执法常态化，与日本海上保安厅船只的对峙时有发生，小规模冲突的概率有所增加。从双方都保持一定程度的克制来看，目前中日两国都没有打算通过武力解决钓鱼岛问题，通过谈判解决问题似乎是最好的选项。

众所周知，日方宣称拥有钓鱼岛领土主权的一个重要论据是钓鱼岛属于琉球，琉球属于日本，所以钓鱼岛属于日本。根据日方的逻辑，琉球群岛在中日钓鱼岛主权争端中起着举足轻重的作用。所以，目前就钓鱼岛问题论钓鱼岛问题显然有局限性。正如一些专家学者指出的那样，琉球可能会成为解决钓鱼岛问题的突破口。一味单纯的保钓，等于间接地接受了美日对于琉球群岛的私相授受，承认了日本对于琉球群岛的"主权"，这正中日本的圈套。历史上的琉球王国是一个具有自身语言和文化传统的独立国家，直到近代被日本吞并之前一直与中国保持密切的朝贡关系。近代以后，由于日本百余年来对琉球群岛实行的"文化灭族"以及清政府的积弱无能和国民政府的无暇顾及，错过了帮助琉球复国的机会。但是，琉球群岛的法律地位问题一直是中日之间的历史悬案。日本搬出钓鱼岛与琉球群岛的关联来要挟中国，其根本目的是想以钓鱼岛之"虚"，谋琉球群岛之"实"，是想让国际社会承认日本对于琉球群岛的"主权"。为达到该目的，日本主动挑起钓鱼岛争端，不断变换花样对中国开展凌厉攻势，不惜惹怒中国，逼迫中国与日本展开海上边界谈判，从而间接实现逼迫中国在法律上承认日本拥有琉球群岛"主权"的目的。日本在对华外交政策上采取的是进两步退一步的策略，其早在琉球问题上进了一步，现在又主动在钓鱼岛问题上前进一步，目的就是招惹中国震怒后再借坡后退，然后顺理成章地签署两国海上边界条约，琉球群岛的法律地位自然得以固定。但是，之前中国的态度出乎了日本的意料，中国不但不曾作出任何强烈反应，而且为顾全大局，担心破坏中日友好关系，继续忍辱负重地对日本提出"抗议"和"谴责"。长此以往，日本便可乘虚而入，从以钓鱼岛之"虚"，谋求琉球群岛之"实"，向既谋求琉球群岛之"实"，也谋求钓鱼岛之"实"转移。为此，日本一方面不断加强与美国的军事同盟，通过狐假虎威的手段来威胁和恫吓中国，另一方面又插手我国的台海事务，暗中支持"台独"，此外，日本也在暗中支持"藏独""疆独"势力，企图分裂削弱中国。近年来，日本又配合美国在南海问题上向中国发难。不难看出，日本在不断为自己增加与中国谈判的筹码，而中国手中的筹码十分有限。所以，舍弃琉球群岛法律地位问题的单纯保钓行动具有相当的局限性。

二 "琉球再议"与钓鱼岛主权

2013年5月8日，有中国学者发表了"琉球再议"的主张①，

---

① 张海鹏、李国强：《论〈马关条约〉与钓鱼岛问题》，《人民日报》2013年5月8日，第9版。

指出应该从古代琉球王国的历史、日本强行吞并琉球时中日两国关于琉球问题的交涉、第二次世界大战后同盟国对日战后处理中的琉球问题、琉球人民的独立愿望等方面，针对琉球群岛的法律地位问题在中日两国之间或联合国的框架下进行重新讨论 ①。"琉球再议"对于处理钓鱼岛问题不失为一个值得研究的观点。

　　既然日本非要把琉球同钓鱼岛联系起来，那我们不妨也尝试重新把琉球问题拾起，重新参与到琉球群岛法律地位问题的议论中，用琉球群岛法律地位问题牵制日本在钓鱼岛问题上的攻势。在琉球群岛法律地位和钓鱼岛主权问题上，中国不应该惧怕与日本相互拆台。一旦琉球群岛法律地位问题成为国际舆论的主要关注点，钓鱼岛主权问题就会在中日关系中被重新定位，琉球群岛法律地位问题是一个涉及维护世界反法西斯战争胜利成果和战后国际秩序的国际法问题，只要《开罗宣言》和《波茨坦公告》有约束力，美日对琉球群岛和钓鱼岛的私相授受就是非法的。只要中国敢于正视并且主动提出琉球群岛法律地位问题，只要琉球民众还有独立的愿望，那么对于中国维护钓鱼岛主权，扭转中国对日外交战略的被动态势来说，"琉球再议"是一张绝佳好牌。琉球王国曾经是中国的藩属国，但从未并入中国的版图，中国从未主张对于琉球群岛的主权，但是由于美日将琉球群岛与钓鱼岛牵扯到一起，中国也就无法置身于琉球群岛事务之外，只要剥夺日本通过战争手段获得的对于琉球群岛的"主权"，帮助琉球人民争取到独立自主的权利，钓鱼岛问题就会不攻自破，迎刃而解。所以，在今后的钓鱼岛主权争端中，中国政府应义正词严地提出"琉球再议"的主张，对日本拥有琉球群岛的合法性提出质疑，站在国际法的高度同美日交涉。中国只有把琉球群岛法律地位未定作为解决钓鱼岛主权问题的突破口，在对外交涉中重新提出"琉球再议"的主张，实现从舍弃琉球群岛法律地位问

---

① 张海鹏：《琉球再议，议什么》，《环球时报》2013 年 5 月 17 日，第 14 版。

题的单纯保钓向兼顾琉球群岛法律地位问题的全方位保钓的外交战略转移，才能增加我国维护钓鱼岛主权的外交筹码。

第四节　结论与讨论

钓鱼岛及其附属岛屿是中国固有领土，有法为凭，有史为据。钓鱼岛及其附属岛屿是由中国人最早发现、最早命名、最早记载以及最早利用的。早在明朝永乐年间，钓鱼岛及其附属岛屿就被中国文献所记载。明朝嘉靖年间，钓鱼岛及其附属岛屿就被列入中国的海防管辖范围，明王朝对钓鱼岛及其附属岛屿实施着有效管理。因此，钓鱼岛及其附属岛屿虽是无人岛，但绝不是"无主地"，中国是钓鱼岛及其附属岛屿无可争议的主人。钓鱼岛及其附属岛屿原本不存在领土问题。日本借甲午战争的胜利秘密窃取了钓鱼岛。第二次世界大战结束后，日本作为战败国，本应根据《开罗宣言》和《波茨坦公告》将钓鱼岛及其附属岛屿交还给中国，但是却被美国以托管的名义长期占领。随着冷战时期美日同盟关系的建立，1972年，美国将钓鱼岛及其附属岛屿"归还"给日本。当时中国政府就已严正声明，美日间的私相授受是非法无效的，丝毫不能改变中国对钓鱼岛及其附属岛屿的领土主权。

长期以来，中国为保卫钓鱼岛的主权同日本进行了坚决的斗争。无论是通过外交声明、对日交涉以及反对照会，还是通过国内立法、海上执法管辖，抑或民间保钓等各种形式，抗议日方侵权行径，向世界表达了中国政府和人民爱好和平、维护国家主权、捍卫领土完整的决心和意志。随着中日两国钓鱼岛主权争端的升级，中国在外交战略选择上需要有新的思考。再议琉球问题也许是一个可以考虑的选择。日方宣称拥有钓鱼岛主权的一个重要论据是，钓鱼岛属于琉球，琉球属于日本，所以钓鱼岛属于日本。根据日本的逻辑，琉球群岛在中日钓鱼岛主权争端中应该起着举足轻重的作用。历届中国政府从未承认日本对琉球群岛的非法占领，所以，在今后的保钓运动中，中国政府应义正词严地提出琉球问题再议的主张，立场明确地提出琉球群岛法律地位未定，站在国际法的高度同美日交涉。只有将琉球问题与钓鱼岛主权联系在一起，才能增加我国维护钓鱼岛主权的外交筹码。钓鱼岛主权问题是中日两国之间一把锈蚀了一百多年的枷锁，也许打开这把锁的钥匙就藏在琉球群岛的地缘关系之中。

第 十 二 章

琉球群岛地缘关系中的东海
海洋权益问题

第一节　东海问题的由来

一　东海地理概述

东海是中国大陆东海岸与太平洋之间一个半封闭的海域。地理范围包括中国大陆以东、日本九州岛以西、黄海以南、台湾以北的全部海域。东海西接中国大陆，东临日本九州岛和琉球群岛，北从长江口岸沙嘴至济州岛东段，经日本福江岛西南部至长崎半岛西南端一线与对马岛海峡为界，南以广东南澳岛至台湾南端鹅銮鼻与南海为界。东海整个海区位于北纬 23 度至 33 度 10 分、东经 117 度11 分至 131 度。南北长 550–750 公里，东西宽 260–520 公里，平均深度 349 米。而东海大陆架东侧冲绳海槽最大深度达到 2717 米。东海西侧中国的海岸线长度为 748 公里，东海东侧琉球群岛的海岸线长度为 415 公里[①]。

东海是中国、日本、韩国等国的海洋战略要地，该海域存在着中日双方的钓鱼岛及附近海域领土争端，中国沿海岛屿约有 60% 分布在该区，主要有台湾岛、舟山群岛、澎湖群岛、钓鱼岛等。东海东部边缘上的琉球群岛岛屿更多，主要有冲绳岛、宫古岛、石垣岛、与那国岛等。

东海大陆架地质构造与中国大陆一致，由西北向东南逐渐倾斜直至冲绳海槽。地貌主要包括大陆架、大陆坡、冲绳海槽和琉球西侧岛坡等四个部分。东海大陆架东西宽 260–520 公里，南北长在1000 公里以上，总面积约 83 万平方公里。东海海床由东海大陆架构成，它是中国大陆领土的自然延伸，与中国大陆构成一个完整的整体。整个大陆架和大陆平原的连续性非常明显。从大陆架外缘的

---

① 曹世娟：《中日海域划界方案的初步研究》，《水产学报》2003 年第 27 卷第 1 期，第 83–89 页。

转折处再向外倾斜，坡度急剧增大，进入冲绳海槽后斜坡呈阶梯状下降。这一狭长地段即为大陆坡①。

在第三次联合国海洋法会议上，通过了包括诸如领海、毗连区、大陆架、专属经济区、公海、岛屿、海洋环境保护、海洋科学研究以及发生争端的解决方法等一系列有关海洋法律制度的《联合国海洋法公约》。根据《联合国海洋法公约》的规定，沿岸国可以从海岸基线开始计算，把 200 海里以内的海域作为自己的专属经济区。专属经济区内的所有资源归沿岸国拥有。然而地处中日两国之间的东海，大部分海面的宽度不足 400 海里，中日间的大陆架最大宽度为325 海里，最小宽度 167 海里，平均宽度为 216 海里，这就在客观上造成了两国大陆架与专属经济区的部分重叠，导致双方在海域权利主张上出现相互对立。

二　中日东海问题产生的背景

（一）海洋经济效益的吸引

近年来，伴随着科学技术的发展和资源的需求加大，世界各国对海洋经济的开发越来越重视。2001 年，在联合国的正式文件中首次提出了"21 世纪是海洋世纪"的观点。今后 10–15 年，海洋将成为国际竞争的主要领域，包括高新技术引导下的海洋经济竞争。发达国家的战略重点将从外太空转向海洋，人口向沿海区域移动的趋势将加速，海洋经济将成为全球经济新的增长点。据统计，全球海洋经济产值由 1980 年的不足 2500 亿美元迅速上升到 2005 年的1.7 万亿美元，海洋经济对全球 GDP 的贡献率达到了 4%②。从海洋经济占世界经济的比重来看，20 世纪 70 年代初期，仅占 2% 左右，

---

① 赵理海：《海洋法问题研究》，北京：北京人民大学出版社，1996，第 58 页。
② 储永萍、蒙少东：《发达国家海洋经济发展战略及对中国的启示》，《湖南农业科学》2009 年第 8 期，第 154–157 页。

90 年代初期上升到 10% 左右 ①。巨大经济利益的吸引是中日双方在东海划界问题上互不相让的重要因素之一。

（二）石油资源的吸引

1961 年，美国伍兹霍尔海洋学院的地质学教授埃默里（K.O.Emery）发表了《东海和南海浅水区的沉积物》的研究报告，首次暗示这些地区可能储藏石油资源。1967 年，埃默里在《朝鲜海峡及中国东海的地层与石油远景》一文中确认，在黄海、东海及南海大陆架上有可能埋藏丰富的石油资源 ②。1968 年，联合国远东经济委员会（ECAFE）在东海海域开展海洋调查，发现东海大陆架下埋藏着价值惊人的石油、天然气和矿物资源。据估计，仅钓鱼岛周边海域就埋藏着 1095 亿桶原油和够日本使用 100 年的天然气资源。此外，在东海大陆架下钻的储量可供日本使用 1300 年，锰的储量可供日本使用 320 年，镍的储量够日本使用 100 年 ③。

从 1974 年开始，中国开始在东海进行石油、天然气资源的勘测，并发现了多个油田。1995 年，新星公司在春晓地区试钻探成功。此后，东海油气田的开发建设由拥有中国海洋石油天然气资源开发专营权的中海油负责。新星公司于 2000 年被中石化收购。2003 年 8 月，中国对春晓油气田的开发引起了日本政府的关注。日本政府于 2004 年 7 月在春晓油气田东侧开展地质调查，并于 2005 年 4 月，提出所谓"吸管效应" ④。时任日本经济产业大臣的中川昭一强硬表示，如果中国不立即停止在"中间线"中方一侧的开采，日本就应尽快批准日本企业进行试开采，否则"中间线"东侧的石油天然气资源就会被中国的春晓和断桥两个油气田的"吸管效应"吸走。2005 年 7 月 14 日，日本政府正式宣布，授权帝国石油公司在春晓油气田和断桥油气田南侧，三个总面积约为 400 平方公里的海域试

---

① 张登义、郑明、张召忠、李杰：《迎接海洋世纪的挑战》，《当代海军》1996 年第 5 期，第 35–38 页。
② 赵建文：《国际法新论》，北京：法律出版社，2000，第 20 页。
③ 郑苒：《从地缘政治角度看中日东海之争》，《法制与社会》2007 年第 6 期，第 809–810 页。
④ 日本经济产业省：「エネルギー白書」，行政，2005，第 7–8 页。

开采石油天然气。对此，中国外交部表示，日方授予帝国石油公司在东海争议海域的试开采权是对中国东海海洋权益和主权的严重挑衅和侵犯，违反了《联合国海洋法公约》的有关规定。中方对此表示强烈抗议。

日本媒体称，春晓和断桥油气田于 2005 年 10 月开始生产，所以日本政府十分焦虑，希望通过授予企业试开采权，表明日本确保资源的强硬姿态，牵制中国对东海油气田的开采。由于钻一口试开采油气井花费巨大，日本政府将为相关企业提供必要的经费支持。但是，从授予企业试开采权到实际试开采还有一定周期。日本企业一旦进入实际试开采阶段，必然会引起中国方面的强烈反应，很可能使自己陷入危险境地。帝国公司负责人也表示，开采石油或将是今后的事情，在试开采以前，将向日本政府咨询海上安全问题。一些日本专家认为，加强与中方的协调沟通，以和平方式解决争端才是上策。

2005 年 7 月，中国海军开始在春晓油气田附近巡航，日本媒体接连报道中国向日本示威，宣扬"中国威胁论"①。2006 年 2 月，中国海事局飞机在东海油气田上空巡逻飞行，日本政府以中国飞机越过"中间线"从事目的不明的调查活动为由向中国政府提出抗议②。2006 年 4 月，中国海事局针对一般船只发出了平湖油气田周围海域的禁航公告。日本政府以该禁航公告并未事先通知日本，而且禁航海域包括"中间线"东侧海域为由，向中国政府提出抗议③。在东海油气田开发问题上，日本政府不断制造事端，使中日两国间的对立日趋紧张，已经成为影响本地区和平与稳定的一个重要问题。

---

① 読売新聞社:「東シナ海のガス田海域に中国軍新鋭艦 示威行動か」,『読売新聞』2005 年 1 月 25 日，第 4 版; 読売新聞社:「春暁ガス田に中国艦隊日本への示威行動か」,『読売新聞』2005 年 9 月 10 日，第 4 版。

② 沖縄タイムス社:「中国 中間線超え調査航空機で複数回目的不明 日本が抗議」,『沖縄タイムス』(夕刊) 2006 年 4 月 2 日，第 2 版。

③ 産経新聞社:「東シナ海航行禁止 官邸報告 2 週間後 公海の自由を制限」,『産経新聞』2006 年 4 月 18 日，第 6 版。

（三）地缘政治背景

中日东海之争不仅仅是海洋经济之争和能源之争，其背后还隐藏着日本对于领土的野心。日本是一个资源匮乏、领土有限的岛国，但是，长期以来日本一直谋求成为政治大国，从未放弃成为亚洲霸主的野心。日本强烈的民族主义意识和国家观使得日本对于领土扩张十分执着。这在近代日本对琉球群岛的强行吞并和甲午战争后对钓鱼岛及其附属岛屿的窃据上表现得淋漓尽致。

日本对钓鱼岛及其附属岛屿的窃据早已成为一个不容争辩的事实，中国政府早已明确表示中国人民捍卫钓鱼岛领土主权的决心和意志坚定不移。但是，对于日本近代通过武力手段对琉球群岛的强行吞并，中国政府并未明确提出质疑，而且，在钓鱼岛主权问题和东海海洋权益问题上，中国政府一直主张"搁置争议，共同开发"，在处理地缘经济合作问题时尽可能地回避地缘政治关系中的敏感性问题。这种一厢情愿不利于钓鱼岛问题和东海海洋权益问题的根本解决。

必须指出的是，日本在东海问题上单方面划定的"中间线"的陆地基点均取自于钓鱼岛和琉球群岛。因此，中日东海问题与琉球问题密切相关。日本借东海问题发难，诱使国际社会承认所谓的"中间线"，其背后隐藏着企图长期窃据钓鱼岛并合法拥有琉球群岛的领土野心。

三 中日两国在东海问题上的主要分歧与本质区别

对于中日两国东海问题的分歧，日本主流媒体认为问题的本质在于东海划界[1]。而一些日本学者则把中日两国在东海问题上的主要分歧总结为东海大陆架划界、油气田开发和共同开发区域的设定等

---

[1] 東京新聞社:「東シナ海のガス田開発なぜ対立解けないの？ 境界未画定が根本原因」,『東京新聞』2005 年10 月24 日，第6 版。

三个方面。首先，在东海大陆架划界问题上，日方主张，冲绳海槽为东海大陆架上的自然凹陷，海底地形并不具有法律意义，对于中日两国领海基线间平均距离不足 400 海里的海域，应按照"中间线"原则，以"中间线"为界。但是，中方主张，东海大陆架自然延伸至冲绳海槽，东海大陆架划界应按照"大陆架原则"，以冲绳海槽为界。其次，在油气田开发问题上，日方以中方正在建设的油气田虽然位于所谓"中间线"中方一侧，但是由于"吸管效应"，"中间线"日方一侧的油气资源会被吸走为由，要求中方停止开发并提供地质构造等相关数据。但是，中方主张，油气田开发海域为中国管辖海域，中国享有专属权利。提供地质构造等相关数据的前提条件是双方达成合作开发共识。第三，在共同开发区域上，日方主张在"中间线"两侧海域。但是，中方主张在冲绳海槽海域及钓鱼岛附近海域 ①。

　　必须指出的是，日本提出的东海划界是一个非常模糊的概念。日本主张的所谓"中间线"原则实际上是在混淆东海专属经济区划界和东海大陆架划界的本质区别。在东海大陆架上覆水域的东海专属经济区划界问题上中日两国本无太大的争议，中日两国最大的分歧在于日本试图以东海专属经济区划界的方法来划分东海大陆架（见图 12–1）。由于日本的"中间线"原则背后隐藏着更深层次上的地缘战略目的，中国政府需要制定新的谈判策略，不能陷入日本设下的圈套。要根据《联合国海洋法公约》对大陆架的规定，明确提出东海油气资源的开发属于大陆架权利，东海划界应当是大陆架划界问题。坚持主张"大陆架原则"在东海大陆架划界问题上的适用性，从冲绳海槽具有的法律意义上否认中日共属同一大陆架。

---

① 澤喜司郎：「東シナ海の海底資源をめぐる日中紛争」，『東亜経済研究』2005 年第 63 巻第 4 期，第 333–353 頁；濱川今日子：「東シナ海における日中境界画定問題」，『調査と情報』2006 年第 547 巻，第 1–10 頁。

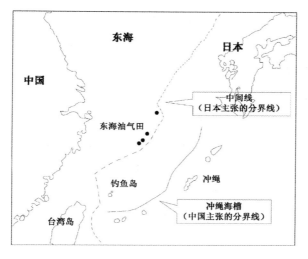

图 12-1　中日东海划界示意图

第二节　关于专属经济区与大陆架的国际公约

一　《大陆架公约》

1958 年 4 月 29 日，在日内瓦召开的联合国第一次海洋法会议上，通过了《大陆架公约》。该公约对大陆架及大陆架的权利作出了明确规定。其中，第 1 条将大陆架定义为，大陆架是邻接海岸，但在领海以外的海底区域的海床及底土，其上海水深度不逾 200 米，或虽逾此限度而其上海水深度仍使该区域天然资源有开发之可能性者；邻接岛屿海岸之类似海底区域之海床及底土。第 2 条规定，沿海国拥有探测及开发大陆架天然资源的专属权利。第 5 条规定，共大陆架邻接的两个以上海岸相向国家在大陆架划界时，应由各有关国家协议解决。若无协议，除情况特殊需另行规定界线外，以各国领海宽度之基线上最近各点距离相等之中间线为界线。共大陆架邻接的两个毗邻国家在大陆架划界时，应由有关两国协议解决。若无协议，除情况特殊需另行规定界线外，其界线应适用于测算两国领海宽度之基线上最近各点距离相等之原则[①]。

但是，《大陆架公约》在制订过程中，海洋大国控制着当时的局势，广大亚非国家尚未独立，未能参加日内瓦海洋法会议。因此，大陆架公约连同当时通过的其他海洋公约，都未能充分如实反映广大发展中国家的合理要求，公约中某些条款仅有利于少数海洋大国，削弱了公约的普遍适用效力。所以中国没有加入该公约。日本也没有批准该公约。因此，该公约对中日两国均没有约束力。

二 《联合国海洋法公约》关于专属经济区与大陆架的规定

为解决各国在海洋资源分配和利用上的矛盾，重新制定能够照顾各国利益的国际海洋法被联合国提到议事日程。从 1973 年起，联合国国际法委员会召开了第三次海洋法会议，最终于 1982 年通过了《联合国海洋法公约》。中日两国都是该条约的缔约国，所以东海划界问题首先适用于该条约。

（一）《联合国海洋法公约》关于专属经济区的规定

《联合国海洋法公约》第 5 部分对专属经济区的特定法律制度作出了详细规定。其中，第 55 条规定，专属经济区是领海以外并邻接领海的水域。第 57 条规定，专属经济区从测算领海宽度的基线量起，不应超过 200 海里。第 56 条对沿海国在专属经济区内的权利、管辖权和义务作出了明确规定。第一，沿海国在专属经济区内享有勘探和开发、养护和管理海床上覆水域和海床及其海床下部的自然资源（包括生物或非生物资源）的专属权利，以及关于在该区内从事经济性开发和勘探，如利用海水、海流和风力生产能等其他活动

① 国际法委员会：《大陆架公约》，http://www.un.org/chinese/law/ilc/contin.htm。

的主权权利；第二，沿海国拥有对专属经济区内的人工岛屿、设施和结构的建造和使用的权利；第三，沿海国拥有在专属经济区内从事海洋科学研究的权利；第四，沿海国拥有在专属经济区内对海洋环境保护和保全的管辖权。但是，第56条第3款也明确规定，关于专属经济区海床和海床下部的权利，应按照第六部分大陆架的规定行使。

（二）《联合国海洋法公约》关于大陆架的规定

《联合国海洋法公约》第6部分对大陆架的特定法律制度作出了详细规定。其中，第76条对大陆架的定义为，沿海国的大陆架包括其领海以外依其陆地领土的全部自然延伸，扩展到大陆边缘的海底区域的海床和底土。如果从测算领海宽度的基线量起，到大陆边外缘的距离不到200海里，则扩展到200海里的距离。如从测算领海宽度的基线量起超过200海里，大陆架在海床上外部界限的各定点，不应超过从测算领海宽度的基线量起350海里，或不应该超过连接2500米深度各点的2500米等深线100海里。第77条对沿海国大陆架的权利作出了明确规定。沿海国享有勘探大陆架和开发其自然资源的排他性专属权利，即：如果沿海国不勘探大陆架或开发其自然资源，任何人未经沿海国明示同意，均不得从事这种活动。这里所指的自然资源包括海床和海床下部的矿物和其他非生物资源，以及属于定居种的生物，即在可捕捞阶段海床上或海床下不能移动或其躯体须与海床或底土保持接触才能移动的生物。第78条规定，沿海国对大陆架的权利不影响上覆水域或水域上空的法律地位；沿海国对大陆架权利的行使，不得对航行和其他国家的其他权利和自由有所侵害，或造成不当的干扰 [①]。

三 "中间线"原则在中日东海划界问题上的局限性

日本提出的所谓"中间线"是指中日两国东海领海基线间等距

[①] 国际法委员会：《联合国海洋法公约》，http://www.un.org/zh/law/sea/los/。

离点连接而成的界线。日本提出的"中间线"原则仅适用于东海专属经济区划界，并不适用于东海大陆架划界。

第一，"中间线"原则出自《大陆架公约》，但《大陆架公约》对中日两国均无约束力，因此，"中间线"缺乏法理依据。

第二，按"中间线"原则划界大陆架非国际法惯用原则。国际法庭认为，《大陆架公约》本身规定当事国对该条款可作出保留，因此，可以合理地推断出"中间线"原则不被视为反映该条款形成的习惯法。在 1984 年美国与加拿大之间的缅因湾海洋边界划界案中，国际法庭就否定了这一划界方法①。

第三，国家间的海域分界线从来都是通过协议或由第三方仲裁解决，而不能仅仅依据个别当事国在其国内法中表现出的意志决定。因此，日本所谓的"中间线"只是其单方面的主张，对中国不具有任何法律效力。

第四，国际公约规定"中间线"原则的前提是共大陆架。因此，"中间线"原则在东海大陆架划界问题上是不成立的。

四 "大陆架原则"在中日东海划界问题上的适用性

根据《联合国海洋法公约》第 56 条第 3 款"关于海床和海床下部的权利，应按照第 6 部分大陆架的规定行使"的规定，对于东海大陆架海床下部的矿物和其他非生物资源的开发利用，大陆架权利应该优先于专属经济区权利。因此，应用"大陆架原则"解决中日东海划界问题是符合国际法的。

根据《联合国海洋法公约》第 76 条第 1 款关于大陆架的定义和距离标准的相关规定，从前半部分的"沿海国陆地领土的全部自然延伸至大陆边缘的海底区域的海床和底土"的定义与后半部分的

---

① 曹俊金：《论中间线原则在中日东海争端中之适用——以国际法为视角》，《华东理工大学学报》2008 年第 2 期，第 80～85 页。

200–350 海里距离标准可知，自然延伸原则为主要条件，距离标准则处于从属地位。此外，国际司法及仲裁的实践也表明，大陆架自然延伸原则得到了普遍的支持。例如，1969 年，国际法庭在对德国与丹麦之间北海大陆架划界案的判决中，对大陆架自然延伸原则的科学性作了系统的理论阐述；在 1984 年美国与加拿大之间的缅因湾海洋划界案中，国际法庭否定了"中间线"的划界方法。但是，在 1982 年突尼斯与利比亚大陆架划界案中，国际法庭一方面表明对大陆架自然延伸原则的认可，同时也强调了在共大陆架条件下"均衡"原则的重要性[①]。因此，中日两国之间遵循"大陆架原则"对东海大陆架划界符合《联合国海洋法公约》的相关规定，在国际司法及仲裁实践中获得支持的可能性很大。但是，由于中国政府于 1972 年宣布中止国际法庭的强制管辖权，如果将中日东海大陆架划界案提交国际法庭仲裁也可能会有一定的风险[②]。

第三节　中日两国政府关于东海问题的磋商

根据国际法规定的大陆架自然延伸原则，中国对整个东海大陆架拥有无可争辩、不容侵犯的专属权利。面对日本的寻衅滋事，中国政府明确表明立场，宣誓主权。但是，为了避免中国和日本在东海划界问题上的分歧和冲突影响两国关系，中国政府也在积极倡导以"搁置争议，共同开发"的原则来处理东海问题。近年来，中日双方围绕东海划界问题以及关于海洋科考通报、海洋法磋商、渔业协定、油气田资源开发等问题进行了一系列的交涉与磋商，中国政

---

① 朱凤岚：《"自然延伸"还是"中间线"原则——国际法框架下透视中日东海大陆架划界争端》，《国际问题研究》2006 年第 5 期，第 20—26 页。

② 金永明：《东海问题解决路径研究》，北京：法律出版社，2008，第 273 页。

府在维护我国东海合法权益的同时，也为维护东亚地区的稳定、避免矛盾升级、实现互惠双赢作出积极努力。

一 中日两国政府关于东海油气资源开发的磋商

针对中日两国在东海油气田开发问题上的矛盾，中日两国政府通过外交渠道进行了数次磋商。在 2004 年举行的第 1 次局长级磋商中，日本要求中国停止油气田的开发并提供相关资料。中国政府主张，东海油气田的开发是在中国管辖的海域进行，中国拥有专属权利，拒绝了日本的无理要求。

在 2005 年 5 月进行的第 2 次磋商中，中国政府提出在东海中间线至冲绳海槽的海域进行共同开发，但是，日本政府主张在东海中间线两侧进行共同开发。中日两国在共同开发的区域上存在严重分歧。

在 2005 年 10 月举行的第 3 次磋商中，日本政府再次要求中方停止油气田开发、提供地质资料和相关数据，并正式提出在中间线两侧进行共同开发的提议，还对中国正在开发的春晓、天外天、龙井、平湖、断桥等油气田进行了日本的命名。对此，中国政府表示，按照"搁置争议，共同开发"的原则，将认真研究日本政府的提议，但是，地质资料和相关数据只能在双方达成共识之后向日方提供。

在 2006 年 3 月举行的第 4 次局长级磋商中，中国政府提出了在钓鱼岛和东海大陆架进行共同开发的提案。但是，日本政府认为在钓鱼岛附近的共同开发不可接受。日本国内舆论焦虑地批评中国政府的新提案是在拖延时间 ①。

在 2006 年 5 月举行的第五次磋商中，中国政府对上一次提出的共同开发提案向日方进行了具体说明，但是，未能得到日方的理

---

① 東京新聞社：「東シナ海ガス田問題深まる溝 中国"尖閣"で共同開発 政府反発"時間稼ぎだ"」，『東京新聞』2006 年 3 月 9 日，第 4 版。

解，此次磋商也没有取得实质性进展。

此后，中日两国政府又举行了多次磋商，但始终未能找到令双方满意的解决方案。2008 年 6 月 16 日，日本共同社报道，中国国家主席胡锦涛 5 月份访日时已经与日本首相福田康夫达成暂时搁置领土争议，联合开发东海油气田，共享收益的共识[①]。6 月 18 日，中国外交部发言人正式证实，中日两国就东海油气田问题达成原则共识，除在东海选择一个区块进行共同开发外，日本企业还将依据中国法律参与合作开发春晓油气田[②]。但是，这一原则共识在具体落实上进展不大。随着中日两国在钓鱼岛主权问题上矛盾的扩大，东海划界问题被搁置下来。

二　中日海洋法磋商

1994 年 11 月，《联合国海洋法公约》正式生效，但由于中日双方对条约规定存在着不同的理解，在东海问题的争论由钓鱼岛主权问题扩大到东海油气田开发、海洋法及渔业问题等。这些问题的本质都与东海划界问题密切相关。东海划界包括专属经济区划界和东海大陆架划界两个问题。对于东海专属经济区的划界应该没有问题，但是，在东海大陆架划界问题上中日双方存在严重分歧。中方主张"大陆架自然延伸"原则，日本则主张用"中间线"来划分东海大陆架。

在这样的情况下，中日两国政府从 1995 年 6 月起就海洋法问题开始进行非正式磋商，非正式磋商一共举行了 4 次。1996 年 4 月和 8 月，中国与日本举行了两次海洋法及渔业协定问题非正式磋商。双方主要就海域划界问题的原则交换了意见，包括讨论划界前如何

---

① 《共同社称中日同意共同开发东海气田》，路透社，2008 年 6 月 16 日，http://cn.reuters.com/article/2008/06/16/idCNChina-1419520080616。

② 《中日就东海问题达成原则共识》，新华社，2008 年 6 月 18 日，http://news.xinhuanet.com/newscenter/ 2008-06/18/content_8394191.htm。

安排渔业合作的问题[①]。

从 1996 年 12 月起，中日双方关于海洋法问题的非正式磋商转为正式磋商。中日双方于 1996 年 12 月举行了中日海洋法及渔业问题的第一次正式磋商。在磋商中，双方就签署渔业协定问题进行讨论，并于 1997 年 11 月达成了新的中日渔业协定。1998 年 8 月，中日海洋法第九次磋商在北京举行。双方总结和重申了各自在专属经济区和大陆架划界问题上的基本原则立场。表示尽管在大陆架划界问题上分歧较大，但双方都愿意本着友好合作的精神，维持磋商体制，定期磋商，继续深入交换意见，必要时举行专家级磋商[②]。

截止到 2003 年 12 月 25 日，中日已举行了 14 次海洋法磋商。在历次磋商中，双方就东海划界的原则性问题交换意见。中方就东海划界的公平原则、中国大陆架自然延伸至冲绳海槽及资源共同开发等问题向日方作了阐述。日方则坚持所谓的"中间线"原则和中日在东海共处同一大陆架的主张。东海划界问题十分复杂。维护东海稳定，符合中日两国的根本利益。磋商和对话是解决东海有关问题的唯一正确选择，而且这也是中日双方的共识。因此，从 2004 年 10 月 25 日开始，中日双方就东海划界问题又开始了新一轮的磋商。到 2007 年 11 月 14 日，中日共举行了 11 次磋商。通过多次磋商，中日双方达成了"搁置争议，共同开发"的原则性共识。

三 中日渔业协定

由于海洋主权涉及海洋资源开发利用的权利，1994 年 11 月《联合国海洋法公约》生效后，原来限定于领海的主权权利，在海洋资源开发利用方面扩展到 200 海里专属经济区。但东海海域平均宽度

---

① 张良福：《中国政府对钓鱼岛主权争端和东海划界问题的基本立场和政策》，《太平洋学报》2005 年第 13 卷第 8 期，第 61~70 页。
② 中华人民共和国外交部：《中国外交》，北京：世界知识出版社，1999，第 670 页。

不足 400 海里，并且划界问题尚未得到解决，而渔业资源管理又需要制定新的规则。因此，中日双方无论是政府还是民间，在关于东海海洋渔业合作方面都做出了巨大的努力。中国和日本的首次渔业协议是始于 1955 年两国渔业协会缔结的民间渔业协议。之后，两国按照中日共同声明第九条，于 1975 年 8 月 15 日缔结了政府间首部渔业协定。

《联合国海洋法公约》于 1994 年 11 月生效后，中日两国政府分别于 1996 年 5 月和 1996 年 6 月批准了该公约，成为该公约的缔约国。为此，中日两国政府根据《联合国海洋法公约》的规定，就重新签订渔业协定进行会谈。1997 年 11 月中日两国政府签署了《中华人民共和国和日本国渔业协定》，于 2000 年 6 月 1 日生效，有效期为 5 年。本着互惠双赢的原则，中日双方在传统的渔业领域建立起新的合作关系，并根据《联合国海洋法公约》确立了两国间新的渔业秩序。这对于维护东海稳定，养护和合理利用共同关心的海洋生物资源，促进两国渔业的发展都起到了积极的作用。

四　中日建立东海海洋科考通报机制

从 20 世纪 90 年代中期开始，日本就对中国海洋科考船的海洋调查活动非常戒备，不断宣称中方船只"侵犯日本领海"，驶入所谓的"日本专属经济区"。对此，中国外交部曾多次进行反驳。因此，在中日海洋法磋商中，日方提出将东海海洋科学考察列入磋商议题中。2000 年 9 月 15 日，应日方要求，中日双方在北京就建立东海海洋科考通报机制问题进行了首轮磋商。磋商中，双方主要围绕适用的水域、事先通报的时间及内容等问题展开讨论。到 2001 年 2 月，经过数轮磋商，中日双方达成协议。中方船只到日方海域进行科学考察应事先向日方通报，日方船只到中方海域进行科学考察按迄今做法申报。相互通报并不影响中日两国在东海划界问题上的立场。东海海洋科考通报机制于 2001 年 3 月开始实行。

第四节　中日东海划界问题前景展望

一　坚持"搁置争议，共同开发"的原则

为了维护东亚地区的和平与稳定，避免东海划界争端影响中日两国关系，中国政府一直积极倡导以和平方式解决东海问题。早在 20 世纪 70 年代，中国政府就提出了"搁置争议，共同开发"的主张，为中日两国在东海问题上的合作提供了一种新的途径。近年来，随着日本社会右倾化的日益加剧，日本政府断然否认在钓鱼岛问题上中日两国政府达成的"搁置争议，共同开发"的口头共识。对此，中国政府从中日两国的国家利益考虑，对东海油气资源开发问题上的"搁置争议，共同开发"的共识进行重新定义，明确提出了"搁置争议，共同开发"这一解决东海问题的基本原则。日本政府对中方提出在东海油气资源开发问题上"搁置争议，共同开发"的倡议积极响应，并开始摸索建立符合中日双方利益的新的合作模式 [1]。

总而言之，从国际上其他海洋划界纷争的案例看，在最终确定海洋划界方案之前，采取某种过渡性安排是可行的。"搁置争议，共同开发"这一过渡性措施，有利于维护中日两国的共同利益，能够缓和中日两国之间的矛盾，促进东亚地区的稳定与安全，使东海成为真正的和平之海、友好之海。

---

[1]　産経新聞社：「日中境界画定棚上げ政府、共同開発の協議優先」，『産経新聞』2006 年 5 月 31 日，第 4 版。

二　通过外交手段寻求东海问题的最终解决

根据《联合国海洋法公约》第 15 部分关于解决争端的规定，中日两国有义务选择谈判、仲裁、调停、仲裁裁判、强制司法判决等和平方式来解决东海争端。谈判是当事国通过外交渠道进行直接协商。仲裁、调停是通过第三方提供议案和交涉场所，帮助解决争端的方式。谈判、仲裁、调停等都是以当事国双方同意不通过司法程序解决争端为前提的。仲裁裁判是通过非常设法庭的裁决来解决争端。非常设法庭通常根据国际条约、习惯法和国际法一般原则进行裁决。如果当事国双方同意，也可以根据"公平和善意"的原则进行裁决 [①]。

根据《联合国海洋法公约》，如果当事国双方无法达成和解，当事国有义务接受国际海洋法庭、国际司法法庭等国际法律机构的强制性或有法律约束力的强制司法判决。但是，在以下两种情况下强制司法判决无效。第一，因沿海国行使合法的主权或管辖权而发生的争端。此时，如果当事国任意方提出要求，国际法庭可以提供调停。第二，涉及划定海洋边界的解释或适用上的争端或涉及"历史性海湾"或所有权的争端。此时，如果当事国任意方提出要求，国际法庭可以提供调停。但是，对于涉及大陆、岛屿等领土主权的争端国际法庭不提供调停。

综上所述，中日两国在东海大陆架划界问题上，由于中国政府不承认国际法庭的强制管辖权，中日两国并未达成争端提交国际法庭裁决的共识，即使提交国际法庭，由于中日东海大陆架划界涉及钓鱼岛主权归属等历史性海湾或所有权的争端，国际法庭的强制司法判决无效，也无法提供调停。因此，中日两国只能通过外交谈判

---

① 杉原高嶺：『現代国際法講義』，東京：有斐閣，2003，第 386–391 頁。

寻求东海大陆架划界问题的最终解决。

第五节　结论与讨论

2003 年 8 月，我国在东海进行的石油天然气资源开发引起了日本的关注。2005 年 4 月，日本政府提出所谓"吸管效应"，以所谓"中间线"东侧的石油天然气资源会被中国正在开发的油气田吸走为由，要求中国立即停止在"中间线"中方一侧的开采。此后，日本政府不断在东海问题上制造事端，使中日两国间的对立日趋紧张，已经成为影响本地区和平与稳定的一个重要问题。中日东海争端不仅仅是海洋经济之争和能源之争，其背后还隐藏着日本对于领土的野心。日本在东海问题上单方面划定的"中间线"与琉球群岛的法律地位问题密切相关。日本借东海问题发难，诱使国际社会承认所谓"中间线"，其背后就是隐藏着企图长期窃据钓鱼岛并合法拥有琉球群岛的领土野心。

根据《联合国海洋法公约》规定的大陆架自然延伸原则，中国对整个东海大陆架拥有无可争辩、不容侵犯的专属权利。日本主张的所谓"中间线"原则实际上是在混淆东海专属经济区划界和东海大陆架划界的本质区别。在东海大陆架上覆水域的东海专属经济区划界问题上中日两国本无太大的争议，中日两国最大的分歧在于日本试图以东海专属经济区划界的方法来划分东海大陆架。中国政府应根据《联合国海洋法公约》对大陆架的规定，明确提出东海油气资源的开发属于大陆架权利，坚持主张"大陆架原则"在东海大陆架划界问题上的适用性，从冲绳海槽具有的法律意义上否认中日共属同一大陆架。

维护东海稳定，符合中日两国的利益。中国政府积极倡导以

"搁置争议，共同开发"的原则来处理东海问题，在维护我国在东海的合法权益的同时，也为维护东亚地区的稳定、避免矛盾升级、实现互惠双赢做出了积极努力。由于中国政府不承认国际法庭的强制管辖权，中日两国并未达成争端提交国际法庭裁决的共识，即使提交国际法庭，因中日东海大陆架划界涉及钓鱼岛主权归属等"历史性海湾"或所有权的争端，国际法庭的强制司法判决无效，也无法提供调停。因此，中日两国只能通过外交谈判寻求东海大陆架划界问题的最终解决。

第 十 三 章

研究启示与未来展望

第一节　研究启示

一　琉球王国的历史残影

琉球王国像一颗彗星在历史的长河中划空而过，但是，承载着琉球王国的琉球群岛依然如故。翻开琉球王国留下的短暂历史，无意之中你会发现，琉球王国从诞生到消亡的每一个历史节点都能够看到整个东亚地区地缘关系结构性变化的背景。在东亚地缘关系变化中诞生的琉球王国的命运一直在与整个东亚地区社会经济的变化相互联动。明王朝初期，中琉宗藩关系的建立将琉球王国纳入古代东亚地区国际秩序之中，奠定了琉球群岛文明开化的基础。17世纪初，日本萨摩藩的入侵使得琉球王国丧失了国家的独立性。之后，琉球群岛一直受到中日两国的双重影响，中日两国的盛衰在琉球王国的历史中留下了深深的烙印。

近代，清王朝的衰落和日本的崛起彻底改变了琉球王国的命运。日本强行吞并琉球王国，将琉球群岛作为"冲绳县"纳入日本国家体系中。所谓的"琉球处分"不但遭到了作为宗主国的清王朝的反对，而且也缺乏琉球民众的民意基础。因此，日本对琉球王国的强行吞并至今未能得到国际社会的普遍承认。虽然，今天有一部分琉球人认为日本的"琉球处分"促进了琉球群岛的近现代化进程，但是，仍有相当多的琉球人对自己的"日本人"定位不予认同。不可否认，日本在"琉球处分"过程中的暴力色彩和强制性，让更多以自身文化为自豪的琉球人感到屈辱。1879年，日本明治政府接管琉球王国后，没收了大量的琉球王国的史料文书，送到日本内务省保管。这些珍贵的史料文书在1923年的关东大地震中全部被毁。也许这是一种偶然，但是，在这偶然的背后谁能证明没有日本对琉球的"文化灭国"企图？琉球王国的灭亡并不意味着琉球文化的消失。琉球群岛的文化和精神遗产从未间断地在琉球人的日常生活中得以继承。"萨摩入侵"和"琉球处分"带给琉球民众心灵上的伤痛需要相当长的时间才能愈合。

第二次世界大战结束后，琉球地位问题成为对日战后处理的一项重要内容。1943 年开罗会议期间，美国总统罗斯福与蒋介石曾就琉球地位问题进行了讨论。中美两国达成了不承认日本对琉球群岛主权的共识，这一共识一直被台湾当局所继承。中华人民共和国政府也从未承认日本占领琉球群岛的合法性。所以，琉球地位问题一直是个外交悬案。今天，在琉球群岛地缘关系背后依然可以看到古代琉球王国的历史残影。

二　中日关系中的历史问题

我国古代文献《后汉书》中有"建武中元二年，倭奴国奉贡朝贺，使人自称大夫，光武赐予印绶"的记载。《后汉书》中所提的倭奴国是古代日本北九州沿海一带的部落小国，东汉光武帝在建武中元二年（公元 57 年）通过来使赐予倭奴国王一枚金印。1784 年 4 月 12 日，这枚刻有"汉委奴国王"五字的金印在日本九州岛北部的筑前国那珂郡志贺岛村东南部（现日本福冈县福冈市东区志贺岛）被发现。1954 年 3 月 20 日，日本政府根据《文化财保护法》将这枚金印指定为国宝。目前，这枚金印收藏在福冈市博物馆。这枚金印的发现证明了中日两国早在东汉时期便开始交往，距今已有两千多年的历史。

共处东亚的密切地缘关系注定了中日两国互为近邻，长期交往的宿命。古代，中日两国在交往过程中虽然有些磕磕碰碰，但是，由于古代中国的封建文化、社会制度和生产力发展水平均处于领先地位，中日两国的交往基本上都没有脱离古代中国主导的东亚国际秩序的框架。虽然日本在与古代中国的交往中处于劣势，但是这种交往却极大地促进了日本社会的文明开化和经济发展。近代以后，随着清王朝的衰落和日本明治维新的成功，中日两国的国运发生了逆转。此后，中日两国的交往留给中国人更多的是"吞并琉球""甲午战争""二十一条""南京大屠杀"等痛苦的记忆。20 世纪 70 年代，中日恢复邦交正常化以后，中日两国的交往曾经经历过一段短暂的"蜜月期"。但是，近年来随着中国崛起和日本社会的右倾化，中日两国在历史问题、钓鱼岛主权和东海海洋权益上的摩擦不断，矛盾日趋扩大，使得两国关系危机四伏。

目前，中日两国在地缘政治上的对抗大于互信，在地缘经济上的竞争大于合作，地缘文化上的冲突大于交流。究其原因，除了中日两国之间无法改变的地缘关系外，历史遗留问题的悬而未决也是一个不可忽视的重要因素。近代史上日本的侵略给包括中国在内的亚洲各国带来了巨大的灾难。直到今日，日本不但对此从未做出过深刻反省，而且还不断通过篡改历史教科书，参拜靖国神社，否认南京大屠杀等方式伤害受害国人民的民族感情。日本之所以肆无忌惮地挑战第二次世界大战以后的国际秩序，就是因为在美国的庇护下，许多战争罪犯侥幸逃脱了正义的审判。罪犯没有受到惩处，正义就无法得到伸张。因此，日本必须同包括琉球群岛在内的周边地区彻底清算历史，只有这样日本才能改弦更张，重新步入东亚和平、世界和谐的轨道，只有这样日本才能走上正常的发展道路，只有这样日本才能真正实现与亚洲邻国的和解，只有这样中日两国才能实现真正的友好。

三　多边外交中的琉球问题

琉球问题曾经是中日双边外交中的遗留问题。随着东亚地区地缘政治格局的变化，琉球问题已不再是中日两国之间的问题。首先，第二次世界大战末期，中、美、苏、英等同盟国在《开罗宣言》和《波茨坦公告》的机制上讨论对日战后处理问题时包括了琉球地位问题，已将琉球问题定性为多边外交问题。1946 年 2 月，盟军总司令部宣布对北纬 30 度以南的琉球群岛实施军事管理，剥夺了日本对琉球群岛的统治权。1951 年 9 月签署的《旧金山和约》又将北纬 29 度以南的琉球群岛置于联合国的托管制度之下，其目的在于"增进托管领土居民之政治、经济、社会及教育之进展；并以适合各领土及其人民之特殊情形及关系人民自由表示之愿望为原则，且按照各托管协定之条款，增进其趋向自治或独立之逐渐发展"。在冷战时期，美国改变了对琉球问题的看法，1971 年，未经联合国讨论通过，美国与日本签订了《美日关于琉球群岛和大东诸岛的协定》，将琉球群岛的施政权"归还"给日本，将涉及中、日、美等地缘主体和琉球民意的多边关系中的琉球问题变为美日双边关系的"冲绳问题"。但是，美日之间的私相授受不但违背了《开罗宣言》和《波茨坦公告》的精神，也违背了《联合国宪章》的宗旨，没有得到国际社会的普遍认同。因此，中国政府是不予承认的。由于琉球群岛长期被美国军事占领以及琉球作为日本的"冲绳县"时间较长，琉球地位问题应该在充分考虑琉球人民愿望的基础上，在联合国的框架下再议。

第二节　未来展望

2013 年 5 月 8 日，《人民日报》发表了一篇题为《论〈马关条约〉与钓鱼岛问题》的文章，提出了"琉球问题再议"的主张。对琉球群岛的法律地位提出质疑。这篇文章令日本和美国十分紧张，日本政府立刻向中国政府提出抗议，随后，美国国务院发言人帕特里克·文特雷尔（P.Ventrel）表示："美国承认日本对冲绳的主权。但是，美国对于钓鱼岛最终主权归属不持立场。"对此，中国政府表示，关于琉球问题再议的文章只代表学者个人立场，中方认为钓鱼岛及其附属岛屿是中国的固有领土，从来就不是琉球或冲绳的一部分。

　　琉球地位问题再议，不但是琉球群岛的历史和近代中日两国关于琉球地位问题交涉的延续，也是今天东亚地区地缘关系格局变化的现实需求。琉球王国历史上是一个独立的国家。虽然今天的琉球群岛是在日本的实际控制下，但是琉球群岛的法律地位一直是未定的，这是一个无法否认的客观事实。历代中国政府从未对琉球群岛有过领土要求。因此，琉球地位问题再议的目的绝不是"中国要收回琉球"，而是要解决东亚地缘政治中遗留的历史问题，探讨琉球群岛的未来走向，正确处理与琉球群岛地缘关系密切相关的中日关系中的钓鱼岛主权、东海海洋权益等问题。

　　当然，琉球地位问题再议并不是一个简单的问题。琉球地位问题不仅涉及中国的国家利益，而且还与日本的国家利益和美国的东亚战略密切相关。琉球地位问题再议必然会遭到日美两国的抵抗。中国应当正视困难，切不可望而生畏。正所谓，逆水行舟，不进则退，知难而进，方可成就大业。因此，应该针对琉球地位问题再议对东亚地缘关系可能产生的影响，加强历史学、地理学、国际法和国际关系等多学科、多领域、全面深入的研究。在此基础上制定出相应的外交政策，在今后关于琉球地位问题的对外交涉中争取主动。

后 记

　　笔者对于琉球群岛地缘关系问题研究的构思已经酝酿多年。早在 20 世纪 80 年代第一次赴日本留学期间，就已经意识到地理学者除了在部门地理学研究领域具有自己的专业特长以外，在区域地理学研究领域，特别是在外国地理研究领域也应该具有自己的专业特长。今天，中国已逐渐发展成为具有全球影响力的大国，今后中国的发展更应该面向全球。中国地理学者必须放眼世界，加强世界区域地理学研究正是时代赋予中国地理学和中国地理学者的使命。

　　2005 年 12 月至 2010 年 2 月，笔者出任中华人民共和国驻札幌总领事馆教育领事期间，开始收集琉球群岛的历史、地理等基础资料和琉球群岛地缘关系问题研究的史料、文献，为之后的研究进行了充分的准备。2011 年，笔者申请的国家自然科学基金面上项目"琉球群岛地缘关系时空演变的特征与机理研究"（项目编号：41171135）有幸得到了资助。该项目在研期间的多项研究成果在《中国社会科学》、*Social Sciences in China*、《东北亚论坛》、《地理科学》等高级别刊物上发表，得到良好的社会评价。琉球群岛地缘关系问题也得到国内外学术界的高度关注。

　　本书的出版离不开国家自然科学基金委员会的立项支持。本书在撰写过程中，李恪旭、刘志敏、万丽、王晓芳、金鑫等硕士研究生在基础资料分析、整理以及初稿写作等各个环节都付出了大量心血，他们的勤奋努力，给予笔者充分的信心。对于他们无怨无悔的坚持表示真诚的感谢。本书在写作过程中，借鉴和吸收了国内外许多学者的学术观点及研究成果，从中获得了很多启发，在此向所有

文献的作者一并致以诚挚的谢意。同时感谢社会科学文献出版社在
本书出版过程中给予的大力支持和帮助。

袁家冬

2016 年 8 月于长春

图书在版编目（CIP）数据

琉球群岛的地缘关系 / 袁家冬，刘绍峰著. -- 北京：
社会科学文献出版社，2016.11
ISBN 978 - 7 - 5097 - 9473 - 9

Ⅰ.①琉…　Ⅱ.①袁…　②刘…　Ⅲ.①琉球群岛－地
缘政治学－研究　Ⅳ.①D831.3

中国版本图书馆 CIP 数据核字（2016）第 169192 号

琉球群岛的地缘关系

著　　者 / 袁家冬　刘绍峰

出 版 人 / 谢寿光
项目统筹 / 曹长香
责任编辑 / 曹长香

出　　版 / 社会科学文献出版社·社会政法分社（010）59367156
　　　　　 地址：北京市北三环中路甲 29 号院华龙大厦　邮编：100029
　　　　　 网址：www. ssap. com. cn
发　　行 / 市场营销中心（010）59367081　59367018
印　　装 / 三河市东方印刷有限公司

规　　格 / 开本：787mm×1092mm　1/16
　　　　　 印张：18　字数：224 千字
版　　次 / 2016 年 11 月第 1 版　2016 年 11 月第 1 次印刷
书　　号 / ISBN 978 - 7 - 5097 - 9473 - 9
定　　价 / 68.00 元